Olga Putano

Skandinavische TOP-DOWN PULLOVER

12 Strickmodelle mit außergewöhnlicher Rundpasse

mvgverlag

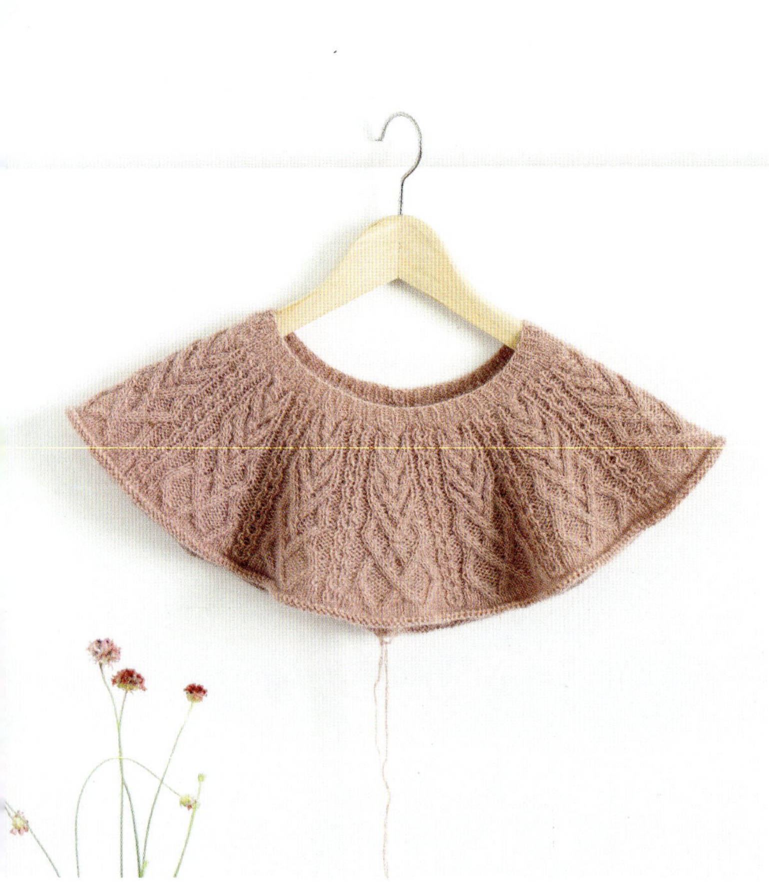

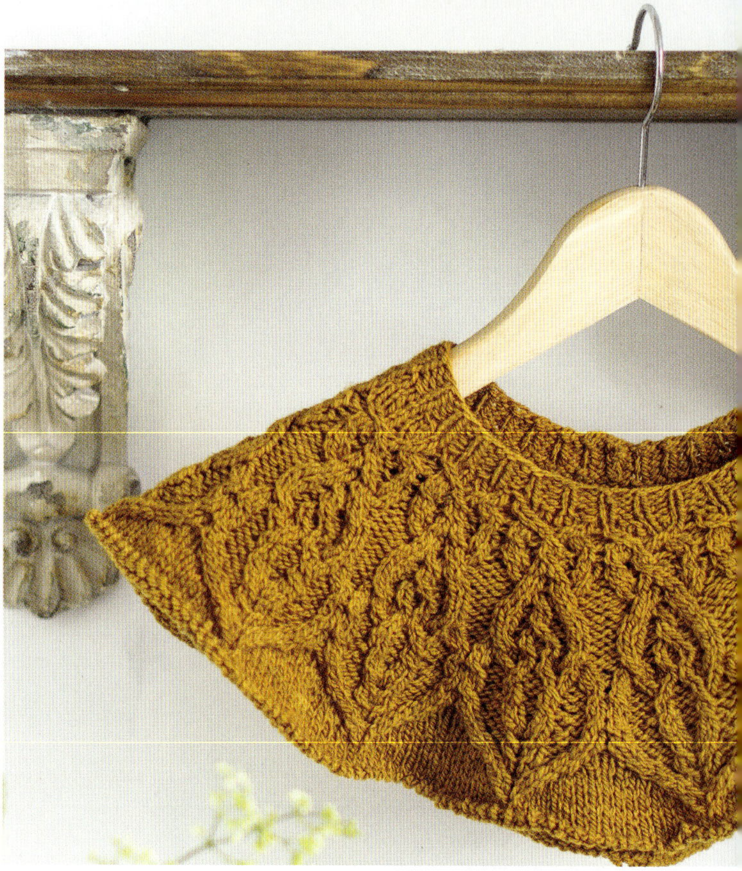

Inhalt

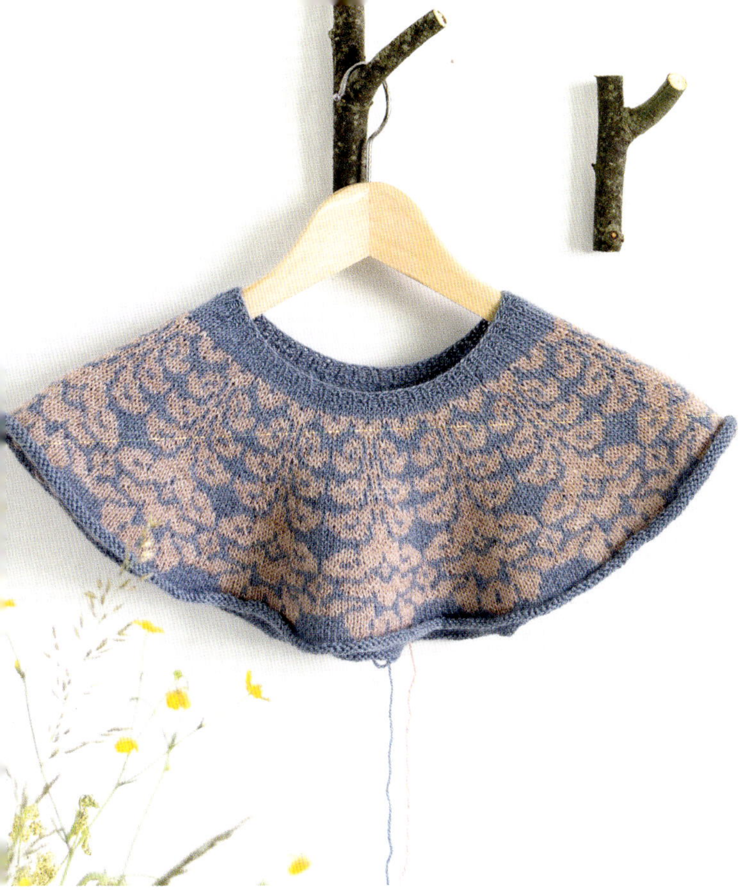

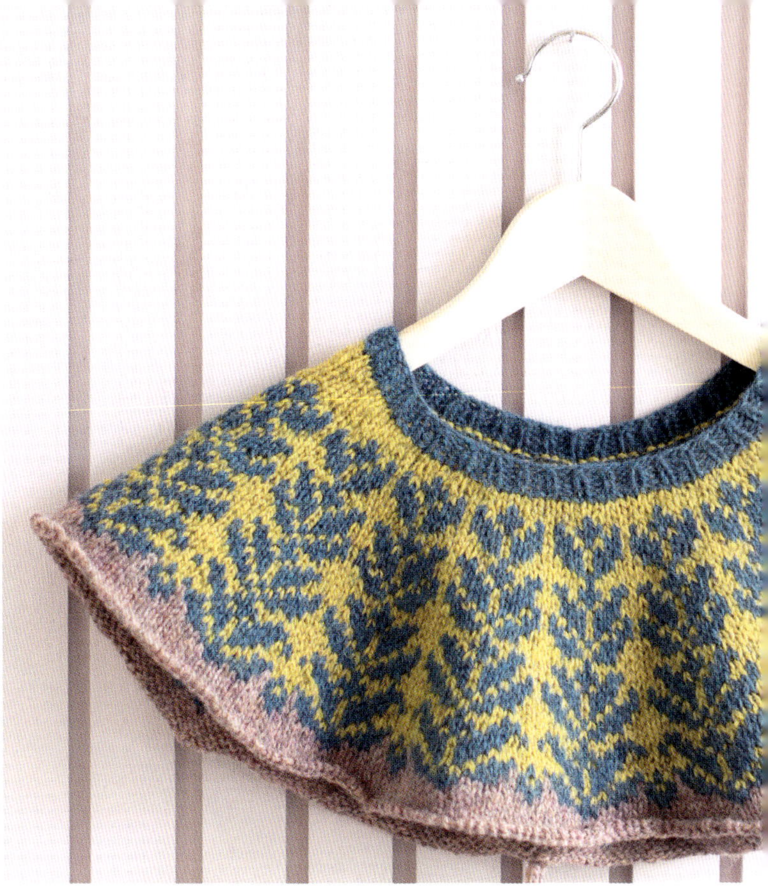

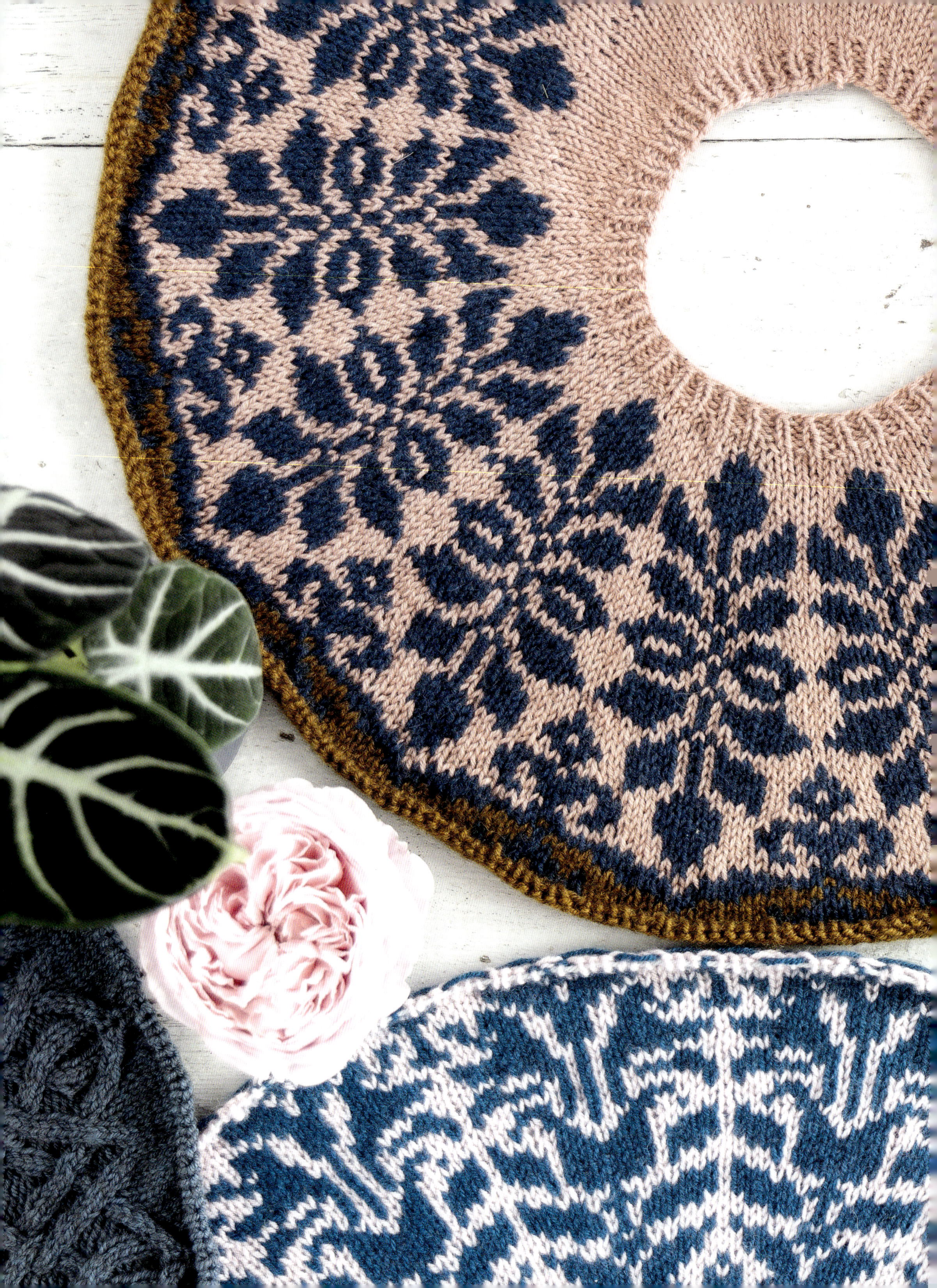

Vorwort

In meiner Kindheit in der Ukraine hat meine Mutter oft Kleidung für uns genäht – manchmal aus einer alten, ausgedienten Gardine, manchmal aus Stoffresten von meiner Oma, nur selten aus einem neuen Stück Stoff. Sie verstand es, aus Unscheinbarem etwas Besonderes zu machen. Meine Mutter strickte uns kleine Socken und manchmal einen Pullover. Ich erinnere mich daran, wie sie es schaffte, aus einem Wollfaden oder einem flachen Stück Stoff etwas Dreidimensionales zu schaffen.

Als ich etwas sechs Jahre alt war, wollte ich das auch einmal ausprobieren. Meine Mutter brachte mir das Handarbeiten geduldig bei, und ich legte los. Ich fertigte Kleidung für meine Puppe an und bettelte meine Oma um Stoffreste und Garn an, die sie mir gern schenkte, wann immer sie etwas übrig hatte. Diesen beiden Handarbeitstechniken – dem Stricken und dem Nähen – bin ich bis ins Erwachsenenalter treu geblieben (mit kleinen Abstechern zu anderen Techniken).

Als ich selbst Mutter wurde, verlegte ich mich mehr aufs Stricken als aufs Nähen, weil das überall möglich war und nicht viel Mühe und Energie erforderte, die mir damals fehlte. Eines Tages schoss mir die Idee für einen Pullover mit Rundpasse durch den Kopf. Und weil ich keine Anleitung fand, die mit dem Bild in meiner Vorstellung übereinstimmte, beschloss ich bescheiden und nervös, selbst einen zu entwerfen. Daraus wurde später die erste eigene Strickanleitung, die ich veröffentlichte, und mich ließ das Ganze nicht mehr los.

Ich hoffe, dieses Buch liefert Ihnen reichlich Gründe, immer wieder die Maschen für ein weiteres Projekt anzuschlagen, und wünsche mir, dass die Pullover Sie kuschelig warmhalten. Mögen Ihre Werke oft getragen, geflickt und über Generationen hinweg weitergegeben werden.

Viel Freude damit!

Olga

So arbeiten Sie mit diesem Buch

Dieses Buch enthält Anleitungen für zwölf Rundpassenpullover in drei verschiedenen Garnstärken von superwarm bis fein und leicht – jeweils vier Pullover in jedem der drei Kapitel. Wenn Sie einen Pullover entdecken, den Sie gerne stricken möchten, arbeiten Sie nach der Anleitung für die jeweilige Garnstärke, die Sie am Ende des Kapitels finden. Anhand der Übersicht am Beginn des Kapitels ermitteln Sie die richtige Größe und stricken dann an der entsprechenden Stelle der Anleitung die Passe für das gewünschte Modell.

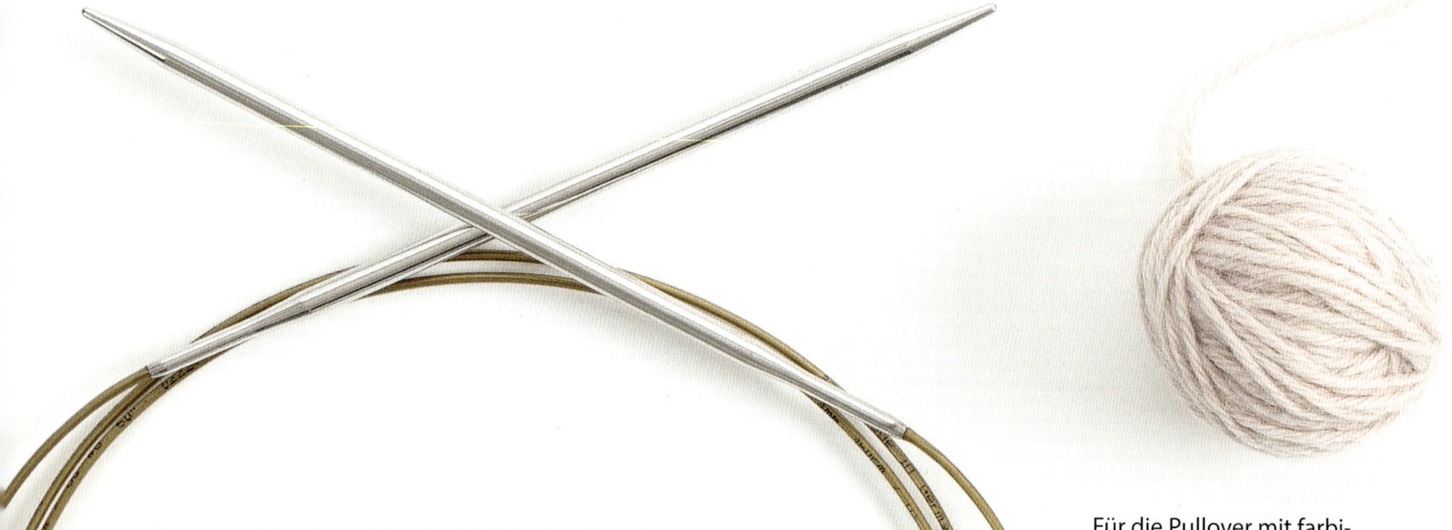

WARUM EIGENTLICH EINE RUNDPASSE?

Ich habe Pullover in unterschiedlichen Stilen und Konstruktionen entworfen und veröffentlicht. Alle haben ihre eigenen Vorteile. Ich lege meine Modelle immer top-down, also von oben nach unten mit Rundpasse gestrickt, an, denn dadurch kann man die Passe genau so kurz oder lang wie nötig arbeiten, die Ärmel passgenau gestalten und die Rumpflänge nach Belieben anpassen. Es muss überhaupt nichts zusammengenäht werden: Wenn man die letzten Maschen abgekettet hat, kann man die Fadenenden vernähen und den Pullover spannen – fertig!

Rundpassenpullover sind außerdem fantastische Einsteigerprojekte, weil die Grundanleitung nur eine Handvoll an Techniken erfordert.

Für die Pullover mit farbigen Einstrickmustern in diesem Buch müssen Sie folgende Techniken beherrschen: das Anschlagen und Abketten von Maschen, rechte und linke Maschen, nach rechts oder links geneigte Zu- und Abnahmen sowie das Anschlagen neuer Maschen durch Aufschlingen. Das ist alles! Wenn Sie schon ein wenig Erfahrung im Stricken von Zöpfen haben, können Sie sich auch an die Modelle mit plastischen Mustern in diesem Buch wagen.

Rundpassenpullover sind ein wunderbarer Einstieg ins Stricken von Kleidungsstücken, aber auch entspannende und doch herausfordernde Projekte für erfahrenere Strickerinnen und Stricker.

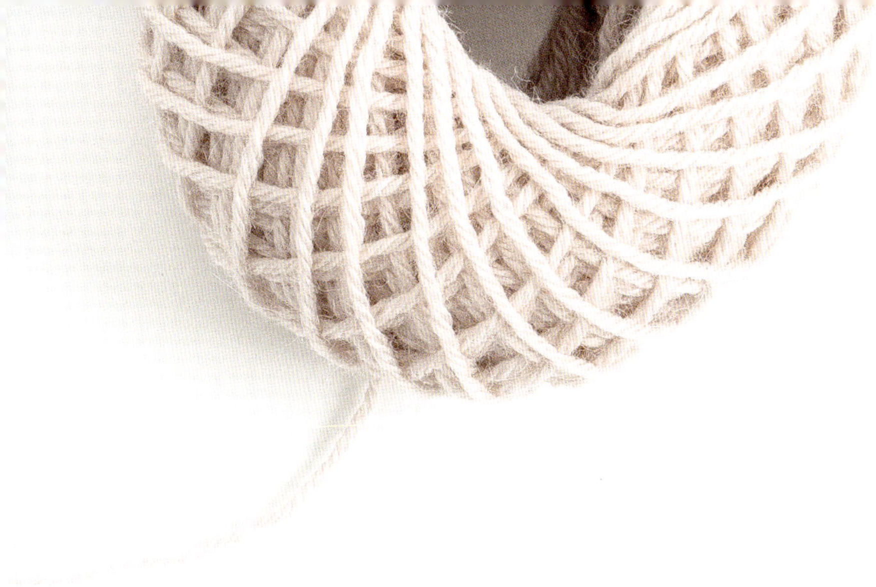

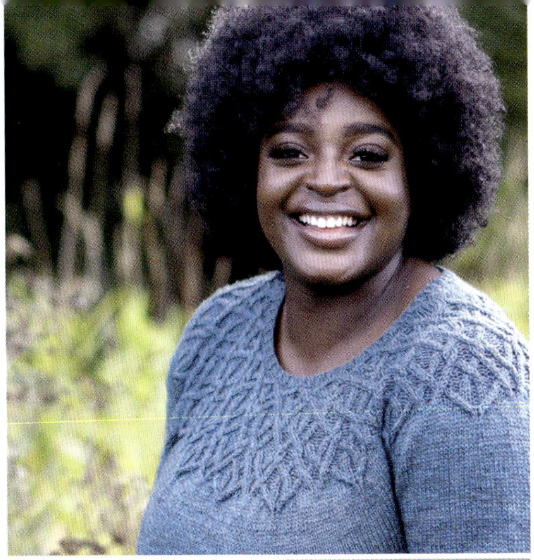

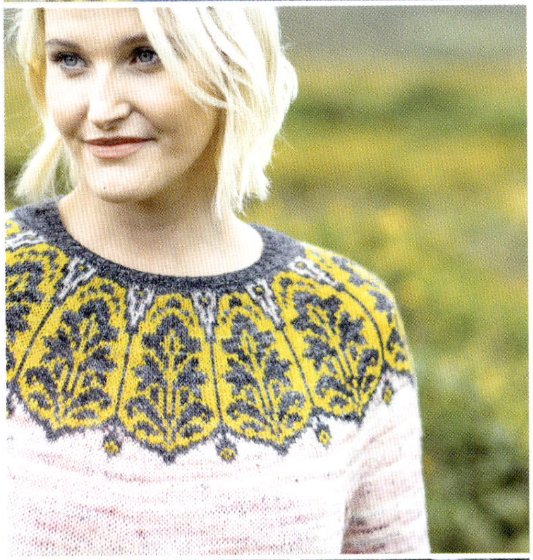

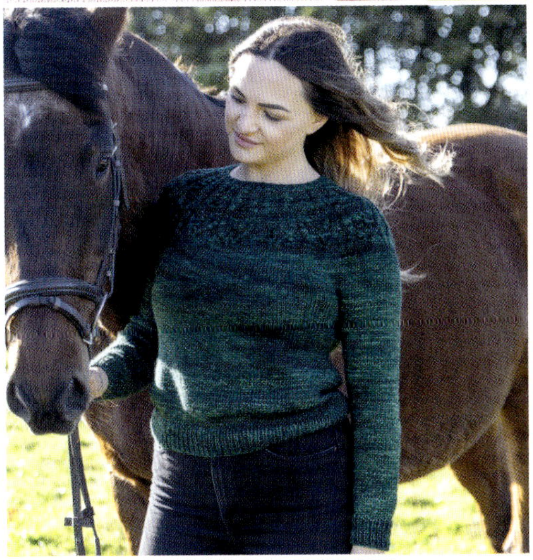

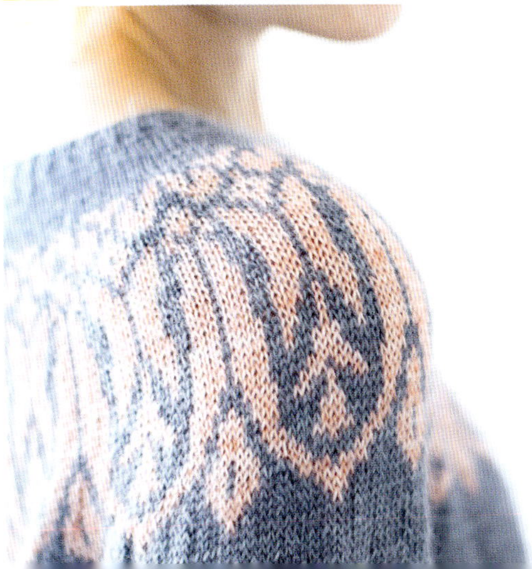

DER BEGINN EINES PROJEKTS

Wenn Sie sich für einen Pullover entscheiden, den Sie stricken wollen, wählen Sie zunächst die Garnstärke. Soll es ein mollig warmer Pullover werden, der entsprechend schneller fertig ist (also aus Garn in Aranstärke)? Suchen Sie nach etwas Komplizierterem, das ein bisschen länger dauert und Sie jede einzelne Masche genießen lässt, bis Sie ein perfektes Modell zum Drüberziehen haben (einen Pullover aus vierfädigem Garn)? Oder soll es die goldene Mitte sein – ein vielseitig verwendbarer Ganzjahrespullover (aus Garn in DK-Stärke)?

Wenn Sie Ihre Wahl getroffen haben, blättern Sie zum Kapitel mit den Vorschlägen für die entsprechende Garnstärke, schauen sich die vier Passen dazu an und entscheiden, welche davon Sie nacharbeiten wollen.

Am Ende des jeweiligen Kapitels finden Sie die komplette Anleitung für den Pullover aus dickem, mittlerem oder dünnem Garn. Sie stricken jede Passe für diese Garnstärke nach ein und derselben Anleitung. Wenn in der Anleitung die Anweisung steht, nach der Strickschrift weiterzuarbeiten, folgen Sie der Strickschrift für die Passe, die Sie sich ausgesucht haben. Es ist ganz einfach!

STRICKEN VON OBEN NACH UNTEN

Wenn man einen Pullover von oben nach unten strickt, beginnt man mit der Halsausschnittblende. Anschließend werden einige Maschen zugenommen und der Halsausschnitt geformt, damit der Pullover später gut sitzt und den Nacken bedeckt.

Dann sind Sie bereit für den vergnüglichen Teil der Strickerei: die Passe! Wenn Sie die Strickschrift komplett gearbeitet haben und die Passe für Sie persönlich lang genug ist, teilen Sie die Arbeit in Rumpf und Ärmel auf und legen die Ärmelmaschen still, während Sie den Rumpf nach unten weiterstricken.

Sobald der Rumpf fertig ist, wenden Sie sich wieder den Ärmeln zu: Sie übertragen die Maschen für einen Ärmel wieder auf die Nadel, nehmen ein paar Maschen unter der Achsel neu auf und stricken mit einigen Abnahmen für guten Sitz nach unten weiter. Rundpassenpullover werden vollständig nahtlos in Runden gestrickt.

Material & Werkzeug

Das Schöne am Stricken ist, dass man mit farbenfrohem Garn, den Lieblingsnadeln und nur ein paar anderen Hilfsmitteln überall an seinem Projekt arbeiten kann. Hier erfahren Sie, was Sie brauchen, um einen Pullover aus diesem Buch nachzuarbeiten, und nach welchen Kriterien Sie Nadeln, Garn und Zubehör auswählen sollten.

STRICKNADELN

Für diese Pullover brauchen Sie Rundstricknadeln in unterschiedlichen Längen für die wechselnden Maschenzahlen. Wenn der Umfang kleiner ist (wie an Halsausschnitt und Ärmeln), können Sie mit einer längeren Rundstricknadel oder mit dem Nadelspiel arbeiten. Durch die Zunahmen an der Passe wächst die Maschenzahl beträchtlich, deshalb wechseln Sie zu einer längeren Rundstricknadel, damit sich das Strickteil nicht auf der Nadel schoppt.

Ich verwende am liebsten spitze Edelstahlnadeln, weil die Maschen darauf mühelos gleiten, doch wenn Sie erst zu stricken beginnen, sollten Sie Nadeln aus Holz ausprobieren. Die Maschen halten gut darauf und rutschen nicht allzu sehr herum, sodass Sie sich besser auf die Technik konzentrieren können.

Denken Sie bei der Wahl der Nadeln daran, dass nicht die Stärke entscheidend ist, sondern die damit erzielte Maschenprobe (siehe „So gelingt Ihr Werk perfekt", Seite 12).

Dicke Pullover aus Garn in Aranstärke: Nadelstärke 5 mm (oder abweichende Nadelstärke gemäß Maschenprobe) für den Hauptteil, Nadelstärke 4 mm (bzw. ein bis zwei Stärken dünner als die Nadeln gemäß Maschenprobe) für Bündchen und Blenden.

Pullover aus Garn mittlerer Stärke (DK): Nadelstärke 4 mm (oder abweichende Nadelstärke gemäß Maschenprobe) für den Hauptteil, Nadelstärke 3,5 mm (bzw. ein bis zwei Stärken dünner als die Nadeln gemäß Maschenprobe) für Bündchen und Blenden.

Pullover aus dünnem Garn (Fingering; Stärke wie vierfädiges Sockengarn): Nadelstärke 3,5 mm (oder abweichende Nadelstärke gemäß Maschenprobe) für den Hauptteil, Nadelstärke 2,5 mm (bzw. ein bis zwei Stärken dünner als die Nadeln gemäß Maschenprobe) für Bündchen und Blenden.

Die Stärke von Stricknadeln kann auf unterschiedliche Weise gemessen werden und wird auch nicht bei allen Marken gleich gekennzeichnet.

Die untenstehende Tabelle hilft Ihnen, die richtige Nadelstärke für Ihr Projekt zu finden, egal, ob Sie mit deutschen, englischen oder amerikanischen Nadeln stricken.

Stricken Sie zuerst ein Probestück mit der angegebenen Nadelstärke und wechseln Sie dann, falls nötig, um eine Nadelstärke nach oben oder unten, um die in der Anleitung genannte Maschenprobe zu erzielen. Wenn Sie die richtige Nadelstärke für die korrekte Maschenprobe ermittelt haben, gehen Sie in der Tabelle zwei Zeilen nach oben, um die Nadelstärke für Bündchen und Blenden zu finden.

Nadelstärken

METRISCH	ENGLAND	USA
2 mm	14	0
3 mm	11	-
3,5 mm	-	4
4 mm	8	6
4,5 mm	7	7
5 mm	6	8
5,5 mm	5	9
6 mm	4	10
6,5 mm	3	10,5
7 mm	2	-
7,5 mm	1	-
8 mm	0	11

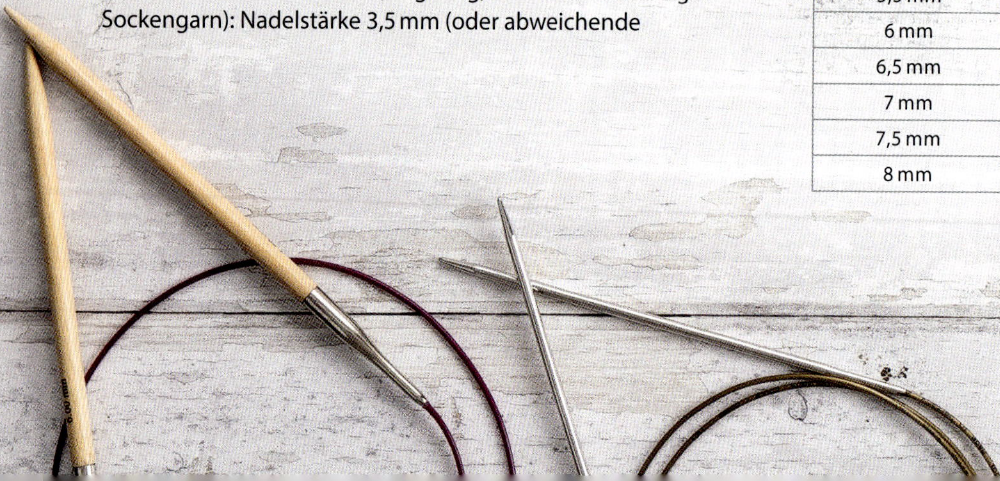

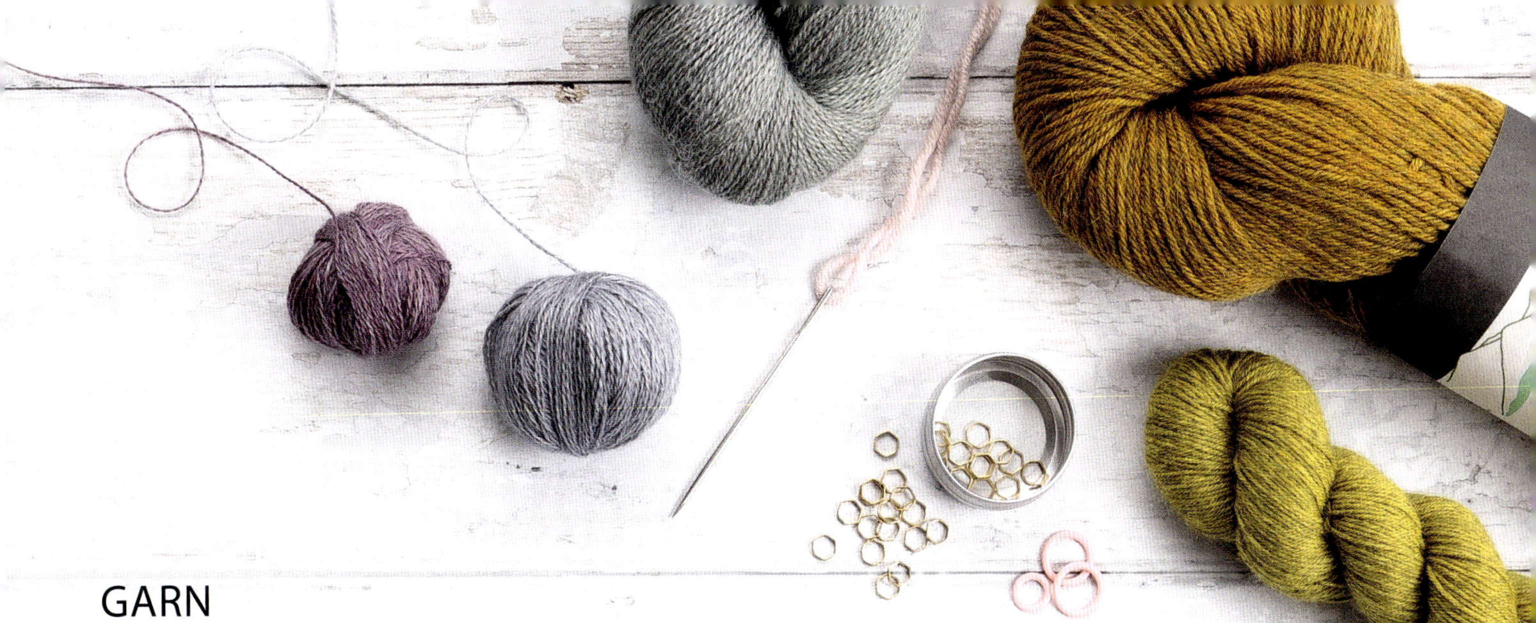

GARN

Bei der Suche nach dem richtigen Garn für Ihr Projekt sollten Sie überlegen, wann und wo Sie Ihren Pullover tragen wollen. Leben Sie in einer kalten Gegend und ziehen gern mehrere Schichten übereinander an? Dann können Sie zu einem rustikaleren Garn oder generell zu einem Wollgarn greifen. Tragen Sie Ihren Pullover gern direkt auf der Haut? Dann wählen Sie ein Garn mit Baby-Alpaka- oder Baby-Yak-Anteil. Wollen Sie ein Modell für kühle Sommerabende stricken? Dann ist ein Wollmischgarn mit Baumwoll- oder Seiden-Anteil das Richtige. Und wenn Sie Ihr Strickteil in der Sonne tragen möchten, wählen Sie Baumwolle, Leinen, Seide oder eine Kombination aus diesen Fasern.

Auf der ganzen Welt kursieren unterschiedliche Bezeichnungen für die verschiedenen Garnarten und -stärken. Im angloamerikanischen Raum hat sich die Einteilung in Standard-Garnstärken (Standard Yarn Weights) durchgesetzt, in der die Garne von dünn nach dick aufgeführt sind; die entsprechenden Begriffe wie „Lace" oder „Fingering" tauchen vermehrt auch in deutschsprachigen Publikationen auf. Bei uns dient eher die Lauflänge pro 100-g- oder 50-g-Knäuel als Anhaltspunkt. Die folgende Tabelle kann Ihnen dabei helfen, das richtige Garn für Ihren Pullover zu finden.

Garnstärke

BEZEICHNUNG	LAUFLÄNGE AUF 100 G	NADELSTÄRKE	MASCHEN AUF 10 CM
Lace	600–800 m	1,5–2,5 mm	28–32
Fingering	400–480 m	2–3 mm	24–28
DK (Double Knitting)	240–300 m	4–4,5 mm	20–22
Aran	120–240 m	4,5–5 mm	16–20

Es ist weniger wichtig, wie ein Garn heißt, als dass Sie die in der Anleitung angegebene Maschenprobe damit erzielen. Stricken Sie ein Probestück mit dem gewählten Garn und zählen Sie die Maschenprobe aus. Falls nötig, wieder holen Sie das mit einer anderen Nadelstärke, bis Sie die korrekte Maschenprobe erhalten. Statt ein dickeres Garn zu verwenden, können Sie auch mit zwei Fäden gleichzeitig stricken. Wenn Sie beispielsweise ein dünnes Garn mit einer Lauflänge von 400–600 m pro 100-g-Knäuel doppelfädig verstricken, entspricht das einem Garn mit 200–300 m Lauflänge, kann aber je nach den spezifischen Eigenschaften des Garns auch anstelle eines Garns in Aranstärke eingesetzt werden. Das ist der Grund, warum das Anstricken des Garns und das Überprüfen der Maschenprobe vor Beginn der eigentlichen Strickarbeit so entscheidend ist.

ZUBEHÖR

Für alle Pullover brauchen Sie einen Maschenmarkierer, der den Rundenbeginn kennzeichnet, Hilfsgarn zum Stilllegen der Ärmelmaschen (ein glattes Garn, das etwas dünner ist als Ihr Strickgarn) und eine Wollnadel oder eine dicke, stumpfe Sticknadel mit großem Öhr zum Vernähen der Fadenenden. Und natürlich benötigen Sie zusätzlich Ihr Maßband und eine kleine Schere.

Die Passen mit plastischen Mustern erfordern außerdem eine Zopfnadel, die genauso dick oder etwas dünner sein sollte als die Stricknadeln, damit sie die Maschen nicht ausdehnt.

In der Strickschrift für das Modell Naomi kommt eine Noppe vor. Ich arbeite gerne Noppen aus halben Stäbchen. Wenn Sie Noppen auf diese Weise arbeiten wollen, brauchen Sie eine Häkelnadel in der Stärke der Stricknadeln.

Zum Spannen des Pullovers benötigen Sie etwas Wollwaschmittel zum Einweichen, Handtücher zum Ausdrücken des Wassers und einen geeigneten Platz, an dem Sie Ihren schönen neuen Pullover ausbreiten und trocknen lassen können.

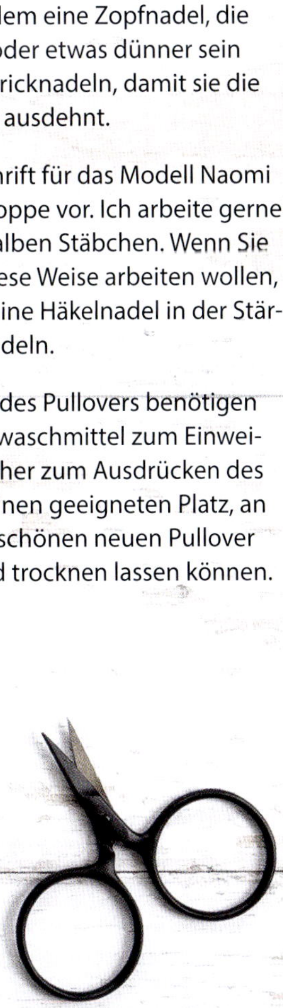

Arbeiten nach Anleitung

Die Kapitel für die drei Garnstärken – Aran, DK und Fingering – enthalten jeweils vier Passen zur Auswahl sowie eine komplette Strickanleitung für einen Pullover in dieser Garnstärke. Stricken Sie nach der Anleitung und arbeiten Sie nach der Strickschrift für die gewählte Passe, wenn das in der Anleitung erwähnt wird.

SO LESEN SIE EINE STRICKSCHRIFT

Wenn Sie lernen, eine Strickschrift zu lesen, wird das Ihr Strickerlebnis buchstäblich revolutionieren. Es ist nicht nur leichter, nach Strickschrift statt nach einem Anleitungstext zu arbeiten, Sie werden sich bald auch zutrauen, Modelle aller Art zu stricken. Für mehrfarbige Einstrickmuster gibt es üblicherweise gar keine ausführlichen Texte.

Das Stricken in Runden nach Strickschrift unterscheidet sich in mancher Hinsicht vom Stricken in Hin- und Rückreihen, beispielsweise bei Patent- oder Mosaikmustern. Hier erkläre ich Ihnen das Lesen einer Strickschrift für die Modelle in diesem Buch, die alle in Runden gestrickt werden. Wenn Ihnen die Arbeit nach Strickschrift noch nicht vertraut ist, kann ich Sie nur ermutigen, diese Anleitung einige Male durchzulesen, bevor Sie fortfahren. Es ist wirklich ganz einfach, aber alles Neue kann zunächst eine kleine Herausforderung darstellen.

Jedes Kästchen einer Strickschrift stellt eine Masche auf den Nadeln oder einen Arbeitsschritt dar, den Sie ausführen müssen. Und nun – die Farben und Symbole! Was bedeuten all die grauen Quadrate, die verschwinden, wenn die Strickschrift wächst? Ganz einfach: „keine Masche"! Verwirrt? Das muss nicht sein. Ignorieren Sie diese „Keine-Masche"-Quadrate einfach und fahren Sie mit dem nächsten Quadrat in einer anderen Farbe fort. Im Verlauf der Arbeit nach Strickschrift nehmen Sie neue Maschen zu (immer wenn Sie das Symbol für „1 ML zun" oder „1 MR zun" sehen), und die „Keine-Masche"-Quadrate werden mit jeder Zunahmerunde weniger. Die Legende neben der Strickschrift zeigt, welche Quadrate mit welcher Garnfarbe für das Modell übereinstimmen, und Sie stricken die jeweilige Masche einfach in der angegebenen Farbe. Wenn in der Strickschrift ein Symbol in einem Quadrat auftaucht, das Sie gerade stricken wollen, hilft ebenfalls ein Blick auf die Legende, um zu wissen, welche Art von Masche (rechts, links etc.) in der entsprechenden Farbe gearbeitet werden soll. Beachten Sie, dass verzopfte Maschen mehr als ein Quadrat einnehmen, weil für diese Technik mindestens zwei Maschen benötigt werden.

Eine Strickschrift für einen Rundpassenpullover wird mehrfach wiederholt, bis alle Maschen auf den Nadeln für eine komplette Runde abgestrickt sind. Um zu beginnen, liest man die Strickschrift immer von rechts nach links – jede Runde beginnt auf diese Weise. Fangen Sie in der rechten unteren Ecke an und stricken Sie die erste Runde von rechts nach links nach der ersten horizontalen Kästchenzeile. Wenn Sie alle Maschen der Strickschrift gestrickt haben, fangen Sie wieder von vorne an – und das wiederholen Sie wieder und wieder, bis Sie am Beginn der nächsten Runde auf Ihren Nadeln angekommen sind. Dann wechseln Sie zur zweiten Runde (der zweiten horizontalen Maschenzeile) der Strickschrift und fahren so fort, bis die Strickschrift vollständig abgearbeitet ist.

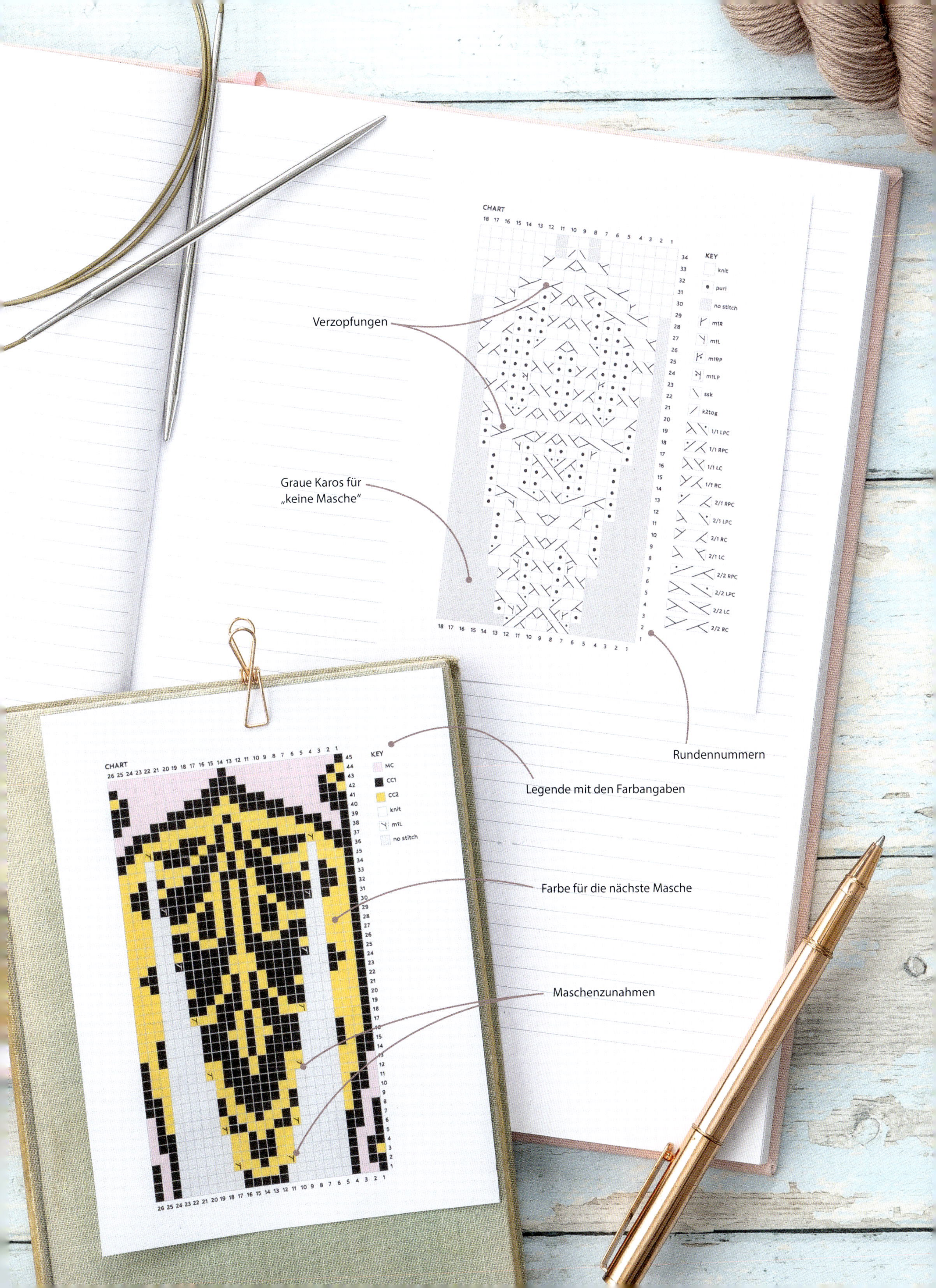
CHART
KEY
knit
purl
no stitch
m1R
m1L
m1RP
m1LP
ssk
k2tog
1/1 LPC
1/1 RPC
1/1 LC
1/1 RC
2/1 RPC
2/1 LPC
2/1 RC
2/1 LC
2/2 RPC
2/2 LPC
2/2 LC
2/2 RC
Verzopfungen
Graue Karos für „keine Masche“
Rundennummern
CHART
KEY
MC
CC1
CC2
knit
m1L
no stitch
Legende mit den Farbangaben
Farbe für die nächste Masche
Maschenzunahmen

So gelingt Ihr Werk perfekt

Rundpassenpullover sind großartige Projekte, weil es so einfach ist, sie dem eigenen Körper und den persönlichen Vorlieben anzupassen. Doch damit das Modell am Ende gut passt, müssen Sie genau Maß nehmen und die Maschenprobe überprüfen.

DIE MASCHENPROBE

Sprechen wir also über die Maschenprobe, die vielen als eher langweiliger Teil der Strickerei gilt und doch so wichtig ist! Viele Strickende geben zu, niemals ein Probestück zu stricken, um die korrekte Maschenprobe zu erzielen, die in der Anleitung angegeben ist. Zu ihnen habe ich auch gehört. Doch warum ist die richtige Maschenprobe überhaupt so entscheidend? Wenn man ein Kleidungsstück mit der falschen Maschenprobe strickt, passt das fertige Modell nicht gut. Zu kleine Maschenprobe – zu kleines Kleidungsstück; zu große Maschenprobe – zu großes Kleidungsstück. Aber was, wenn man nicht eine Jacke oder einen Pullover, sondern ein Tuch oder einen Schal strickt? Muss man sich auch dann die Zeit nehmen, ein Probestück zu stricken, zu spannen und auszumessen? Absolut! Mit der falschen Maschenprobe unterscheiden sich Textur und Fall des Gestricks vom Original, und Sie sind mit dem Ergebnis möglicherweise unglücklich.

Die Zeit in ein Probestück zu investieren lohnt sich auch, weil der Garnbedarf stark von den Angaben in der Anleitung abweichen kann, wenn die Maschenprobe nicht übereinstimmt.

Die Maschenprobe für ein bestimmtes Modell lässt sich manchmal auch durch ein anderes Garn erreichen. Ein Beispiel: Einen Pullover mit einer Maschenprobe für ein DK-Garn können Sie möglicherweise auch aus einem dünneren Arangarn oder einem dickeren Fingeringgarn stricken. Wenn Sie die angegebene Maschenprobe mit einer anderen Garnstärke erzielen, als in der Anleitung genannt, und gleichzeitig mit Fall und Maschenbild des Gestricks zufrieden sind, können Sie das Garn ohne Weiteres verwenden. Also, meine Lieben, lasst uns lernen, den beschaulichen Prozess des Strickens zu genießen, und sicherstellen, dass wir das fertige Ergebnis auch tragen wollen! Nehmen Sie sich das bisschen Zeit, Ihr Probestück zu stricken, damit Sie den Rest der Arbeitszeit für Ihr Projekt nicht vergeuden.

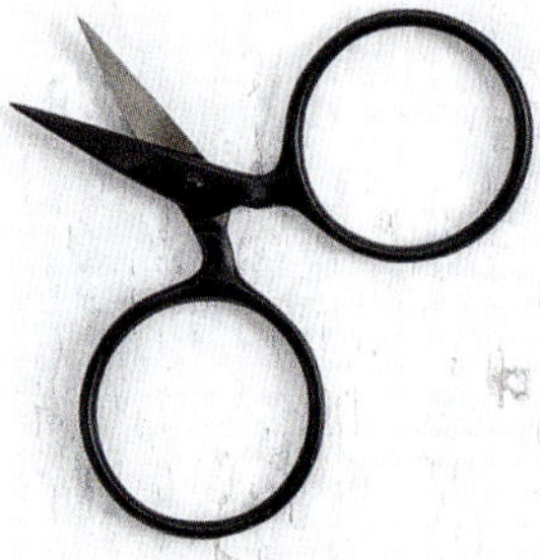

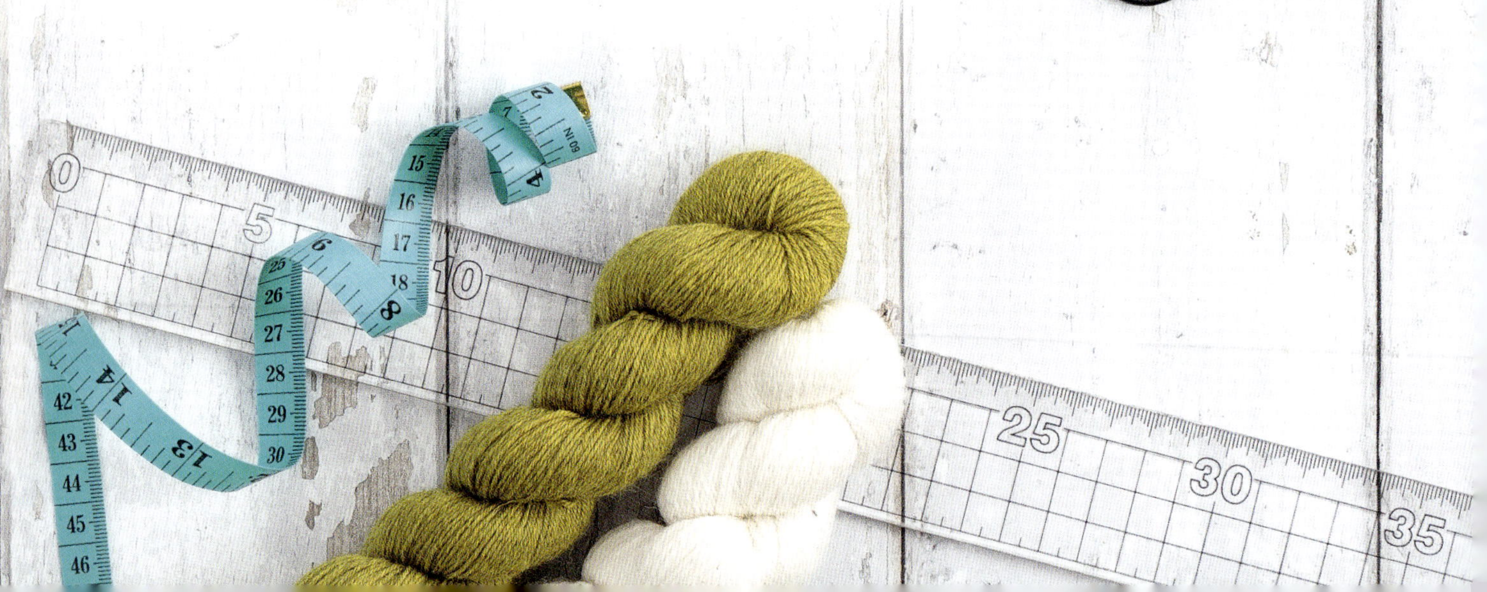

GRÖSSE & PASSFORM

Wie wählen Sie die Größe für einen Pullover aus, den Sie stricken wollen? Wir alle haben bestimmte Präferenzen in Sachen Passform. Ich selbst habe Pullover und Cardigans in unterschiedlichen Größen in meiner Zedernholzkommode: einen eng anliegenden Pullover, den ich zu weiten Hosen trage, einen etwas geräumigeren, der so gut zu meinen Lieblingsjeans passt, und sogar Teile in geradezu lächerlicher Übergröße, die perfekt für kalte Tage sind, an denen ich nicht vorhabe, das Haus zu verlassen. Ich liebe sie alle! Aber wie sollen Sie sich bei den Projekten in diesem Buch entscheiden?

Die Pullover in diesem Buch sind mit einer Bequemlichkeitszugabe von 5–10 cm angelegt; das bedeutet, dass die Oberweite des Pullovers 5–10 cm größer ist als Ihr tatsächlicher Brustumfang. Doch natürlich können Sie auch eine andere Größe wählen, wenn Sie Ihren Pullover weiter oder enger möchten. Aber beachten Sie neben der Oberweite auch die Ärmelweite. Passen die Ärmel Ihnen auch noch, wenn Sie eine kleinere Größe wählen? Und mögen Sie die weiteren Ärmel, wenn Sie sich für eine größere Größe entscheiden?

Denken Sie auch daran, dass der Halsausschnitt von Größe zu Größe variiert. Wenn Sie Ihren Pullover größer stricken, als für Ihren Brustumfang angegeben, können Sie vermeiden, dass der Halsausschnitt zu weit wird, indem Sie die Maschen mit dünneren Nadeln anschlagen. Aber achten Sie dann darauf, dass der Ausschnitt nicht zu eng wird und immer noch leicht über den Kopf gezogen werden kann.

PASSE, RUMPF & ÄRMELLÄNGE

Weil diese Pullover von oben nach unten gestrickt werden, können Sie die Länge von Passe, Rumpf und Ärmeln ganz Ihren persönlichen Vorlieben anpassen und das Kleidungsstück während der Arbeit immer wieder anprobieren.

Bevor Sie das Projekt in Rumpf und Ärmel aufteilen, sollten Sie den Pullover anprobieren und gegebenenfalls glatt rechts in der Grundfarbe weiterstricken, bis die Passe die gewünschte Höhe hat.

Bei Rumpf und Ärmeln können Sie die Länge anpassen, indem Sie vor den Rippenbündchen mehr oder weniger Runden glatt rechts stricken.

Bedenken Sie aber, dass diese Veränderungen sich auch auf die erforderliche Garnmenge für Ihr Projekt auswirken.

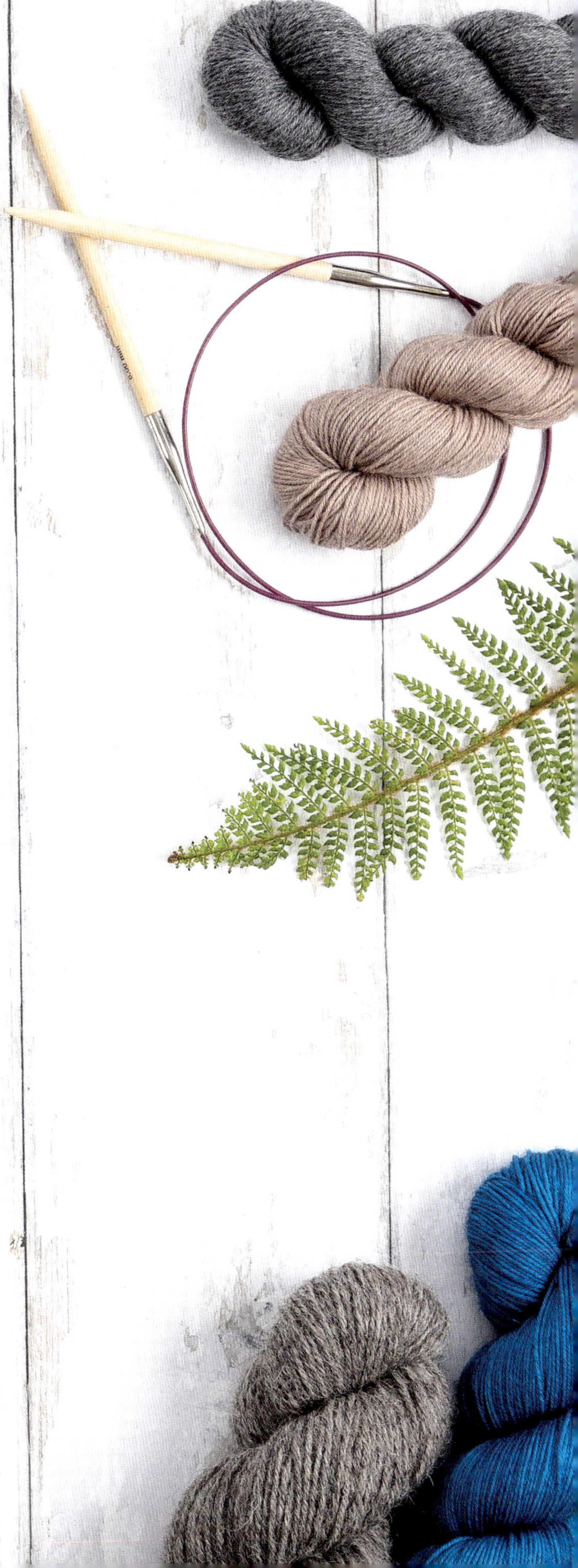

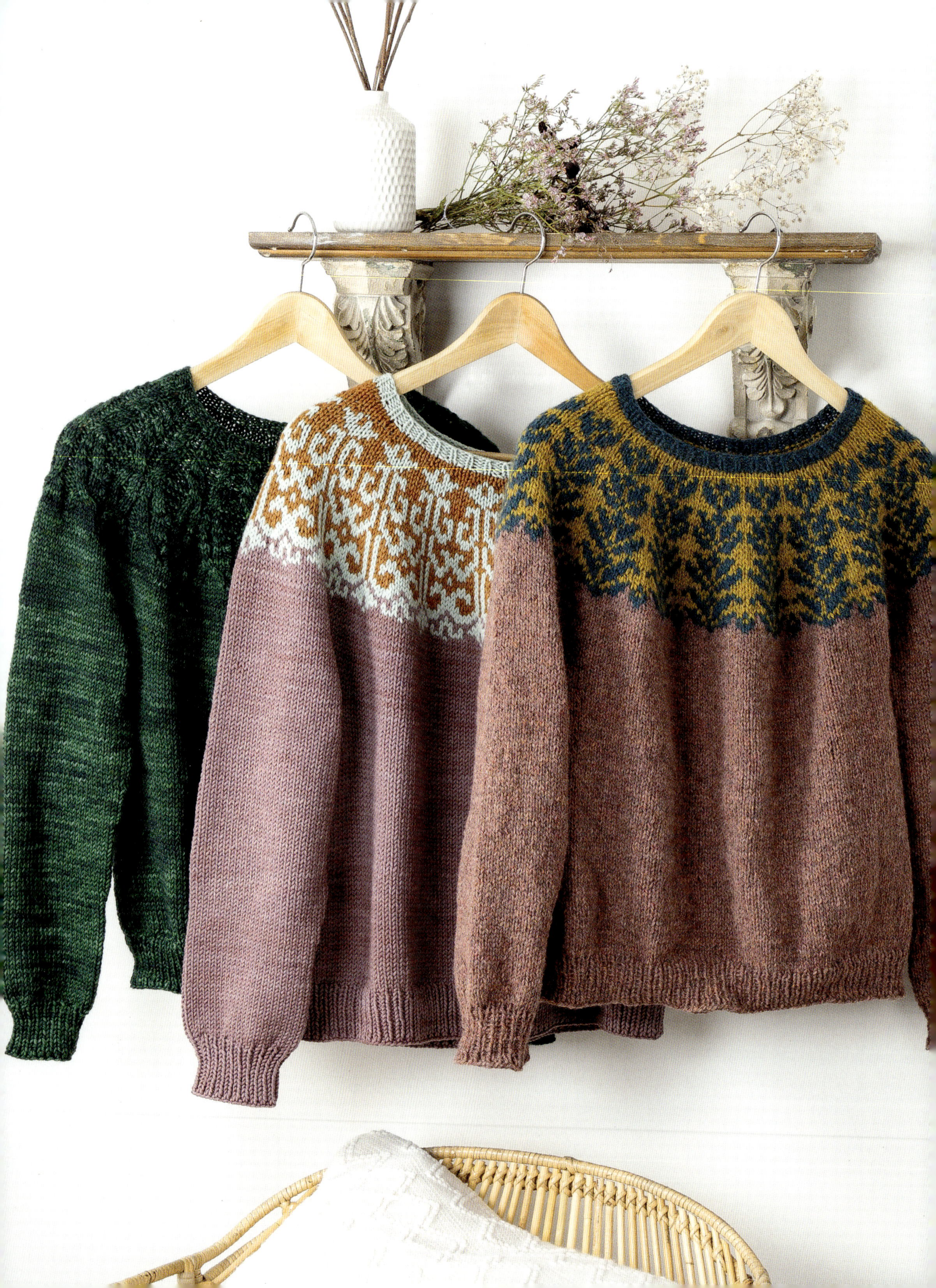

MOLLIG WARME PULLOVER

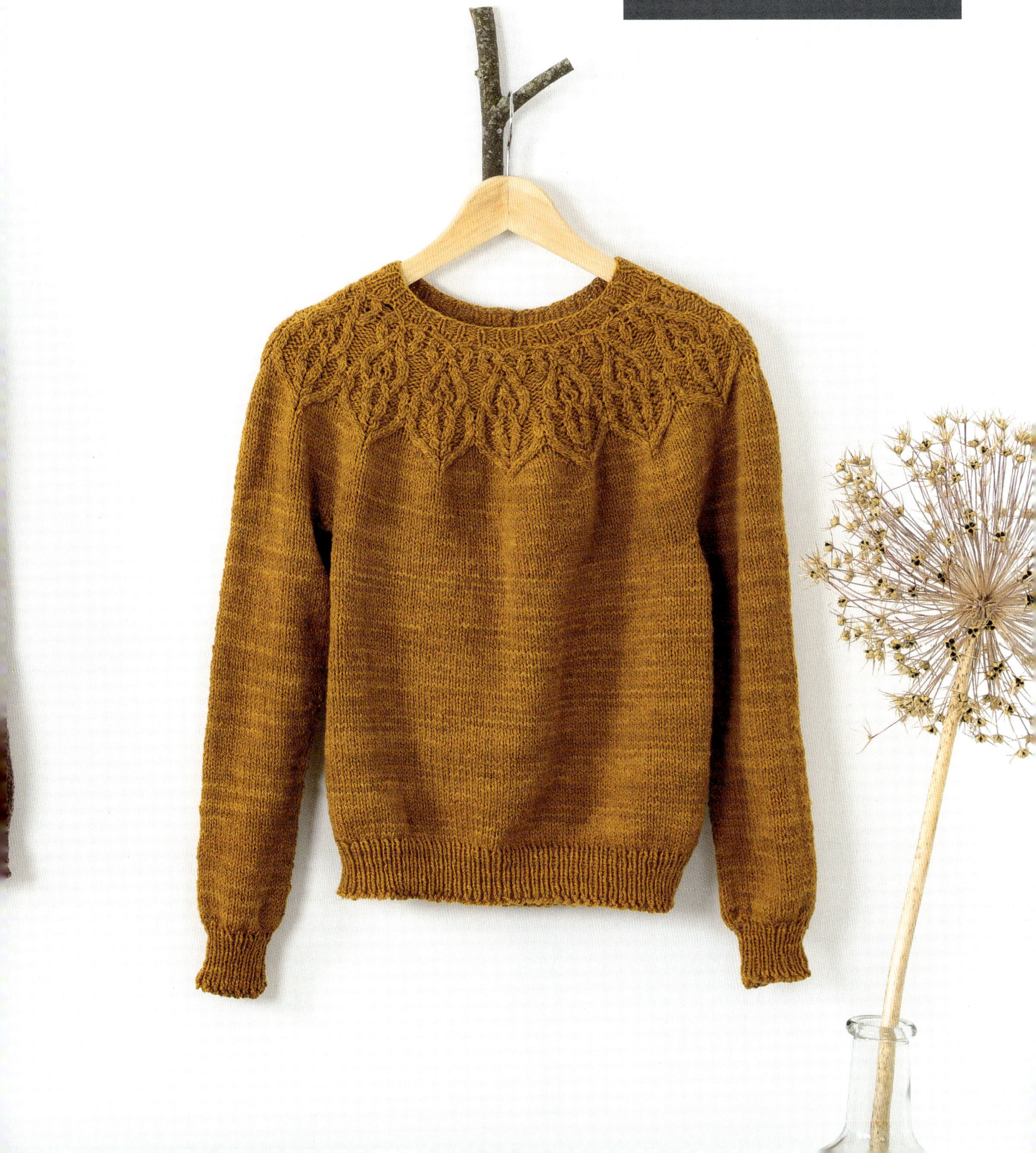

ÜBERSICHT

Pullover aus Garnen in Aranstärke (LL ca. 120–240 m/100 g) halten Sie in den kältesten Monaten des Jahres mollig warm. Sie sind schnell gestrickt, und ich liebe das Gefühl, wenn der dicke Faden des Garns durch meine Finger gleitet. Die vier Pullover in diesem Kapitel sind ein fantastischer Einstieg, wenn Sie ins Pulloverstricken hineinschnuppern wollen – einfach genug für Anfänger und doch herausfordernd für erfahrene Strickende.

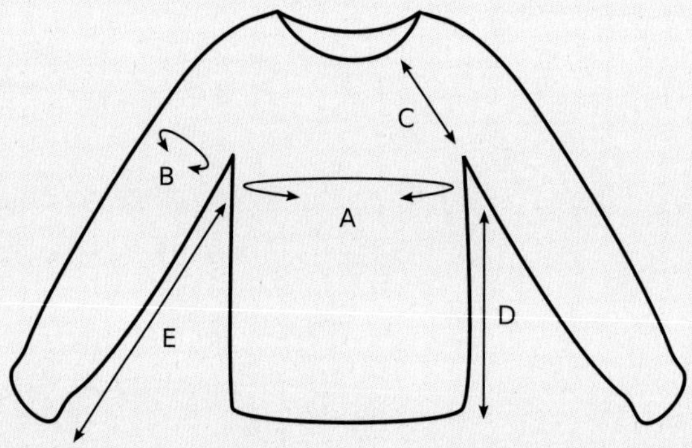

Das brauchen Sie

STRICKNADELN

- Rundstricknadel 5 mm für den Hauptteil (oder andere Nadelstärke gemäß Maschenprobe)
- Rundstricknadel 4 mm für Rippenblenden und -bündchen (oder 1–2 Nadelstärken dünner als die Nadeln für den Hauptteil)

ZUBEHÖR

- Maschenmarkierer
- Hilfsgarn
- Wollnadel
- Zopfnadel (für die Modelle Naomi und Daisie)
- Häkelnadel in der Stärke der Stricknadeln für den Hauptteil (optional für die Noppen des Modells Naomi)

Wählen Sie Ihre Größe

FERTIGMASSE

GRÖSSE	1	2	3	4	5	6	7	8	9	10
A: OBERWEITE	81,5	91,5	101,5	112	122	132	142	152,5	162,5	172,5 cm
B: OBERER ÄRMELUMFANG	30,5	33	35,5	40,5	43	45,5	51	53,5	56	58,5 cm
C: PASSENHÖHE (VORNE)	20,5	21,5	23	24	25,5	26	26,5	27,5	28	28,5 cm

D: RUMPFLÄNGE (VOM ARMAUSSCHNITT UNTER DER ACHSEL BIS ZUR UNTERKANTE DES SAUMBUNDES): 33 cm

E: ÄRMELLÄNGE (VOM ARMAUSSCHNITT UNTER DER ACHSEL BIS ZUM ENDE DES ÄRMELBÜNDCHENS): 44,5 cm

MASCHENPROBE

16 M und 20 Rd glatt rechts in Rd = 10 cm x 10 cm (nach dem Spannen)

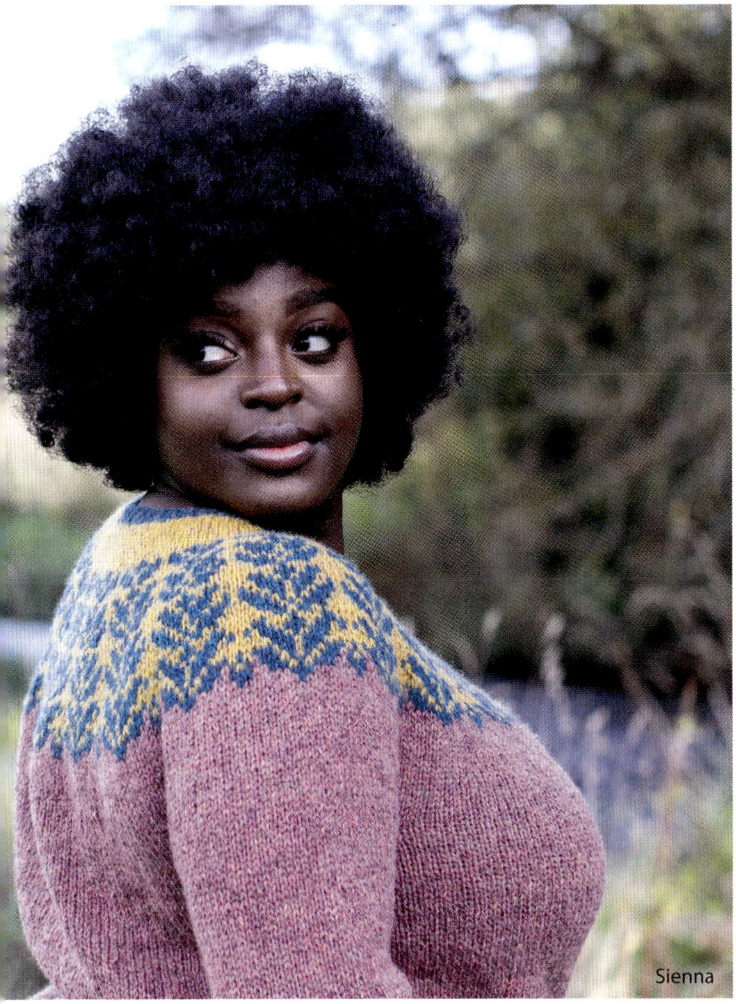
Sienna

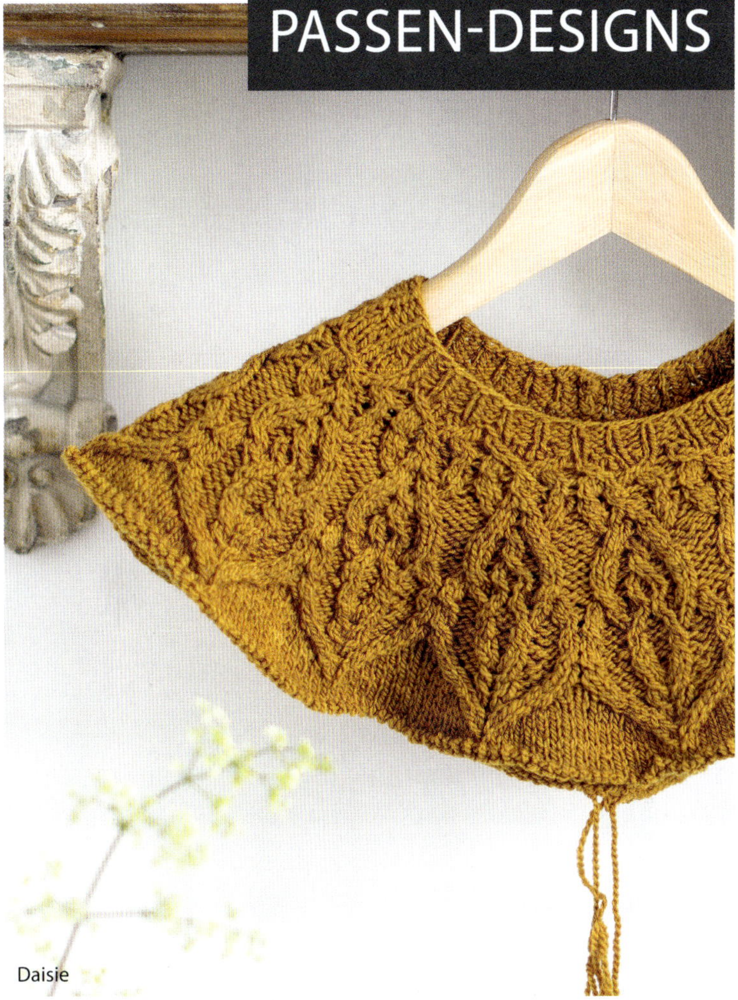
Daisie

Naomi
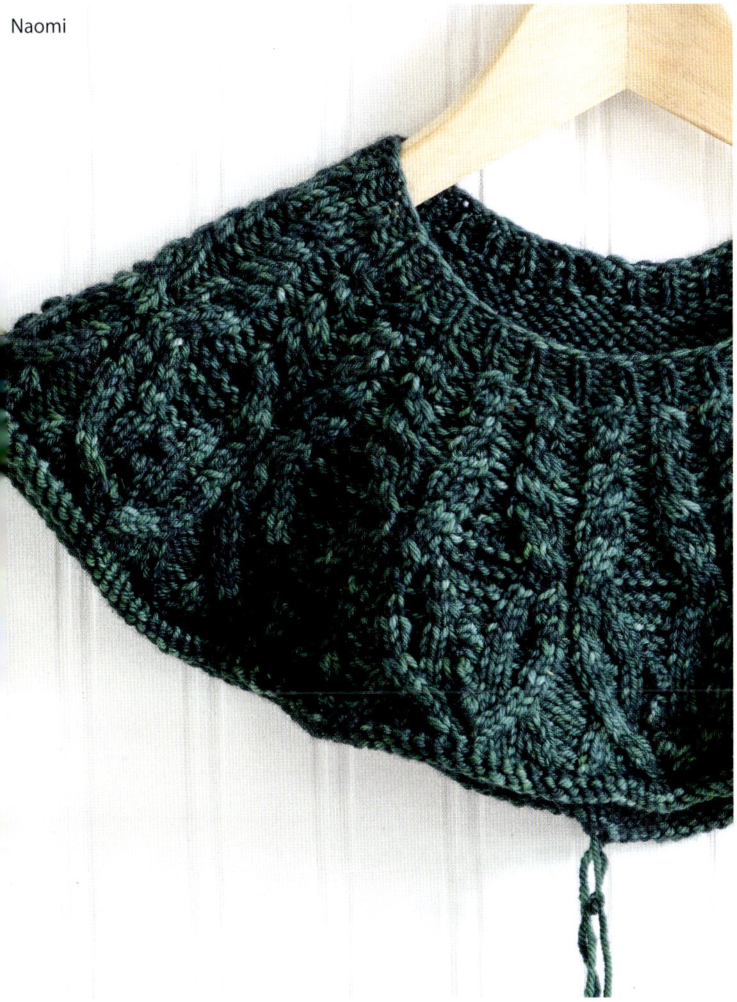

Opal
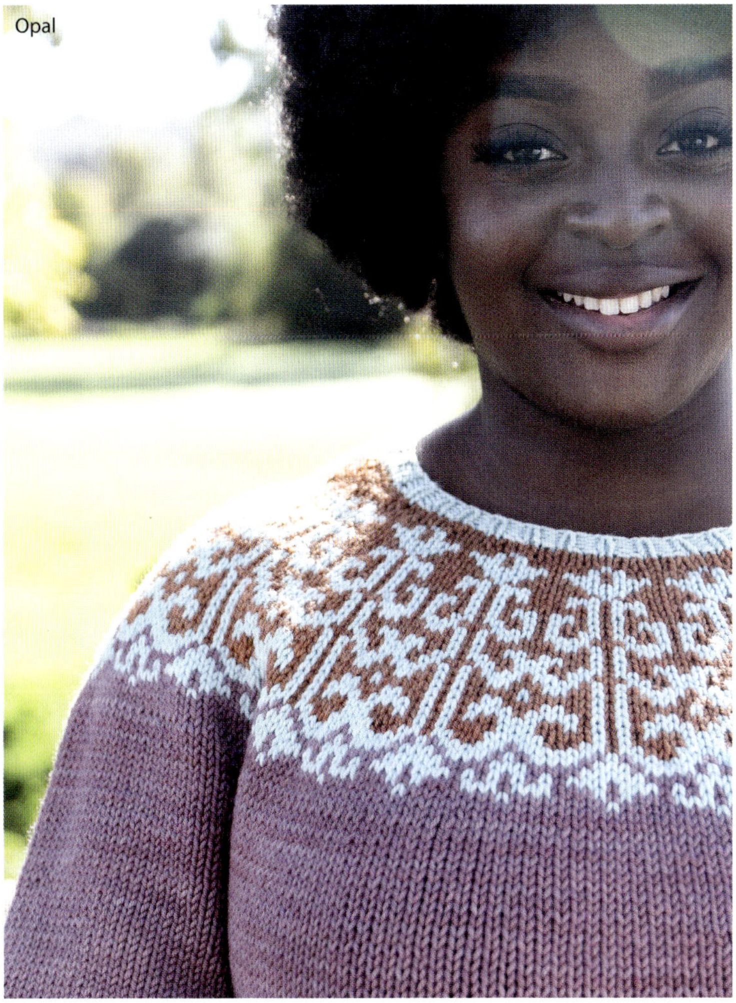

Sienna

Die Passe des Pullovers Sienna ist einfach zu stricken. Sie hat nur ein paar Runden mit längeren Spannfäden auf der Innenseite. Außerdem wird nur in wenigen Runden mit allen drei Farben gleichzeitig gestrickt.

Mir hat es Freude bereitet, mit diesem Garn mit leichtem Flauscheffekt zu arbeiten, das dem Pullover eine rustikale Note verleiht.

Wählen Sie drei Farben aus, die nebeneinander gut kontrastieren, und fangen Sie an. Sie werden im Nu fertig sein.

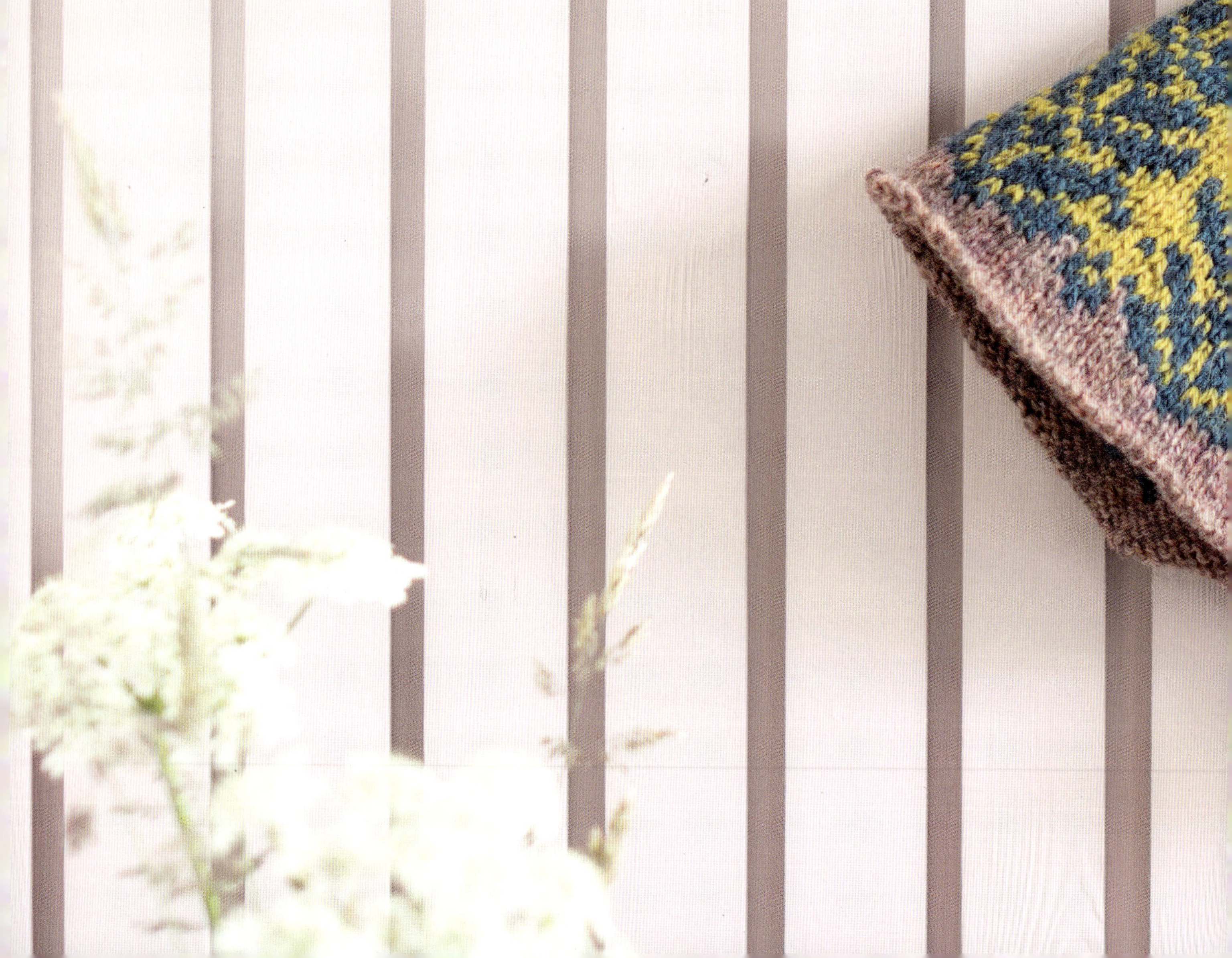

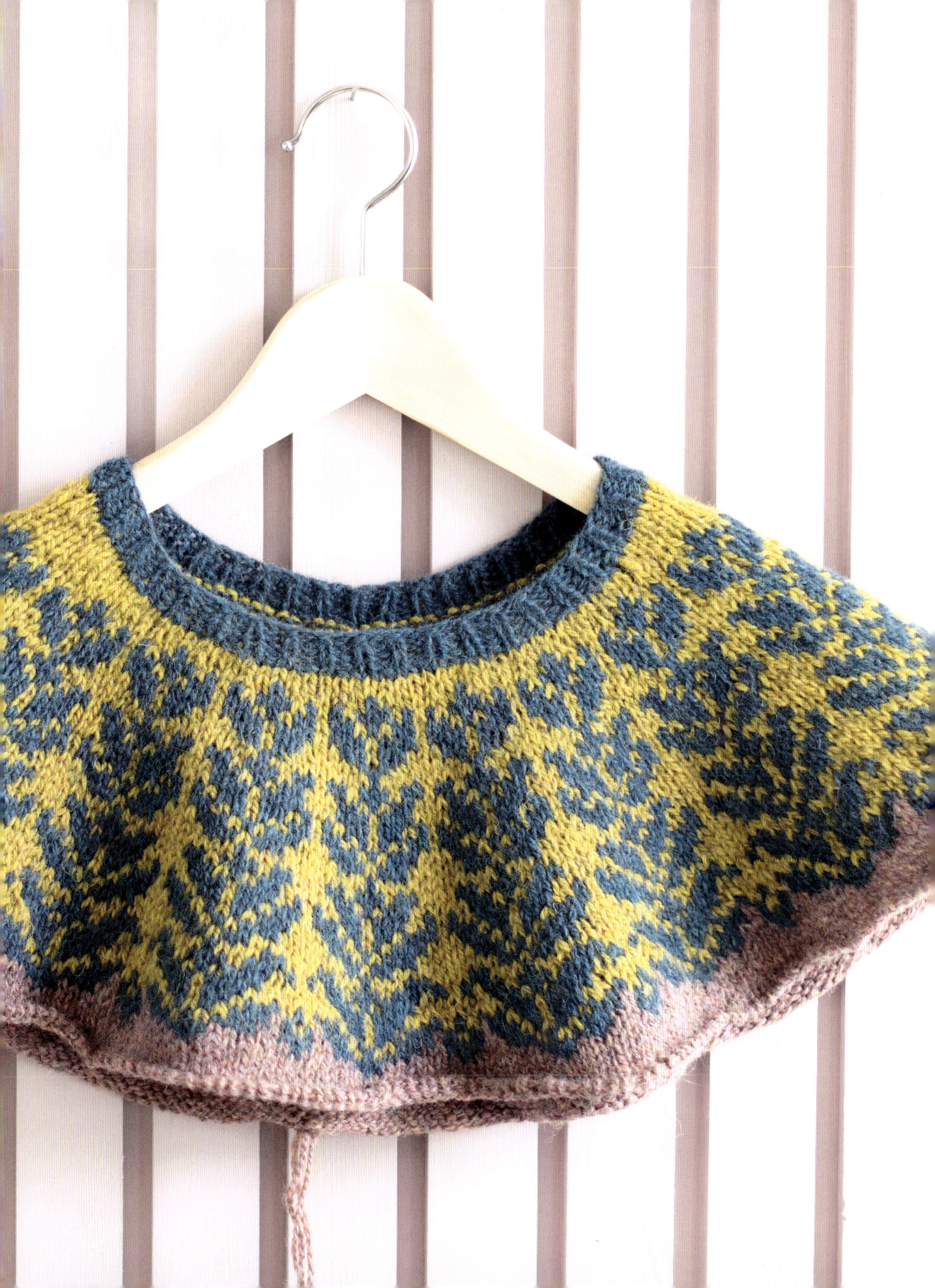

GARNVERBRAUCH (LAUFLÄNGE)

Garn: The Fibre Co. Lore (100 % Schurwolle aus Kent; LL 250 m/100 g)

GRÖSSE	1	2	3	4	5	6	7	8	9	10
FB A: GENTLE	672	723	774	826	877	930	981	1032	1084	1135 m
FB B: HEALER	84	91	98	104	112	119	125	133	139	146 m
FB C: HAPPINESS	74	80	87	94	100	105	112	119	126	134 m

HINWEISE

Wenn Sie – so wie ich – einen kürzeren Torso haben und gerne mehrere Lagen Kleidung übereinander tragen, sollten Sie erwägen, den Rumpf ein wenig kürzer zu stricken. Alternativ können Sie ihn auch für die kälteren Monate etwas verlängern oder sogar eine Tunika oder ein Kleid mit dieser Passe stricken. Es gibt so viele Möglichkeiten! Denken Sie aber daran, dass diese Veränderungen den Garnverbrauch beeinflussen, und planen Sie entsprechend.

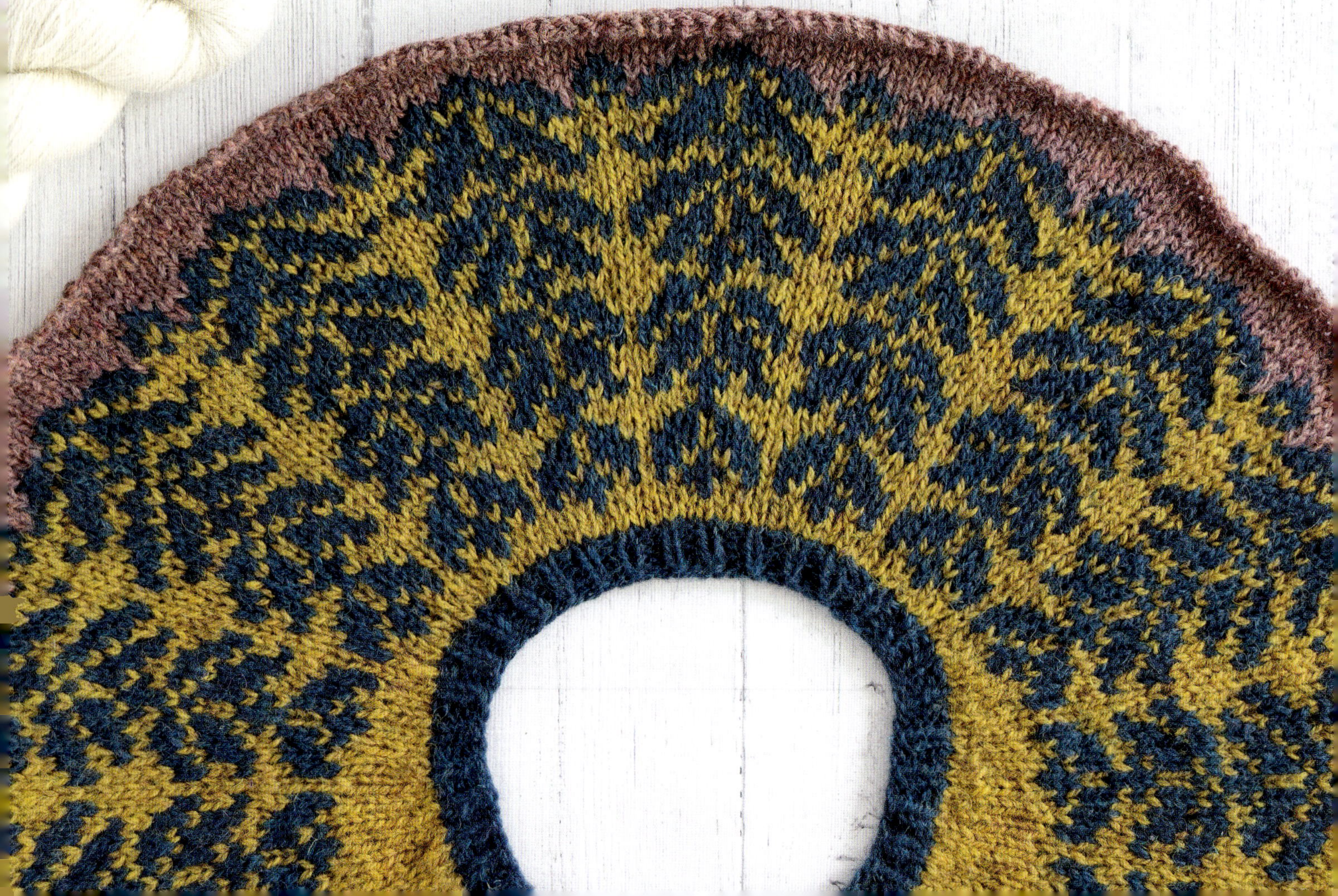

STRICKSCHRIFT FÜR DEN PULLOVER SIENNA

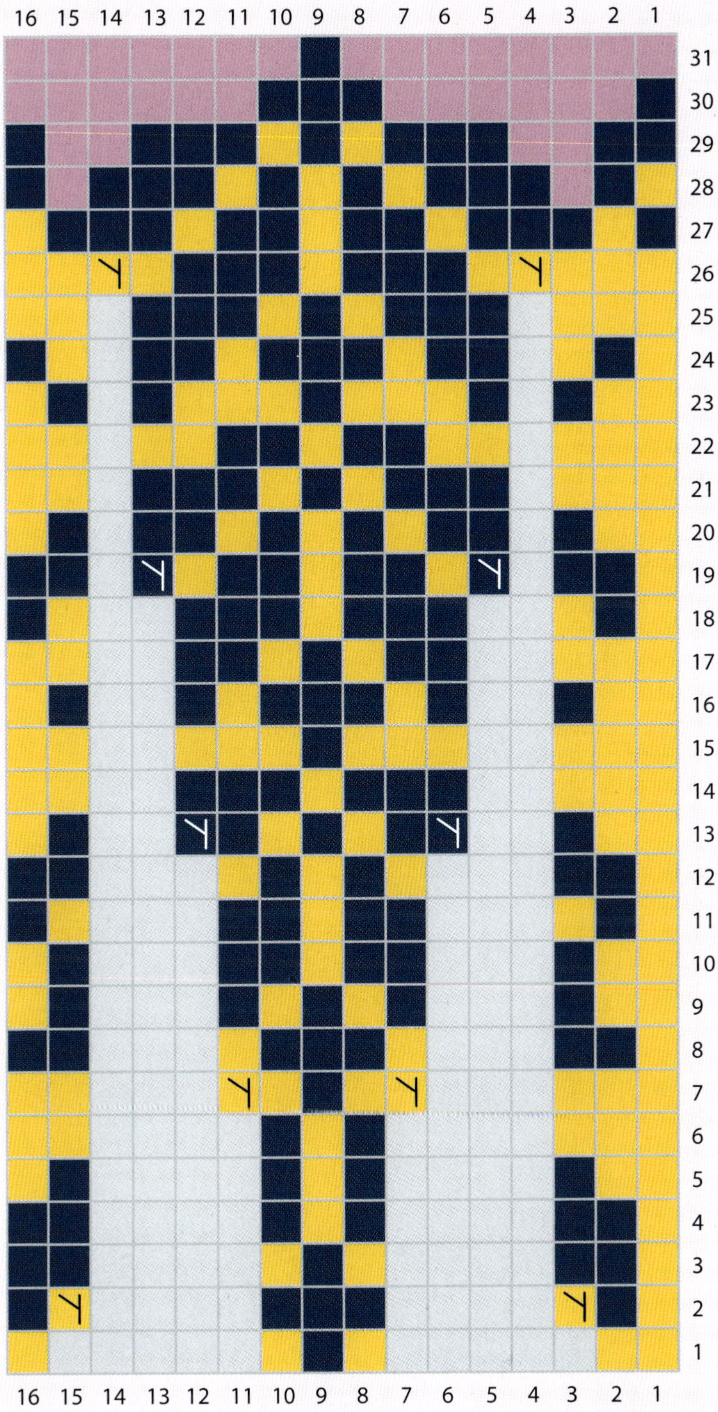

LEGENDE

- Fb A
- Fb B
- Fb C
- 1 M rechts
- 1 ML zun
- keine M

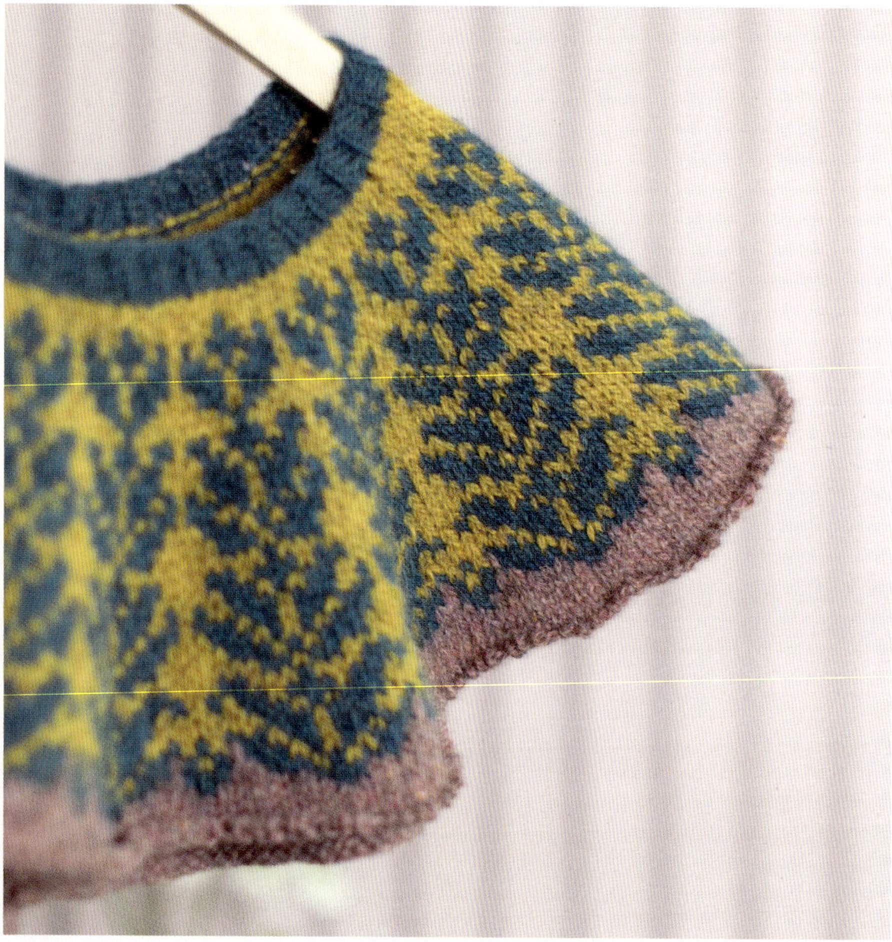

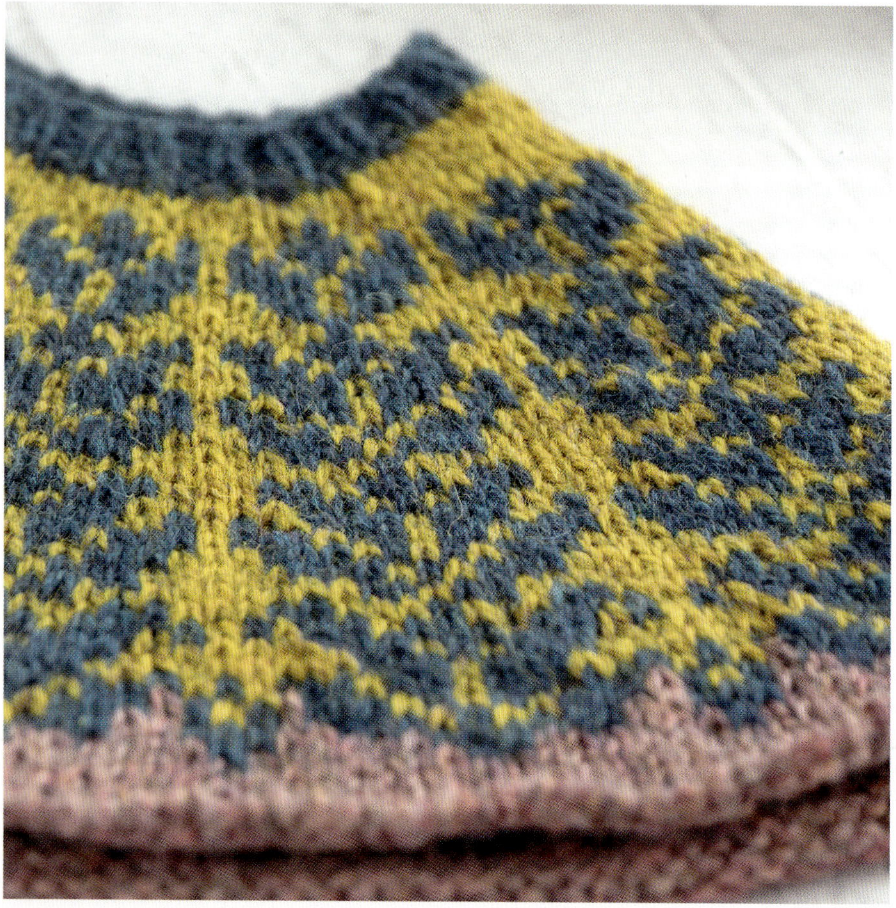

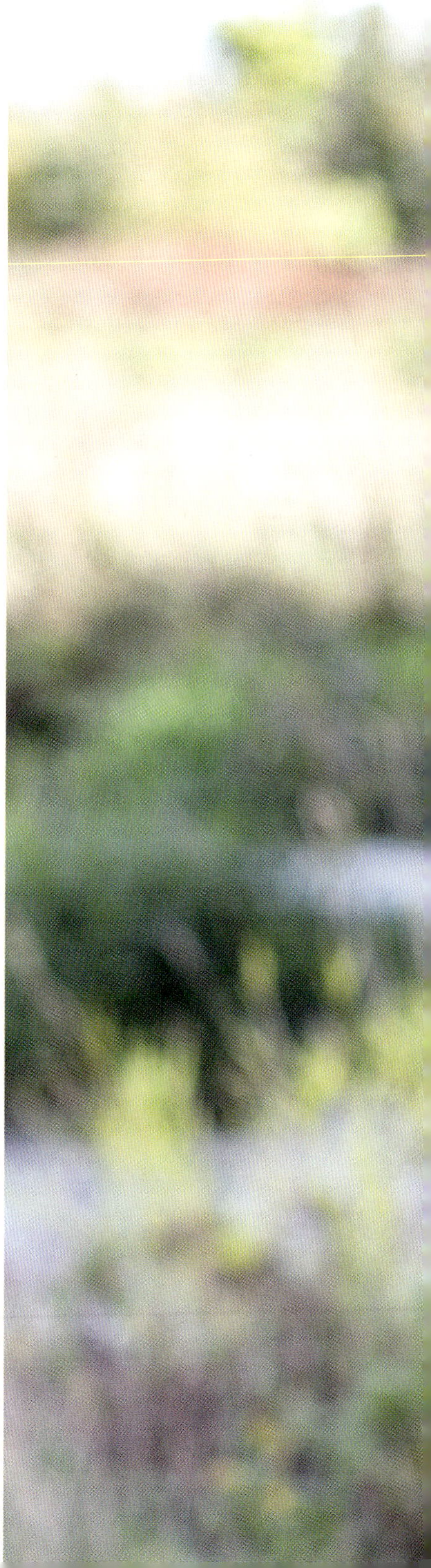

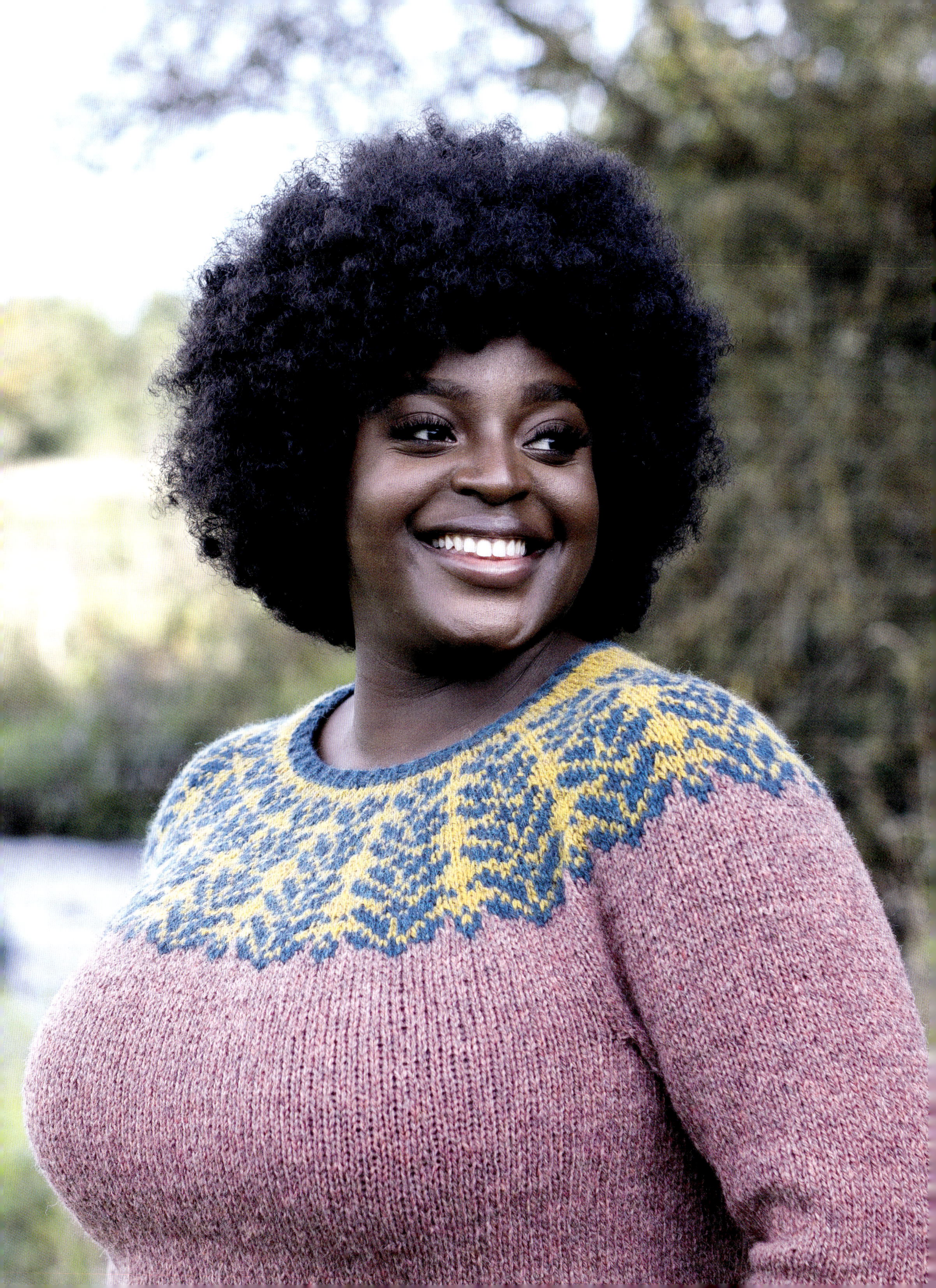

Opal

Opal ist ein fantastischer Pullover zum Einstieg ins Stricken in Jacquard- oder Fair-Isle-Technik. Die Passe wird durchweg nur mit zwei Farben zugleich gestrickt, und lediglich in wenigen Runden sind die Spannfäden so lang, dass sie eingewebt werden müssen.

Wählen Sie für die Passe zwei Farben, die in deutlichem Kontrast zueinander stehen, und eine weitere Farbe für den Rest des Pullovers.

Beim Stricken des Probestücks können Sie verschiedene Kombinationen der beiden Kontrastfarben ausprobieren, beispielsweise mit einer dunklen statt mit einer hellen Farbe beginnen, und auf diese Weise einen ganz anderen Effekt für die Passe erzielen.

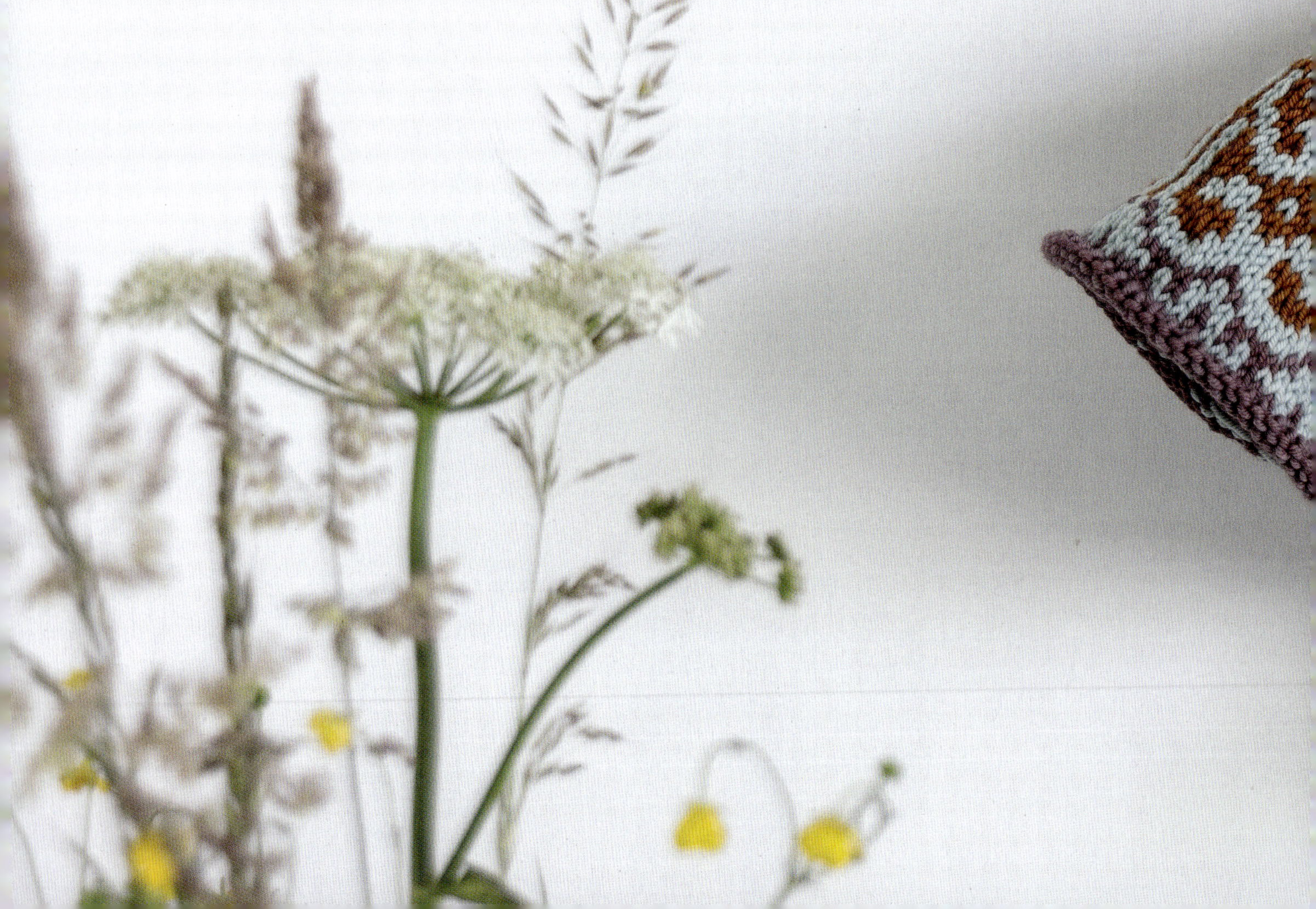

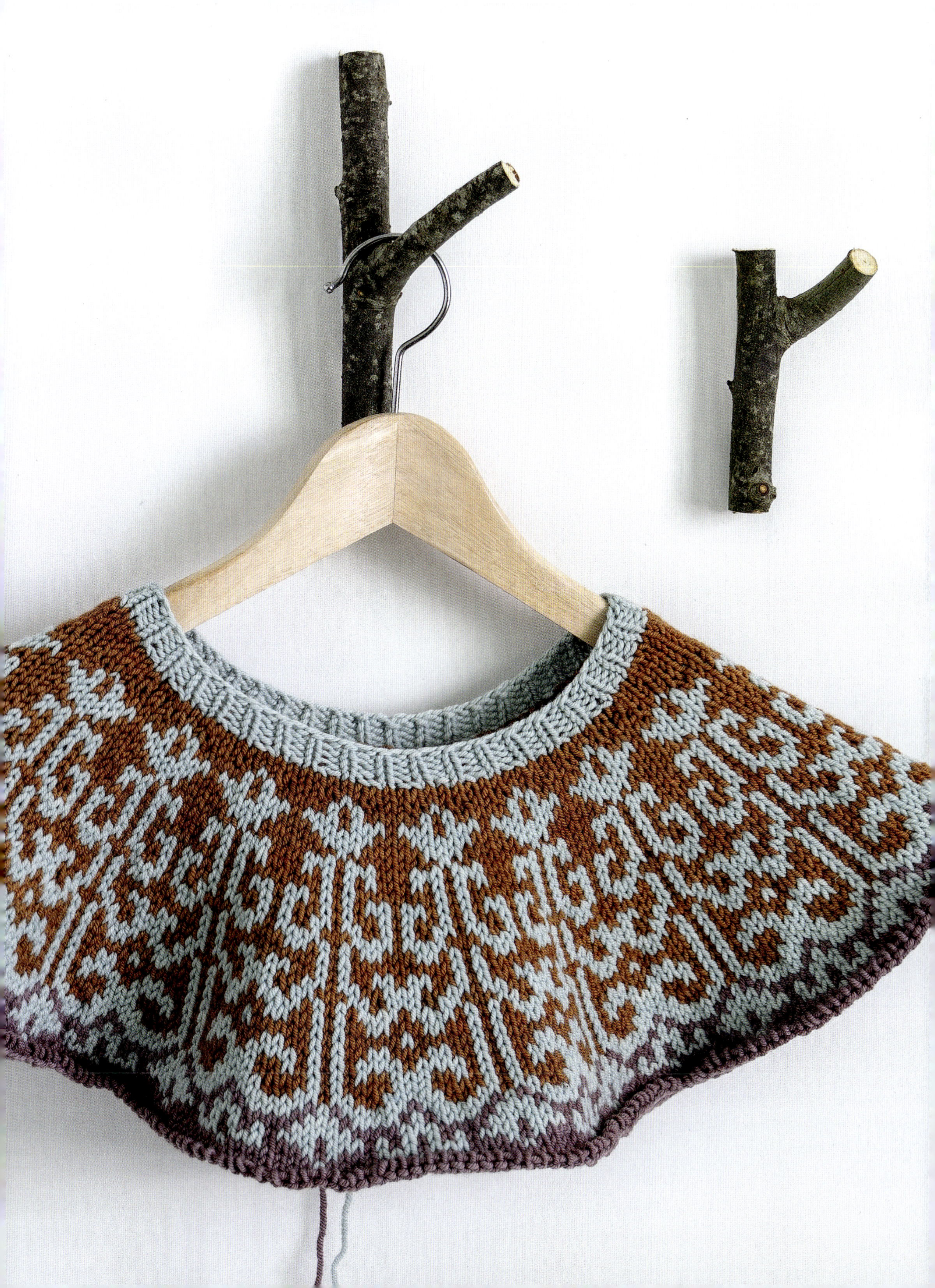

GARNVERBRAUCH (LAUFLÄNGE)

Garn: Julie Asselin Journey Worsted (80 % Merinowolle, 20 % Targheewolle; LL 192 m/115 g)

GRÖSSE	1	2	3	4	5	6	7	8	9	10
FB A: DENTELLES	590	655	720	785	850	915	979	1044	1109	1174 m
FB B: AUTOMNE	85	92	99	106	113	120	127	134	141	148 m
FB C: MENTHE	108	117	126	135	144	154	163	172	181	190 m

HINWEISE

Wählen Sie für Fb B und Fb C zwei stark kontrastierende Farben und zusätzlich eine Komplementärfarbe als Fb A. Unifarben und leicht melierte Töne eignen sich großartig für mehrfarbige Einstrickmuster. Ich selbst liebe starke Kontraste, damit das Muster gut zur Geltung kommt. Ein leicht gesprenkelter Farbton im Hintergrund kann Ihrem Projekt eine besondere Note verleihen, aber verwenden Sie keinesfalls einen Ton, der in den Sprenkeln vorherrscht, als Kontrastfarbe.

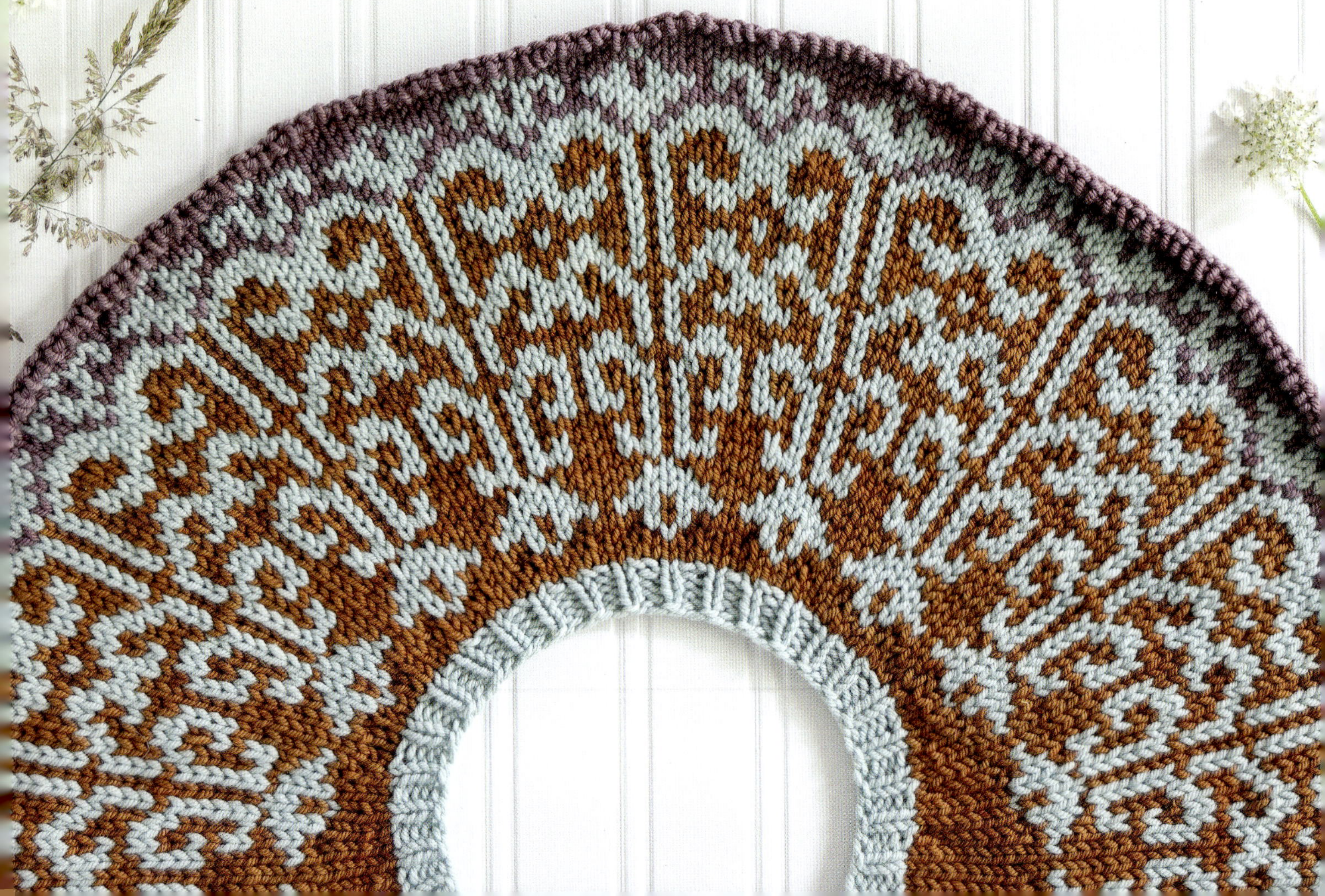

STRICKSCHRIFT FÜR DEN PULLOVER OPAL

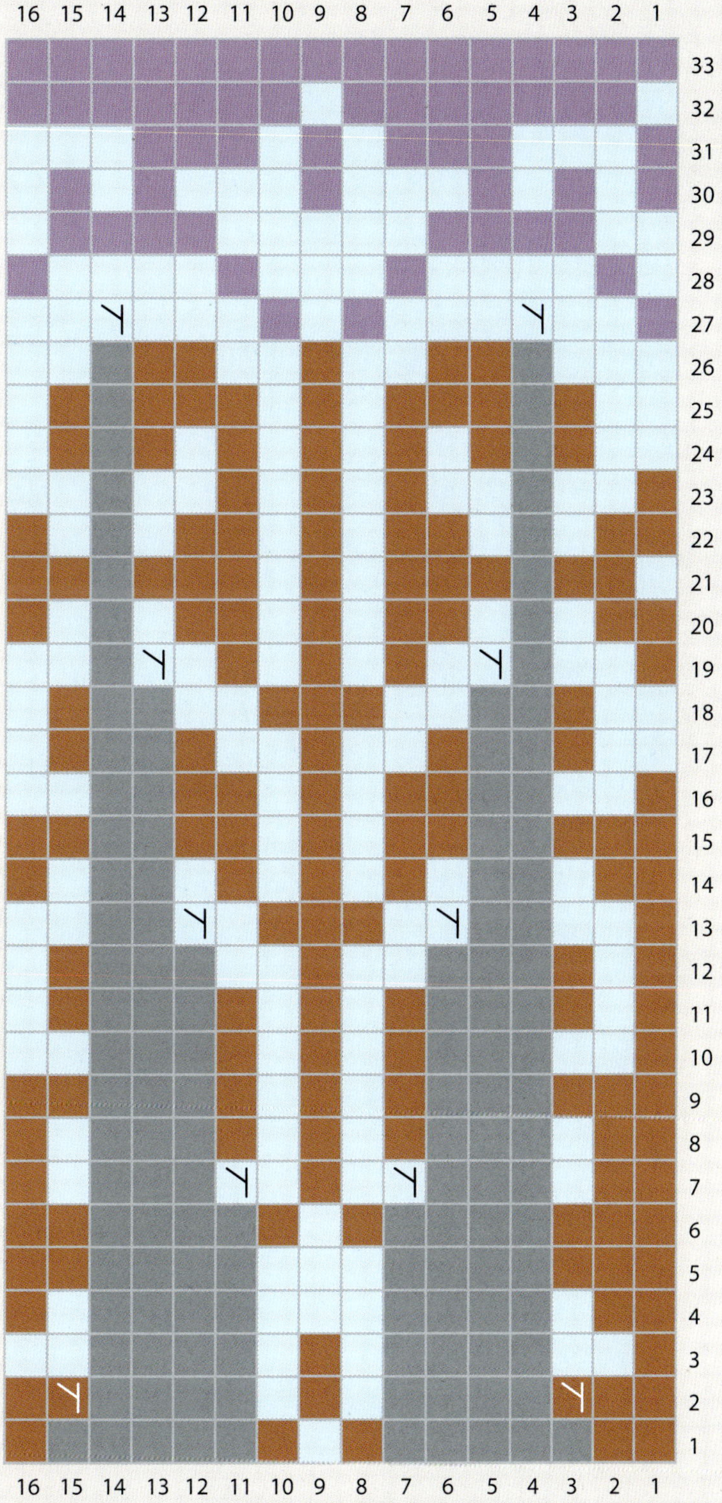

LEGENDE

- Fb A
- Fb B
- Fb C
- 1 M rechts
- 1 ML zun
- keine M

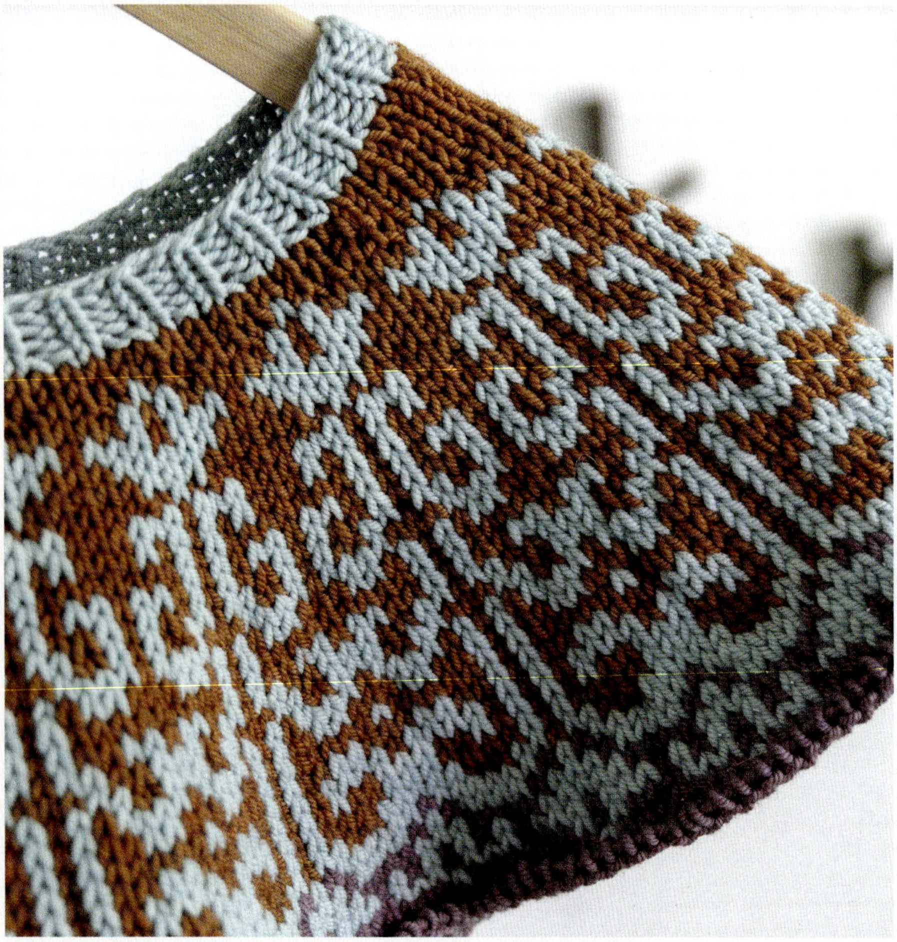

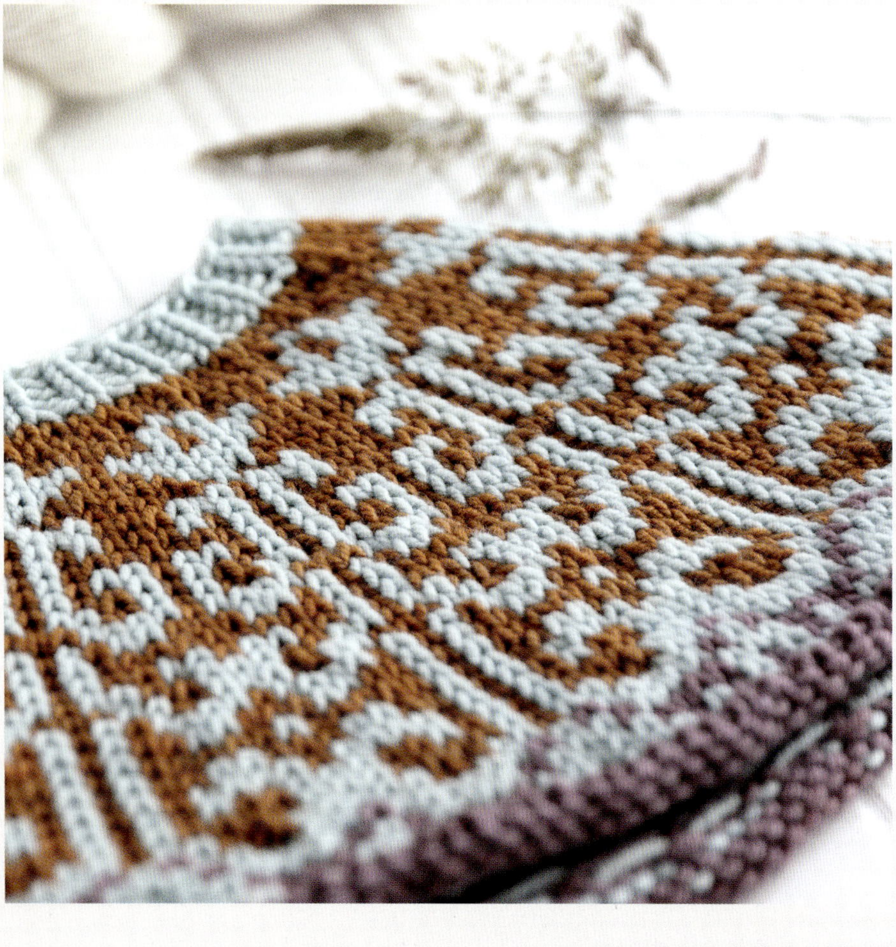

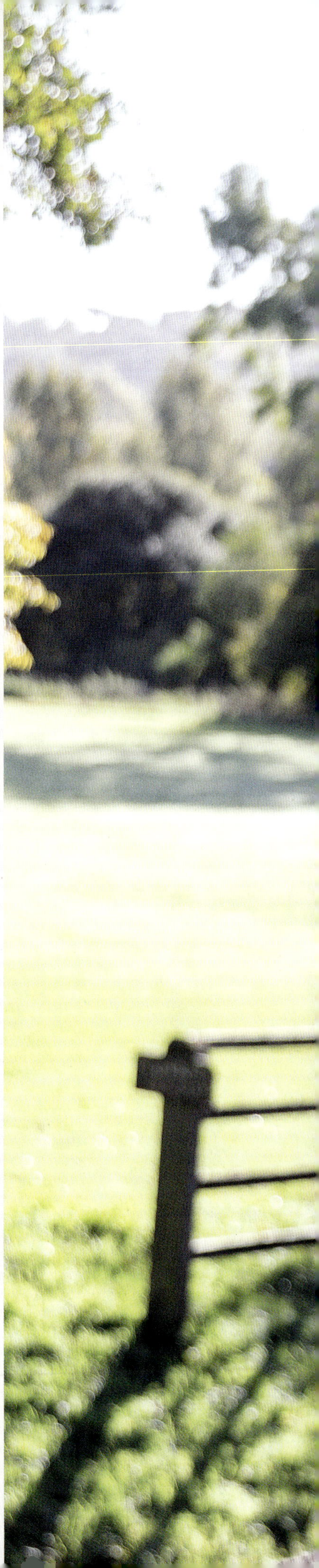

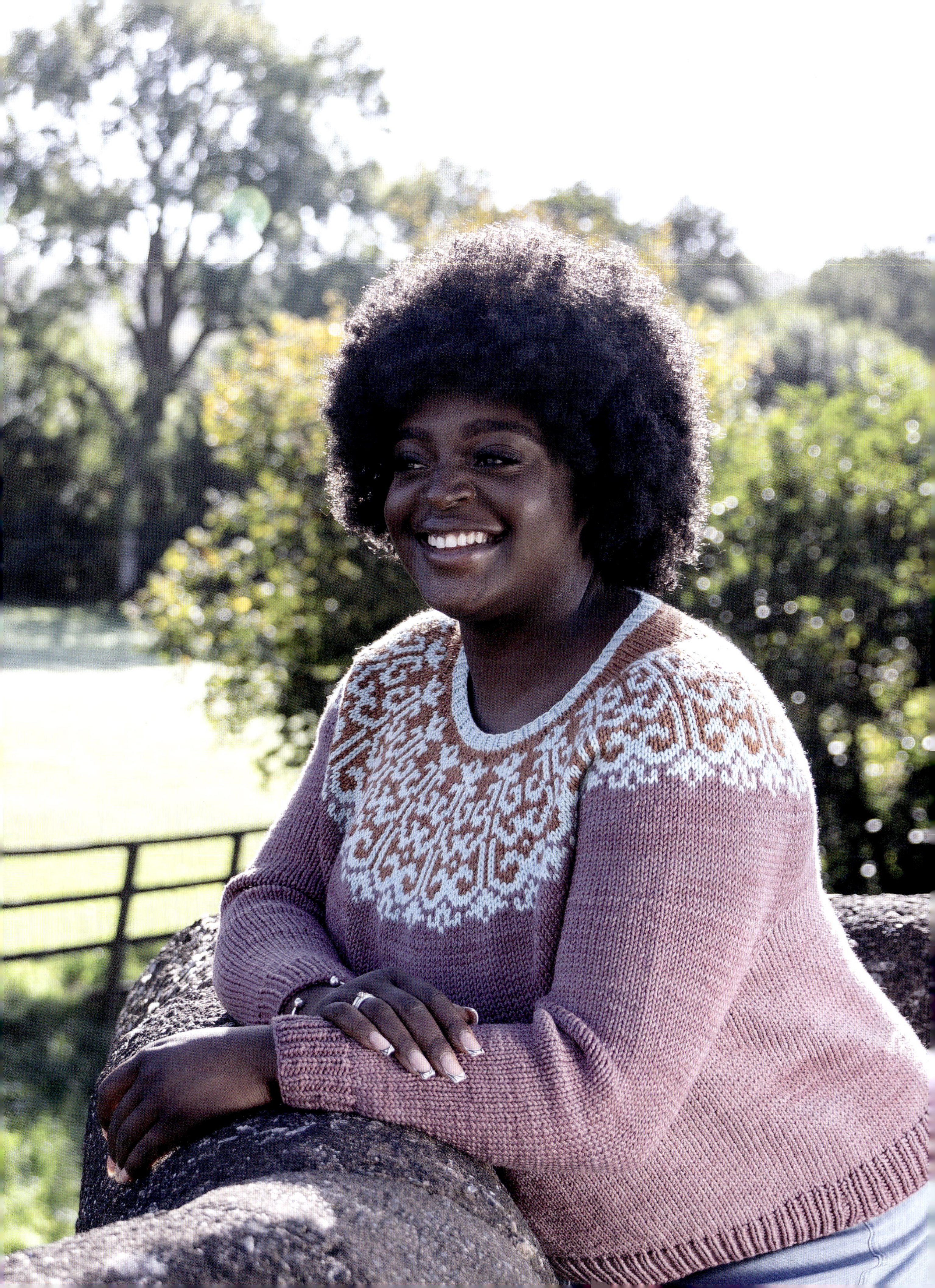

Naomi

Die Passe des Pullovers Naomi bekommt durch Zöpfe, Noppen sowie einfache rechte und linke Maschen eine besondere Tiefe und Struktur.

Es gibt viele Möglichkeiten, eine Noppe zu erzeugen, deshalb wählen Sie Ihre Lieblingsmethode. Wenn Sie noch nach Ihrer bevorzugten Technik suchen, probieren Sie doch mal meinen Favoriten aus: Noppen aus halben Stäbchen.

Das hier verwendete Garn ist sehr glatt, sodass die Maschen beim Verzopfen und Verziehen mühelos gleiten.

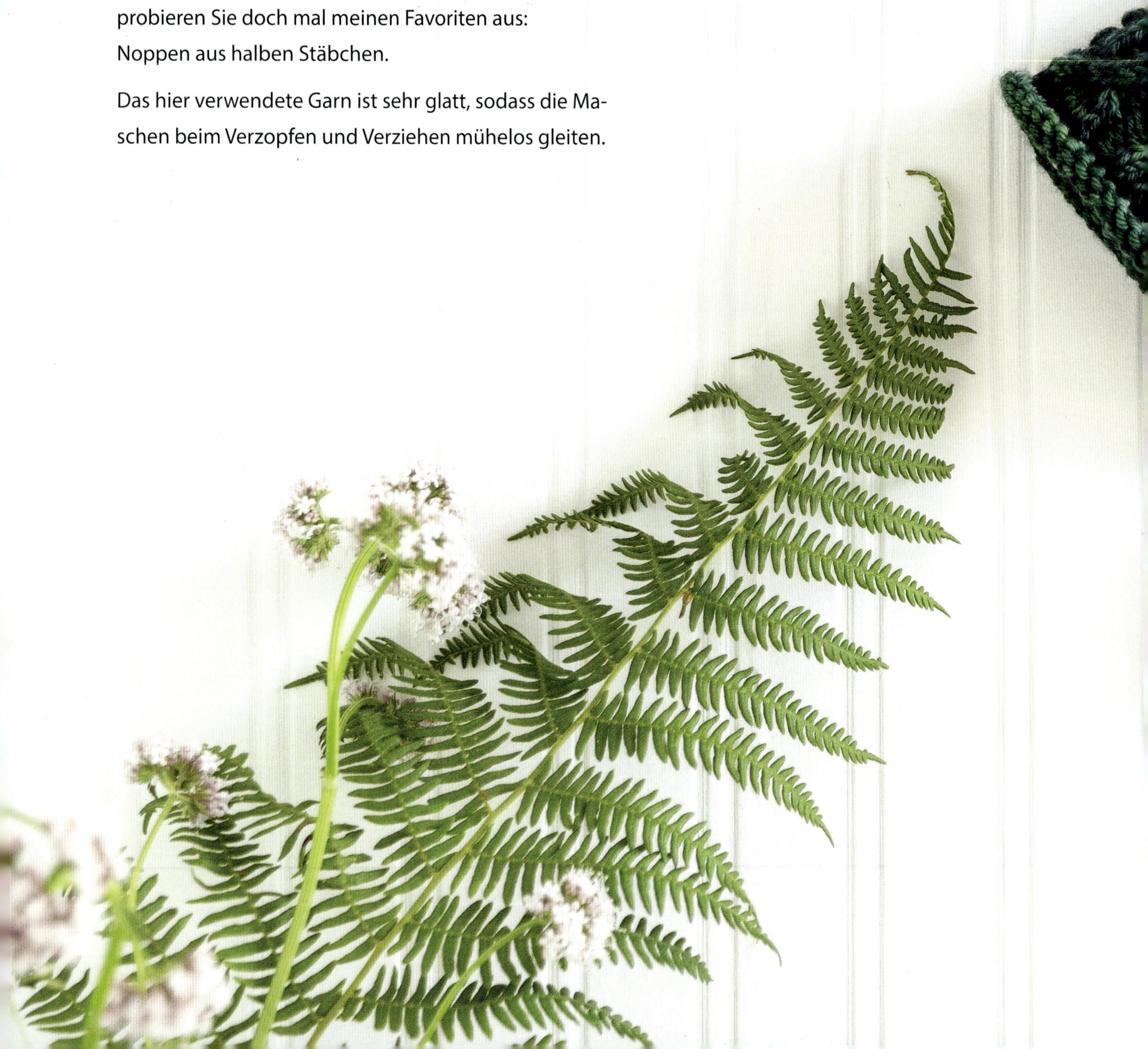

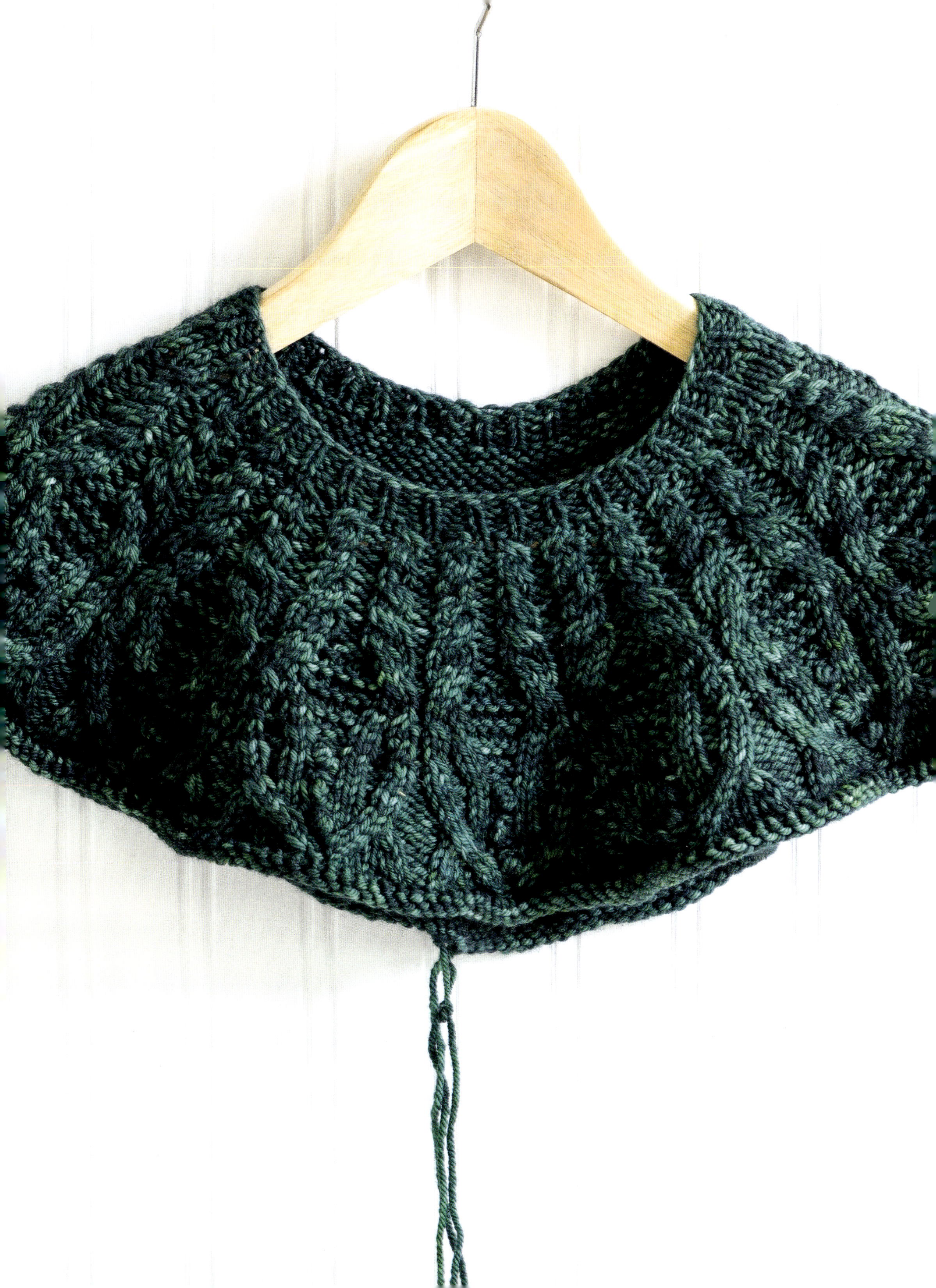

GARNVERBRAUCH (LAUFLÄNGE)

Garn: Woolberry Fiber Co. Berry Worsted (100 % Superwash-Merinowolle; LL 199 m/100 g)

GRÖSSE	1	2	3	4	5	6	7	8	9	10
FB A: MY FAVORITE SWEATER	778	838	897	958	1017	1077	1137	1196	1257	1316 m

HINWEISE

Die Verzopfungen werden über zwei, drei oder vier Maschen gearbeitet, wobei rechte und linke Maschen vorkommen. Befolgen Sie die Anweisungen für jede Verzopfung daher akribisch. Achten Sie außerdem darauf, ob die Zunahmen gemäß Strickschrift nach rechts oder links geneigt sein sollen, damit das Muster richtig weiterläuft.

Eine Möglichkeit, dem Modell zusätzlich Tiefe und Struktur zu verleihen, ist die Verwendung eines gesprenkelten Garns. Arbeiten Sie einige Probestücke aus unterschiedlichen Garnen, um zu entscheiden, welche Optik Ihnen am besten gefällt.

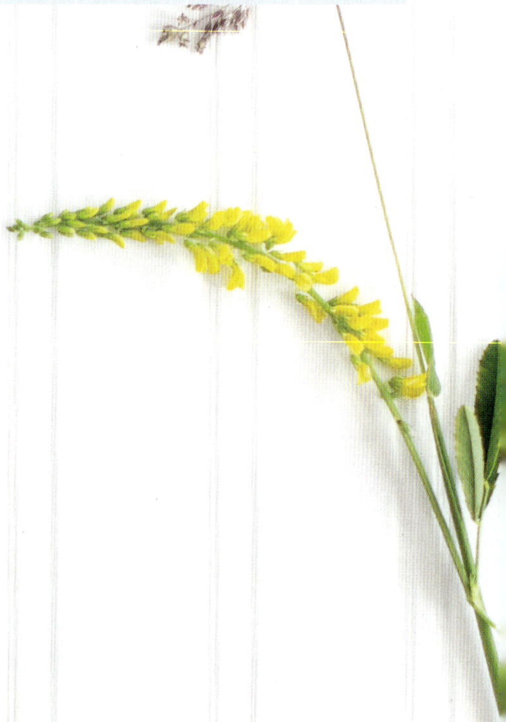

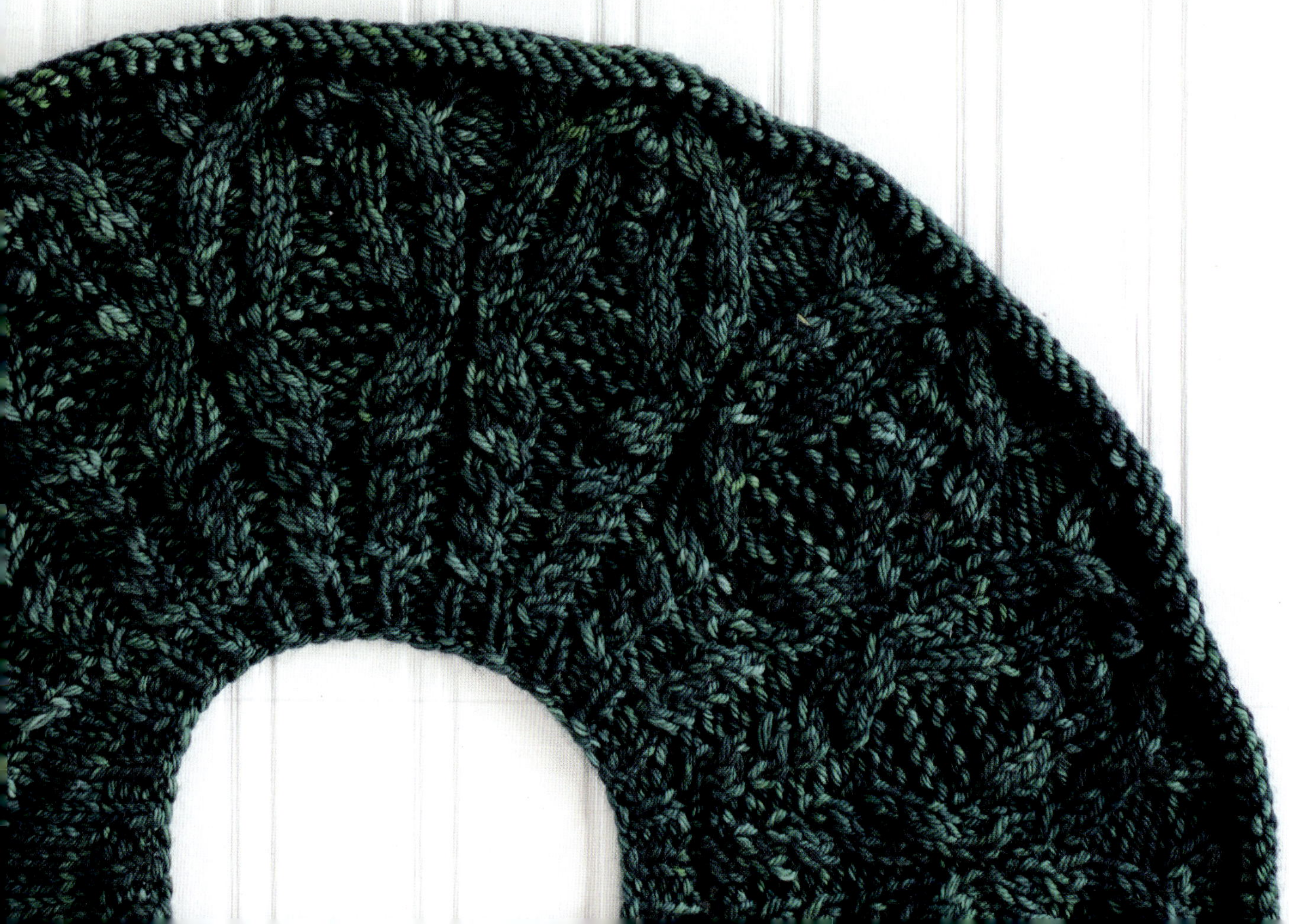

STRICKSCHRIFT FÜR DEN PULLOVER NAOMI

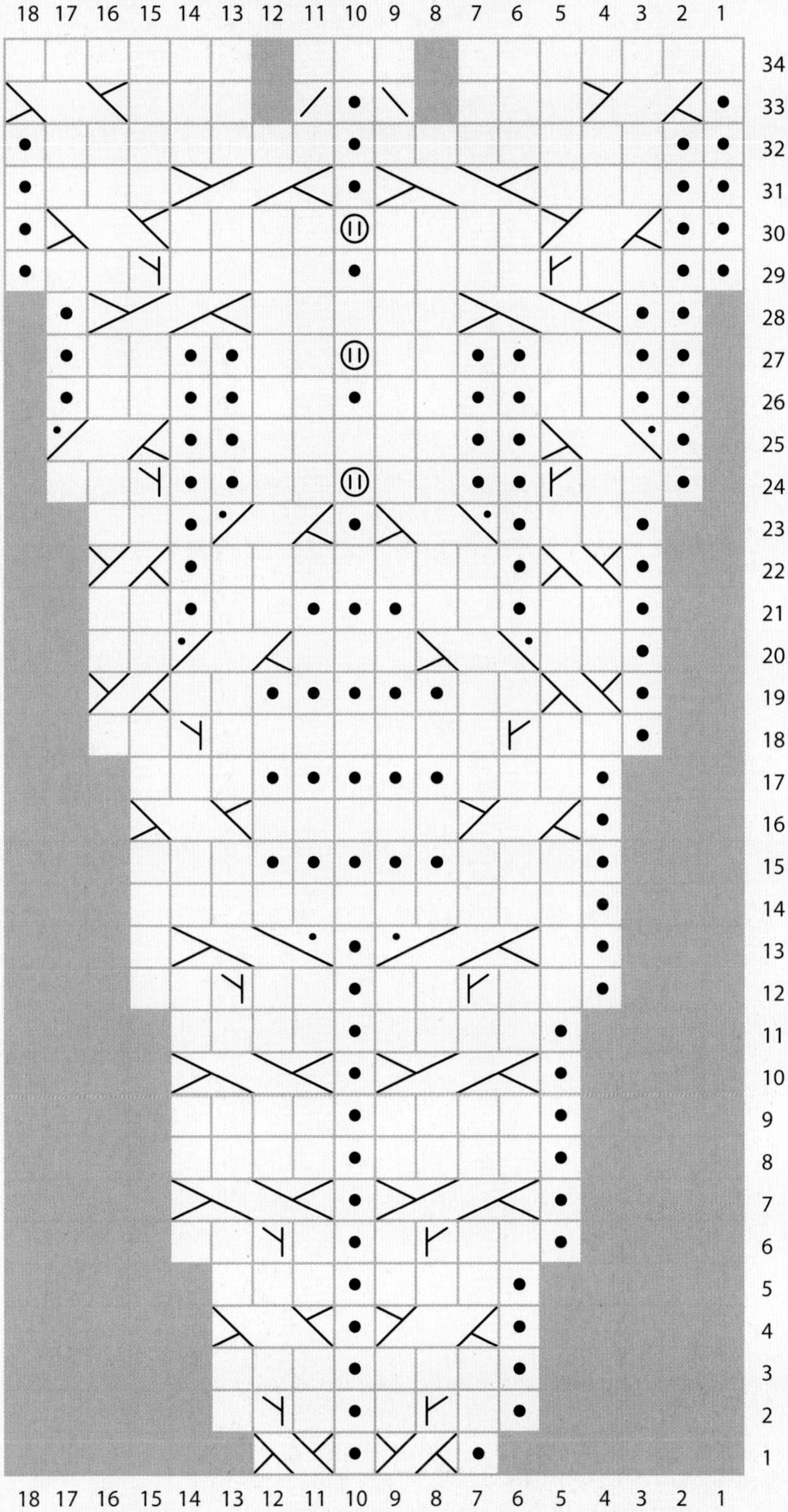

LEGENDE

- 1 M rechts
- 1 M links
- keine M
- 1 MR zun
- 1 ML zun
- 2 M rechts abgeh zusstr
- 2 M rechts zusstr
- 1/1 M rvkr
- 1/1 M lvkr
- 2/1 M rvkr
- 2/1 M lvkr
- 2/1 M re/li rvkr
- 2/1 M li/re lvkr
- 2/2 M rvkr
- 2/2 M lvkr
- 2/2 M re/li rvkr
- 2/2 M li/re lvkr
- 1 Noppe

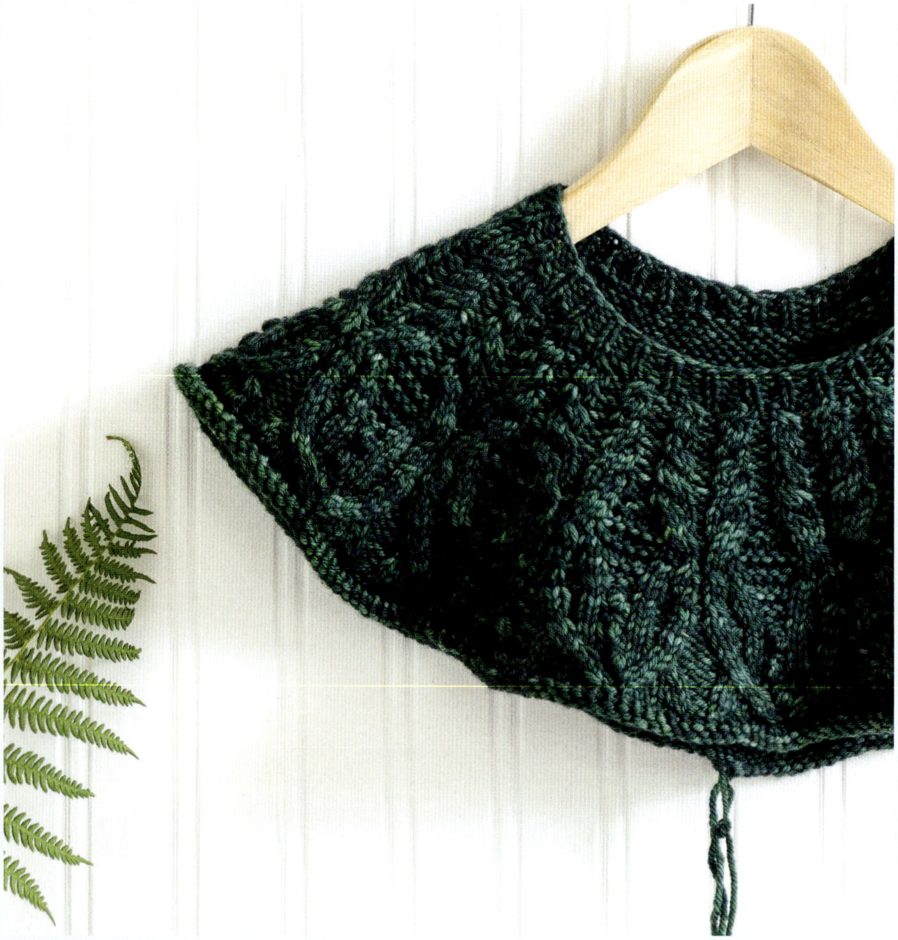
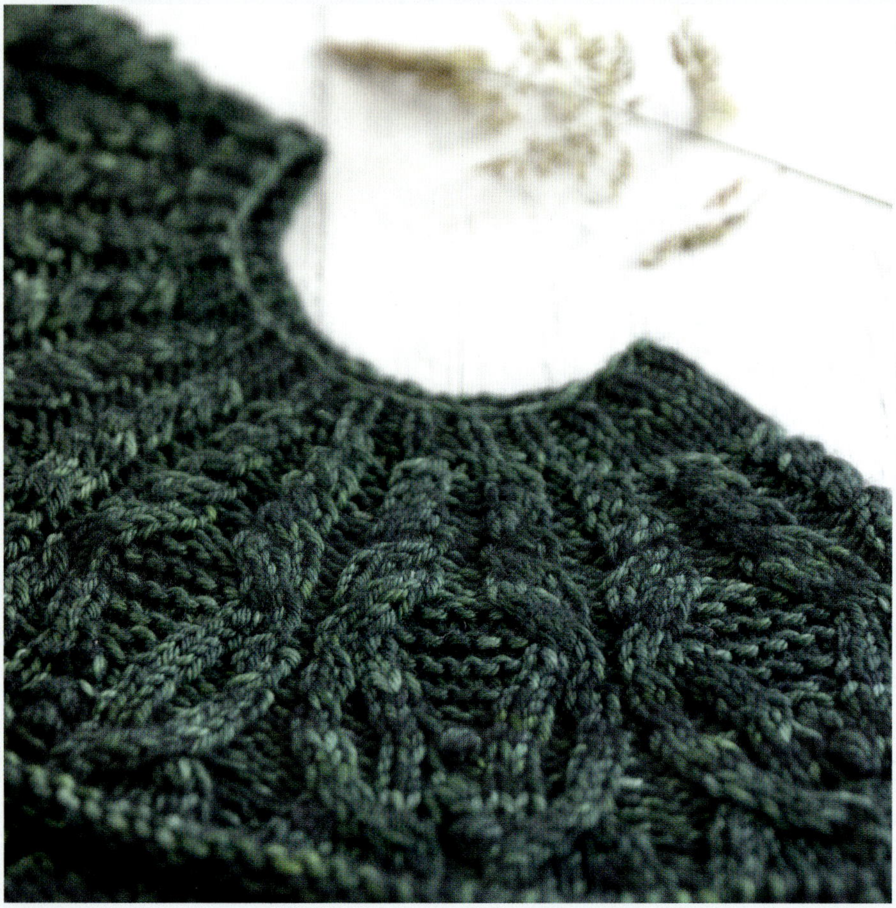

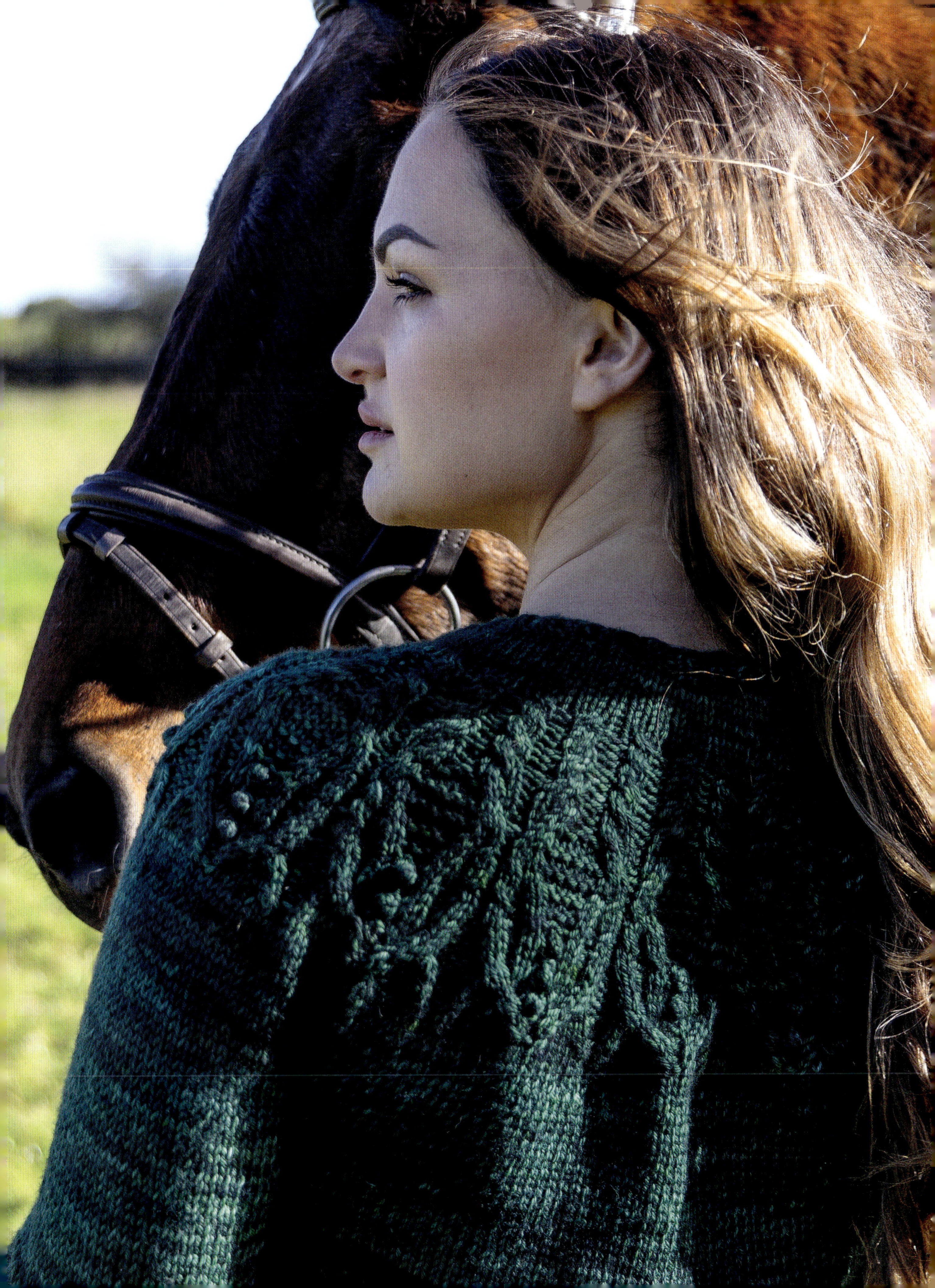

Daisie

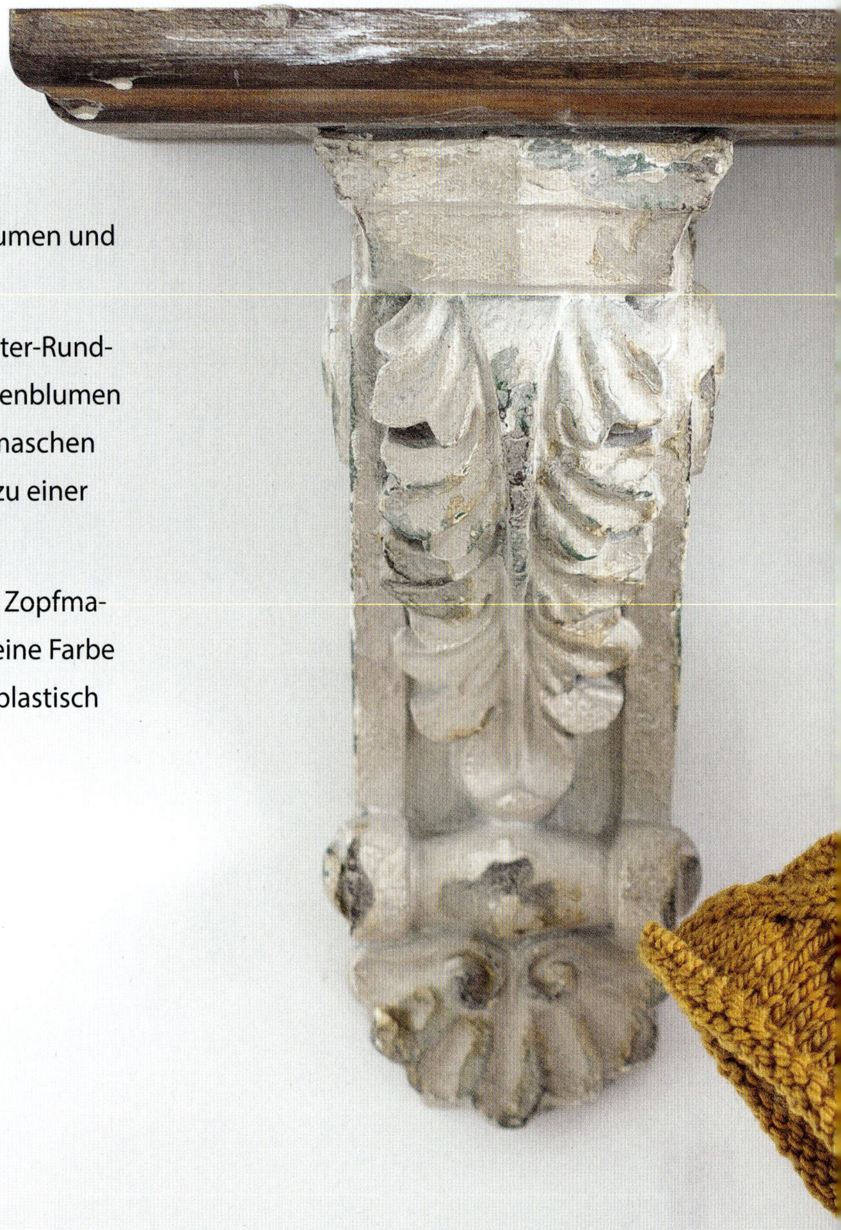

Zu vielen meiner Modelle inspirieren mich Blumen und die Natur generell.

Daisie ist ein Pullover mit plastischer Zopfmuster-Rundpasse, zu der mich die Blütenblätter von Sonnenblumen angeregt haben. Die Verzopfungen und Zugmaschen tanzen über die Passe und laufen schließlich zu einer weichen Spitze am unteren Ende aus.

Das rustikale, aber weiche Garn verankert die Zopfmaschen hervorragend im Gestrick. Wählen Sie eine Farbe mit großer Tiefe, damit diese Strukturmuster plastisch hervortreten.

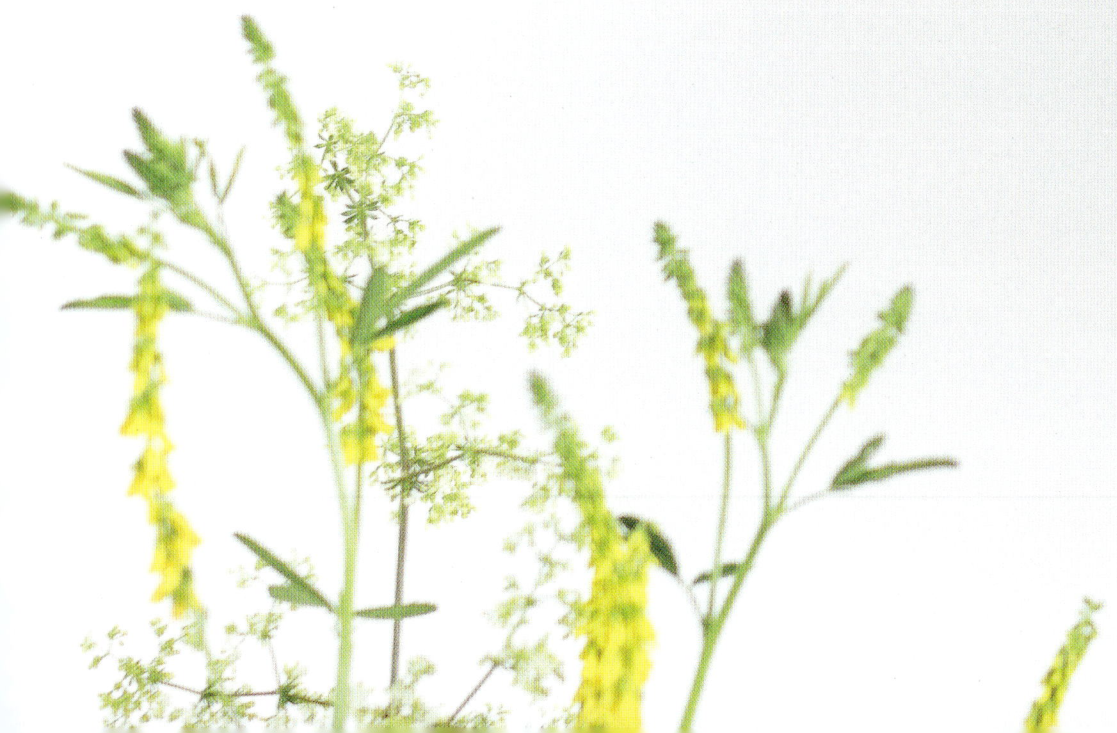

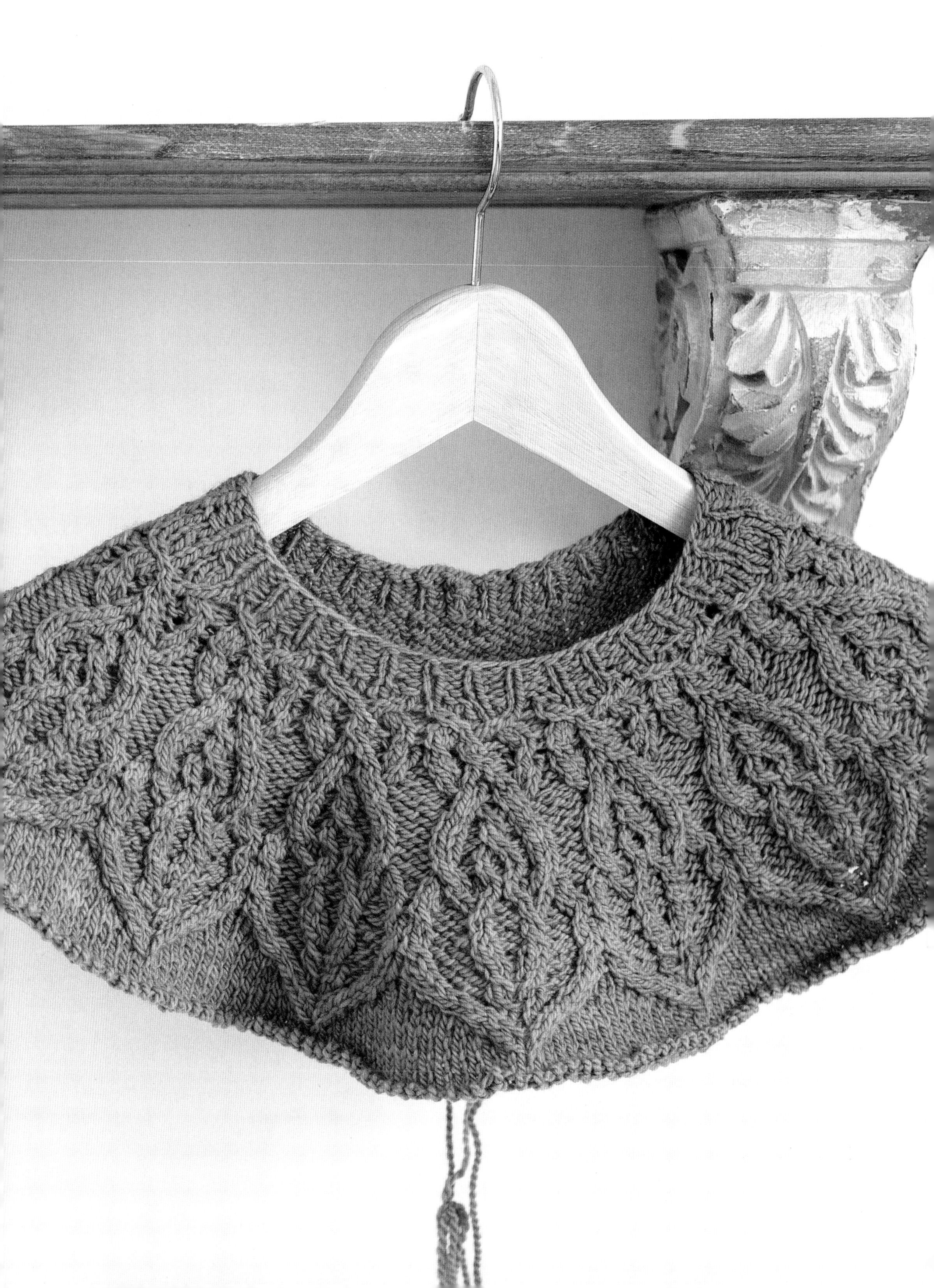

GARNVERBRAUCH (LAUFLÄNGE)

Garn: The Farmer's Daughter Fibers Pishkun (100 % Rambouilletwolle, LL 233 m/100 g)

GRÖSSE	1	2	3	4	5	6	7	8	9	10
FB A: DIRTY LITTLE DANDELION	761	821	878	937	995	1054	1112	1171	1229	1288 m

HINWEISE

Die Verzopfungen werden über zwei, drei oder vier Maschen gearbeitet, wobei rechte und linke Maschen vorkommen. Befolgen Sie die Anweisungen für jede Verzopfung daher akribisch. Achten Sie außerdem darauf, ob die Zunahmen gemäß Strickschrift nach rechts oder links geneigt sein sollen und ob linke oder rechte Maschen zugenommen werden sollen, damit das Muster richtig verläuft und die Zopfmotive klar hervortreten.

Pullover aus Garnen in Aranstärke trägt man bei kaltem Wetter. Wenn der Pullover im Nacken zu stark ausgeschnitten ist, kann das recht ungemütlich sein. Um das zu vermeiden, können Sie dort einige verkürzte Reihen arbeiten, um den Halsausschnitt hinten ein wenig zu erhöhen und den Nacken an kühlen Wintertagen zu bedecken.

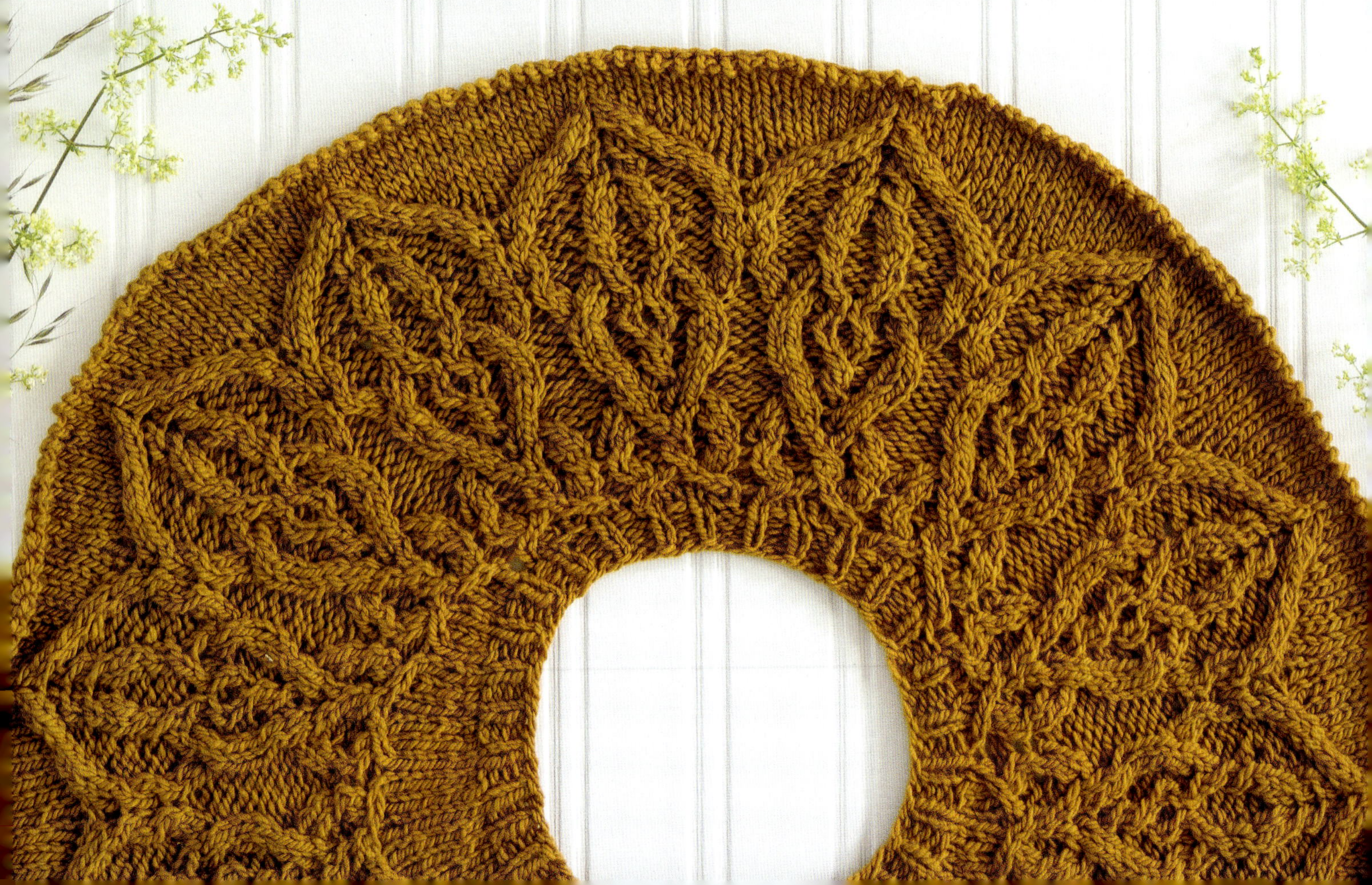

STRICKSCHRIFT FÜR DEN PULLOVER DAISIE

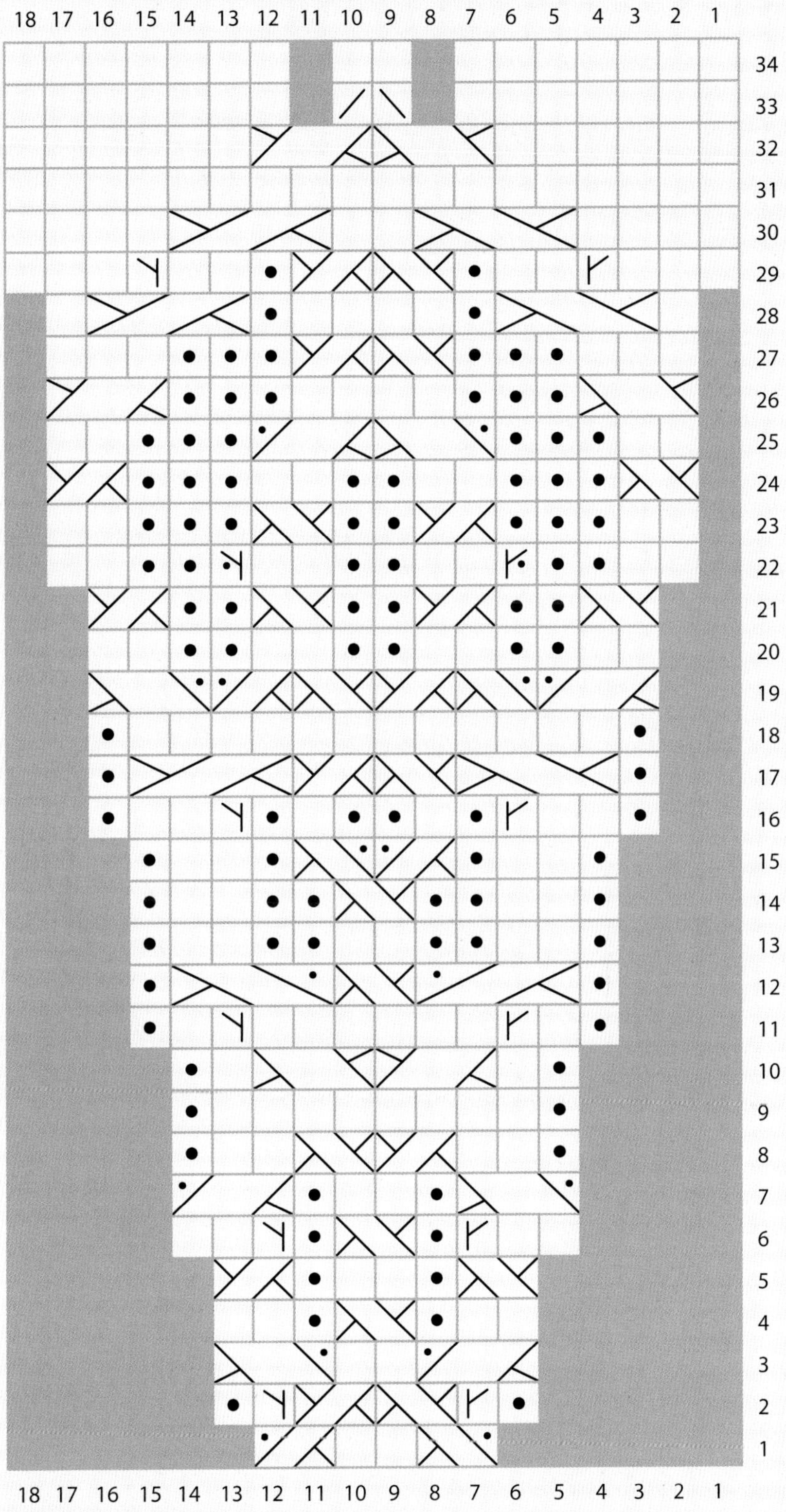

LEGENDE

- 1 M rechts
- 1 M links
- keine M
- 1 MR zun
- 1 ML zun
- 1 MR links zun
- 1 ML links zun
- 2 M rechts abgeh zusstr
- 2 M rechts zusstr
- 1/1 M li/re lvkr
- 1/1 M re/li rvkr
- 1/1 M rvkr
- 1/1 M lvkr
- 2/1 M re/li rvkr
- 2/1 M li/re lvkr
- 2/1 M rvkr
- 2/1 M lvkr
- 2/2 M re/li rvkr
- 2/2 M li/re lvkr
- 2/2 M lvkr
- 2/2 M rvkr

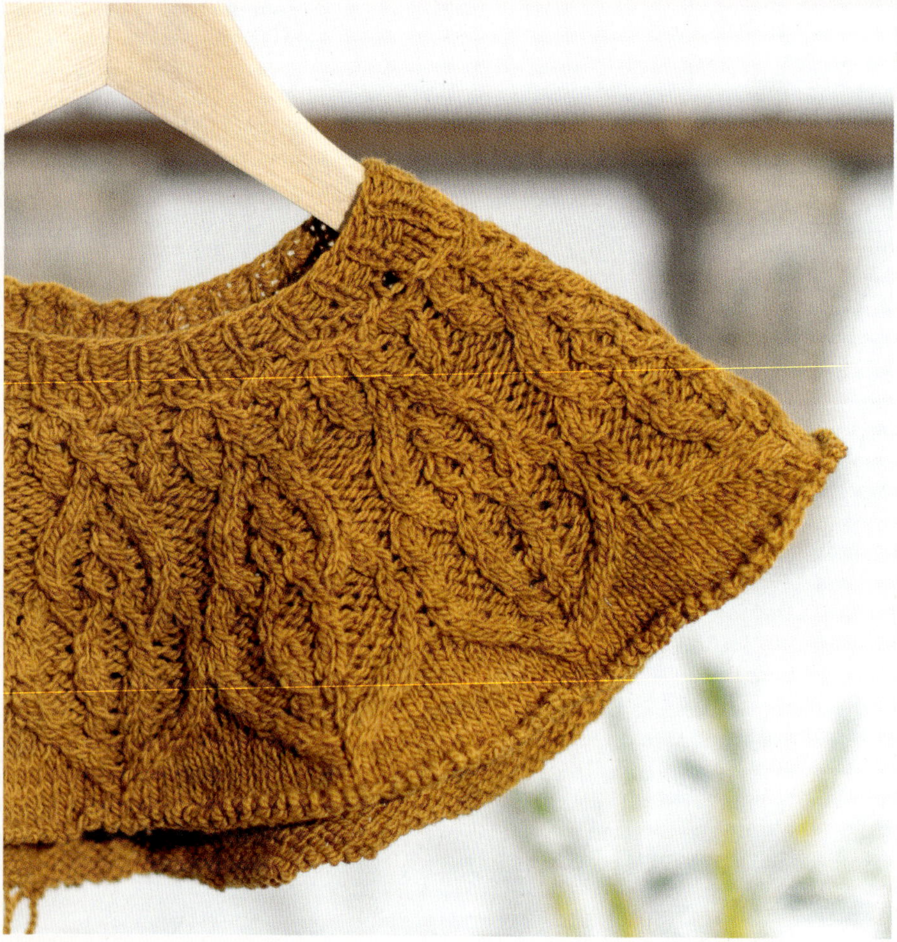

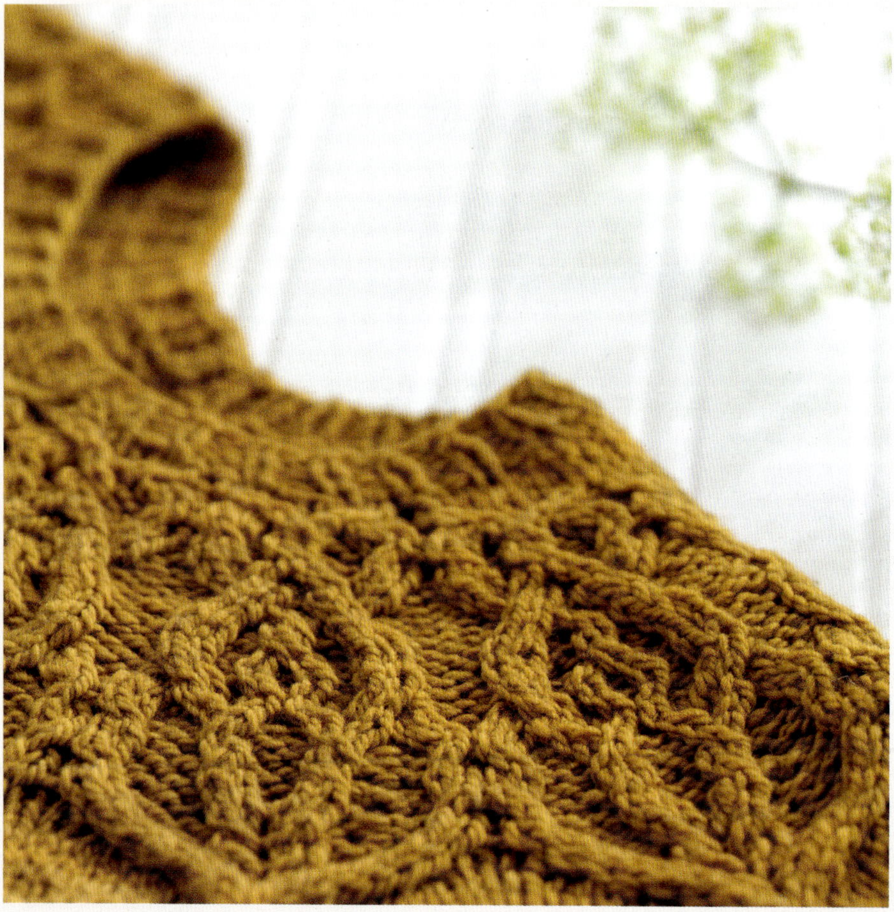

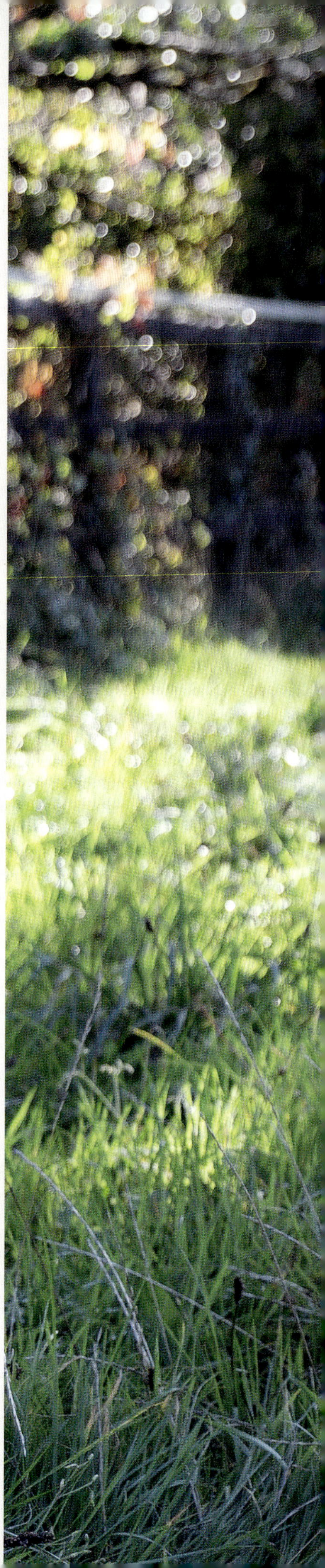

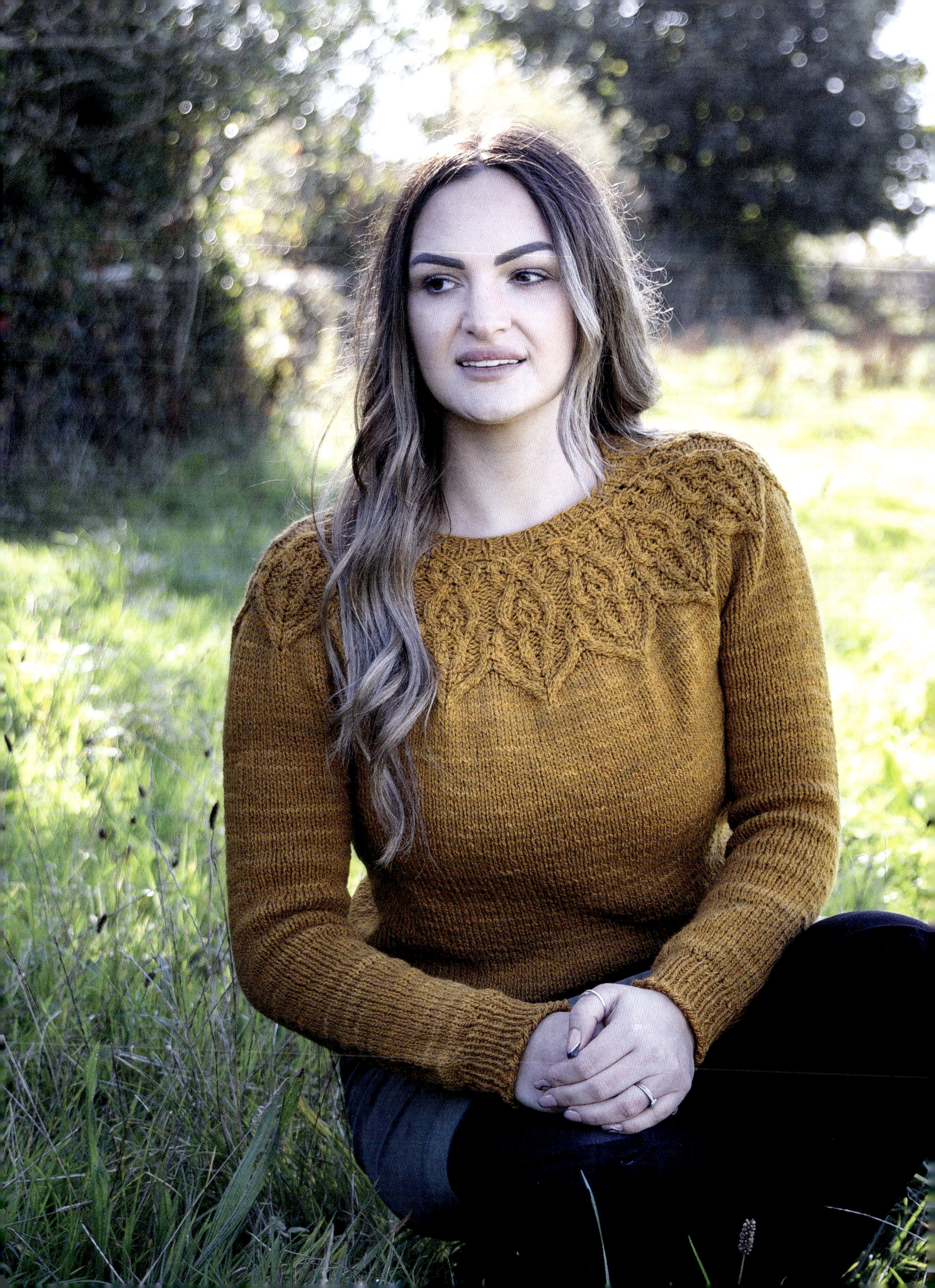

Anleitung für einen Pullover aus dickem Garn

Das Stricken mit Garn in Aranstärke gehört in den kälteren Monaten zu meinen liebsten Freizeitbeschäftigungen, und das Tragen des selbstgestrickten Kleidungsstücks aus diesem Garn folgt auf Platz zwei. Es ist so warm und kuschelig!

Sie können sanfte Farben und ein rustikales Garn wählen, damit Ihr Pullover einen leichten Flauscheffekt bekommt, oder ein fest versponnenes, stark gezwirntes Garn in stark kontrastierenden Farben, das ein klar definiertes Maschenbild ergibt.

Wenn Sie zu den Strickfans gehören, die es kaum erwarten können, ihr Projekt zu tragen, wenn Sie gern bei kühlem Wetter Zeit im Freien verbringen oder es lieben, sich einzumummeln, greifen Sie zu einem guten, dicken Garn.

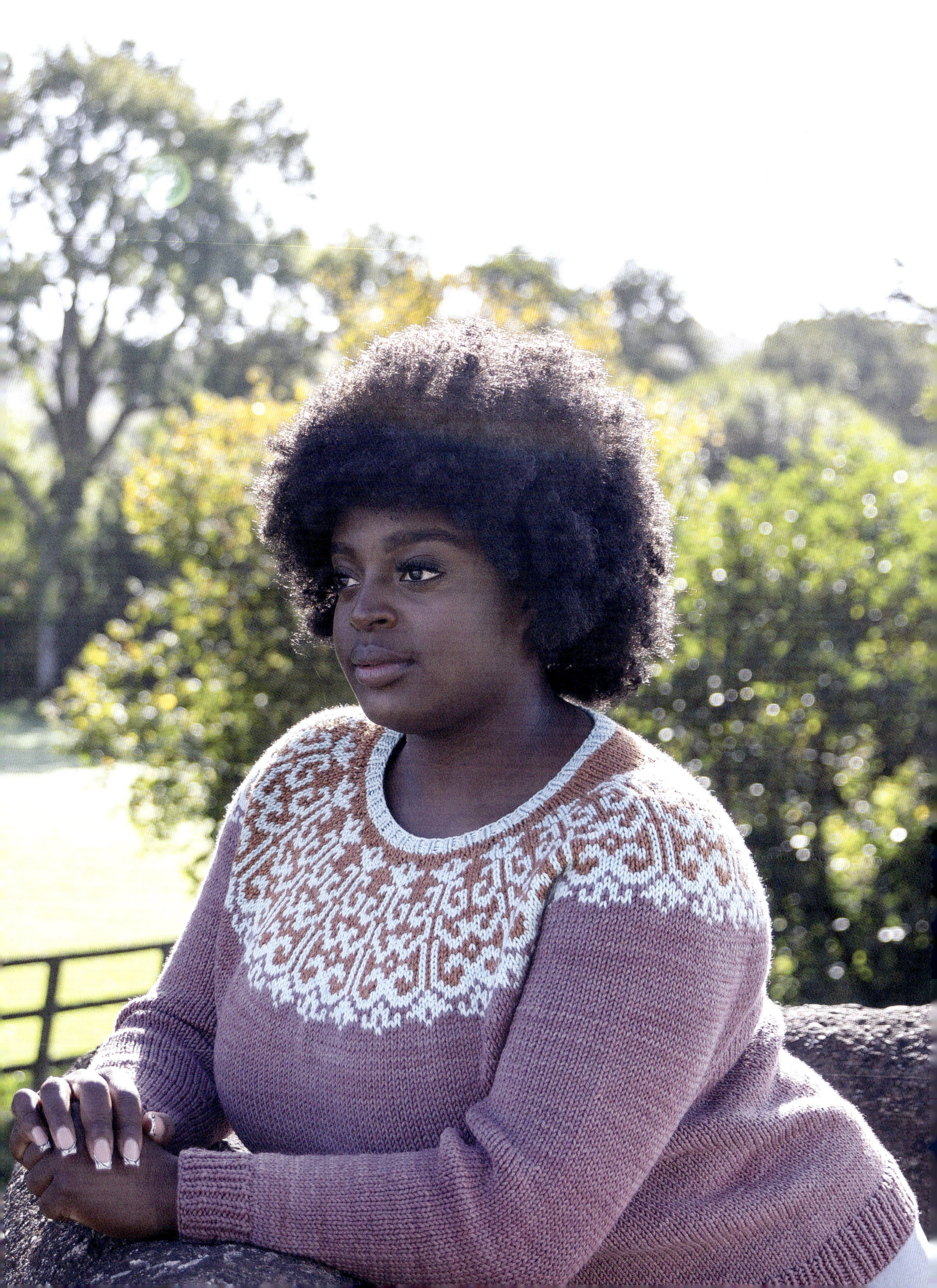

ANLEITUNG

Mit den dünneren Nd und Sienna Fb C / Opal Fb C / Naomi Fb A / Daisie Fb A (62, 64, 68) 72, 74, 76 (76, 80, 84) 88 M im Kreuzanschlag oder in Ihrer bevorzugten Technik anschl. 1 MM für den Rd-Beginn in der Mitte des hinteren Halsausschnitts platzieren und die Arbeit zur Rd schließen.

1. Runde: * 1 M rechts, 1 M links *; ab * stets wdh bis Rd-Ende.

Die 1. Rd noch 3 x wdh.

Zur Nd-Stärke für den Hauptteil wechseln.

Für Sienna oder Opal zu Fb B wechseln bzw. für Naomi oder Daisie in Fb A weiterstr.

Zunahmerunde

Größe 1: * 3 x [4 M rechts, 1 ML zun], 3 M rechts, 1 ML zun *; von * bis * stets wdh bis zu den letzten 2 M, 2 M rechts.

Größe 2: * 3 x [3 M rechts, 1 ML zun], 4 M rechts, 1 ML zun *; von * bis * stets wdh bis zu den letzten 12 M, * 3 M rechts, 1 ML zun *; von * bis * noch 3 x wdh.

Größe 3: * 4 M rechts, 1 ML zun, 10 x [3 M rechts, 1 ML zun] *; von * bis * noch 1 x wdh.

Größe 4: * 3 M rechts, 1 ML zun *; von * bis * stets wdh bis Rd-Ende.

Größe 5: * 2 x [3 M rechts, 1 ML zun], 2 M rechts, 1 ML zun *; von * bis * stets wdh bis zu den letzten 2 M, 2 M rechts, 1 ML zun.

Größe 6: * 2 x [2 M rechts, 1 ML zun], 3 M rechts, 1 ML zun *; von * bis * stets wdh bis zu den letzten 6 M, * 3 M rechts, 1 ML zun *; von * bis * noch 1 x wdh.

Größe 7–10: * 2 M rechts, 1 ML zun *; von * bis * stets wdh bis Rd-Ende.

(78, 84, 90) 96, 102, 108 (114, 120, 126) 132 M

Verkürzte Reihen für den Halsausschnitt

Ich empfehle, die verkürzten R mit Doppel-M zu arb („German short rows"), aber selbstverständlich können Sie die verkürzten R in Ihrer Lieblingstechnik str, wenn in der Anleitung „wenden" steht, also z. B. die M an der Wendestelle umwickeln und in späteren R bzw. Rd mit dem Wickelfaden zusstr.

1. verkürzte Reihe (Hinr): (19, 21, 23) 25, 27, 29 (31, 33, 35) 37 M rechts; wenden.

2. verkürzte Reihe (Rückr): Linke M str bis Rd-Ende, MM abh, (19, 21, 23) 25, 27, 29 (31, 33, 35) 37 M links; wenden.

3. verkürzte Reihe (Hinr): Rechte M str bis 3 M über die letzte Wendestelle hinaus; wenden.

4. verkürzte Reihe (Rückr): Linke M str bis 3 M über die letzte Wendestelle hinaus; wenden.

Die 3. und 4. verkürzte R noch 2 x wdh. Rechte M str bis Rd-Ende.

1 Rd rechte M str, dabei die Doppel-M an den Wendestellen der verkürzten R als 1 M abstr (bzw. die Wickelfäden mit der umwickelten M zusstr).

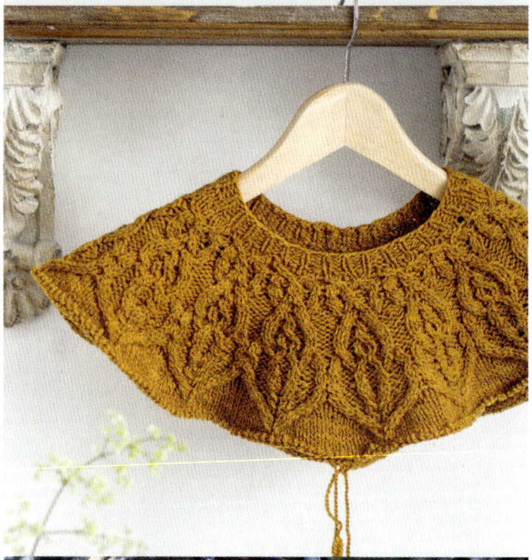

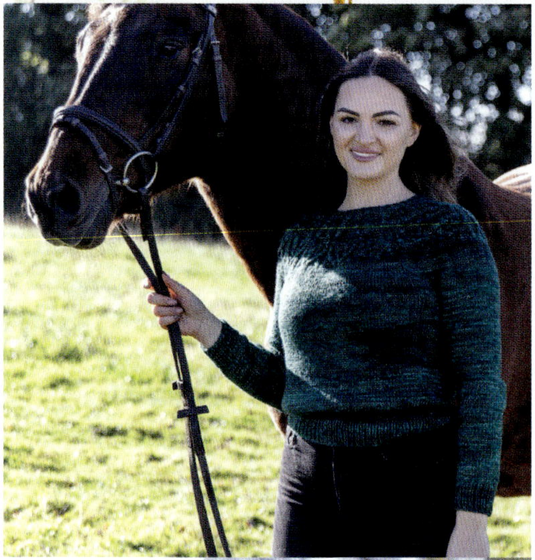

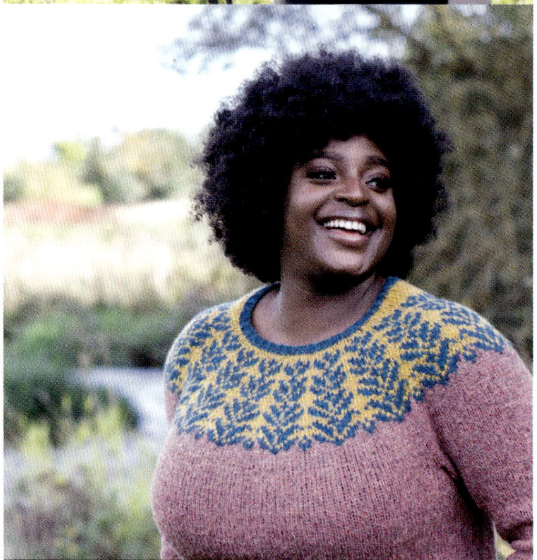

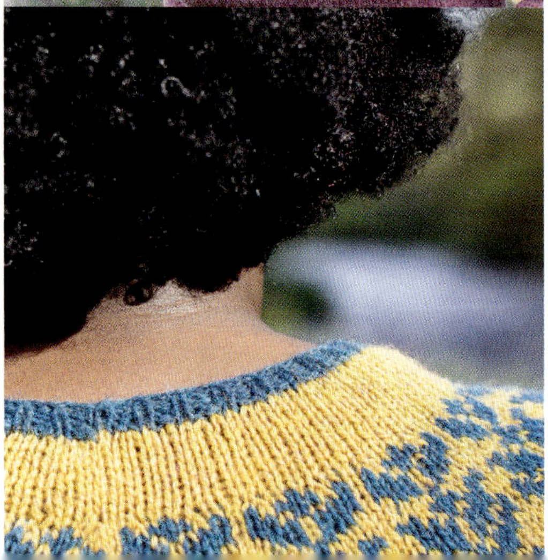

Die Passe nach der Strickschrift für das gewünschte Design str.

(208, 224, 240) 256, 272, 288 (304, 320, 336) 352 M

Glatt re in Fb A weiterstr bis zu einer Höhe von (20,5, 21,5, 23) 24, 25,5, 26 (26,5, 27,5, 28) 28,5 cm, an der Vorderseite der Passe gemessen. Dies ist der richtige Zeitpunkt, die Passe anzuprobieren, um sicherzugehen, dass sie zu Ihrem persönlichen Stil passt. Falls nötig, können Sie ein paar Rd mehr str, bevor Sie die Arbeit in Rumpf und Ärmel teilen – bedenken Sie aber, dass Sie dann etwas mehr Garn als angegeben brauchen.

Aufteilung in Rumpf und Ärmel

Vom Rd-Beginn aus (30, 33, 36) 38, 41, 44 (46, 49, 52) 55 M rechts str.

Die nächsten (44, 46, 48) 52, 54, 56 (60, 62, 64) 66 M für den rechten Ärmel auf einem Hilfsfaden stilllegen.

Durch Aufschlingen (4, 6, 8) 12, 14, 16 (20, 22, 24) 26 M neu anschl.

Die nächsten (60, 66, 72) 76, 82, 88 (92, 98, 104) 110 M rechts str.

Die nächsten (44, 46, 48) 52, 54, 56 (60, 62, 64) 66 M für den linken Ärmel auf einem Hilfsfaden stilllegen.

Durch Aufschlingen (4, 6, 8) 12, 14, 16 (20, 22, 24) 26 M neu anschl, dabei in der Mitte dieser M 1 MM für den neuen Rd-Beginn platzieren.

(128, 144, 160) 176, 192, 208 (224, 240, 256) 272 M

Glatt re in Rd weiterstr bis zu einer Rumpfhöhe von 28 cm (von den neu angeschlagenen M unter der Achsel gemessen) oder bis der Rumpf 5 cm kürzer ist als die gewünschte Gesamtlänge.

Saumbund

Zu den dünneren Nd wechseln.

1. Runde: * 1 M rechts, 1 M links *; ab * stets wdh bis Rd-Ende.

Die 1. Rd bis zu einer Bundhöhe von 5 cm stets wdh.

Alle M locker mustergemäß abk.

Ärmel

Beide Ärmel gleich arb.

Die stillgelegten (44, 46, 48) 52, 54, 56 (60, 62, 64) 66 M für einen Ärmel auf die dickeren Nd nehmen. Am Ende dieser M unter der Achsel beginnend in Fb A (4, 6, 8) 12, 14, 16 (20, 22, 24) 26 M plus jeweils 1 zusätzliche M am Übergang zu den Ärmel-M aus der Anschlagkante unter der Achsel re herausstr. In der Mitte dieser neuen M unter der Achsel 1 MM für den Rd-Beginn platzieren.

(50, 54, 58) 66, 70, 74 (82, 86, 90) 94 M

1. Runde: Rechte M str bis zur letzten Ärmel-M (vor den neu aufgenommenen M), 2 M rechts abgeh zusstr, rechte M str bis Rd-Ende.

2. Runde: Rechte M str bis zur zuletzt aufgenommenen M (vor den Ärmel-M), 2 M rechts zusstr, rechte M str bis Rd-Ende.

(48, 52, 56) 64, 68, 72 (80, 84, 88) 92 M

Abnahmen für die Ärmelschrägen

Schritt 1: (9, 9, 8) 7, 5, 4 (4, 4, 3) 3 Rd rechte M str.

Schritt 2: 2 M rechts, 2 M rechts zusstr, rechte M str bis zu den letzten 4 M, 2 M rechts abgeh zusstr, 2 M rechts.

Schritt 1 und 2 noch (5, 4, 6) 7, 9, 11 (12, 14, 16) 15 x wdh.

(36, 42, 42) 48, 48, 48 (54, 54, 54) 60 M

Dann glatt rechts in Rd weiterstr bis zu einer Ärmellänge von 38 cm (von den neu aufgenommenen M unter der Achsel aus gemessen) oder bis der Ärmel 5 cm kürzer ist als die gewünschte Gesamtlänge.

Abnahmerunde

1. Runde: * 4 M rechts, 2 M rechts zusstr *; von * bis * stets wdh bis Rd-Ende.

(30, 35, 35) 40, 40, 40 (45, 45, 45) 50 M

1 Rd rechte M str.

Bündchen

Zu den dünneren Nd wechseln.

Größe 1,4,5,6,10: * 1 M rechts, 1 M links *; ab * stets wdh bis Rd-Ende.

Größe 2,3,7,8,9: 2 M rechts zusstr, 1 M links, * 1 M rechts, 1 M links *; ab * stets wdh bis Rd-Ende.

(–, 34, 34) –, –, – (44, 44, 44) – M

Im Rippenmuster 1/1 weiterstr bis zu einer Bündchenhöhe von 5 cm.

Alle M locker mustergemäß abk.

Den 2. Ärmel genauso str..

Fertigstellung

Wenn Sie Ihren Pullover fertiggestrickt haben, sind noch einige Abschlussarbeiten für einen professionellen Look und lange Haltbarkeit notwendig.

Als Erstes müssen Sie alle Fadenenden vernähen, die am Beginn und am Ende der einzelnen Abschnitte Ihres Pullovers hängen geblieben sind. Verwenden Sie eine Wollnadel, um die Fadenenden locker auf der linken Seite der Arbeit zu vernähen; dann schneiden Sie den restlichen Faden vorsichtig ab.

Und zu guter Letzt spannen Sie Ihr Werk. Legen Sie Ihren fertigen Pullover für 15–20 Minuten in reichlich zimmerwarmes Wasser mit einem Spritzer Wollwaschmittel, damit er sich gründlich vollsaugen kann. Dann heben Sie ihn aus dem Wasser und drücken ihn aus. Wenn Sie ein Garn aus Wolle oder anderen tierischen Fasern verstrickt haben, müssen Sie dabei besonders vorsichtig vorgehen und das Gestrick ohne Reibung oder Bewegung ausdrücken, damit es nicht verfilzt. Ich lege den Pullover oft zwischen zwei Handtücher, rolle das ganze Paket auf und trete auf den aufgerollten Handtüchern herum. Nun breiten Sie den Pullover aus, ziehen ihn in Form und lassen ihn trocknen. Er trocknet genau in der Form, in der Sie ihn ausgelegt haben, deshalb sollten Sie ihn nach den Maßen für Ihre Größe ausformen.

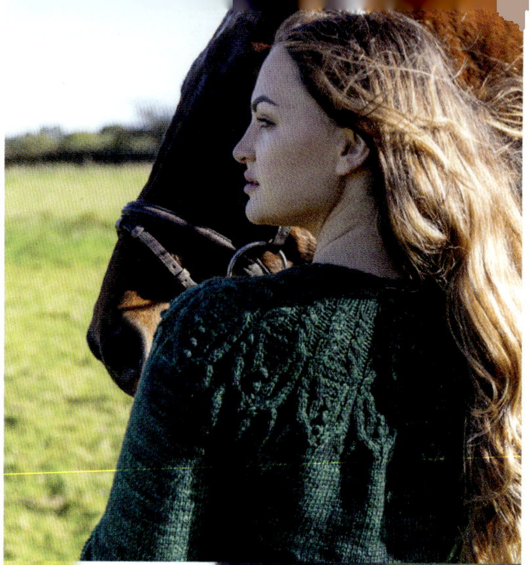

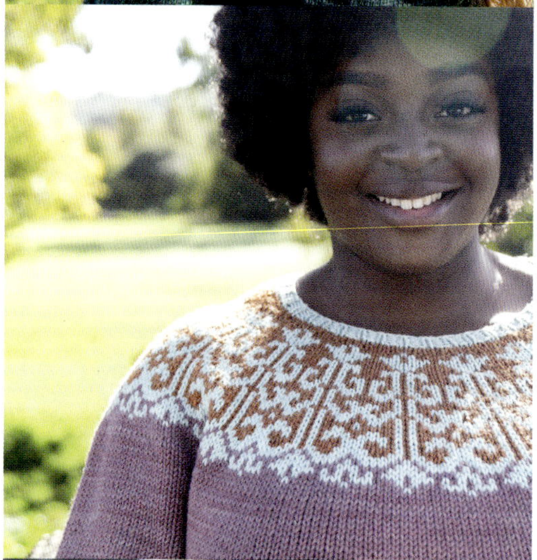

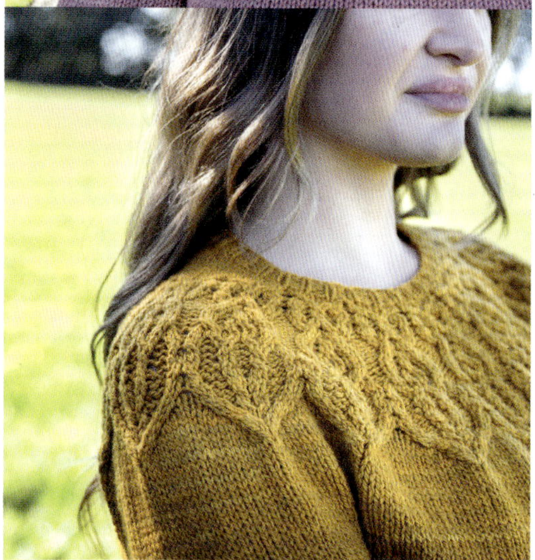

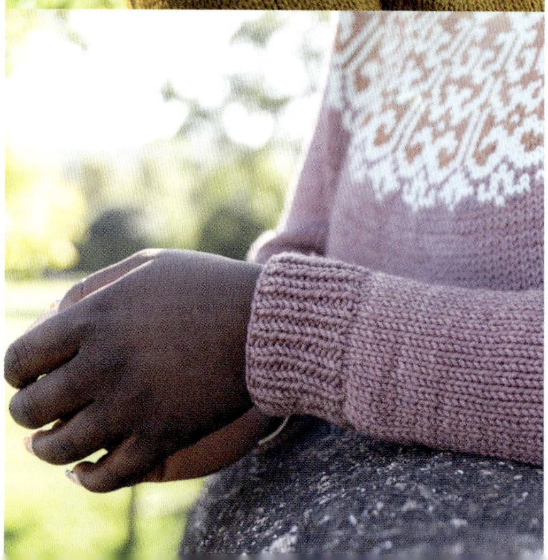

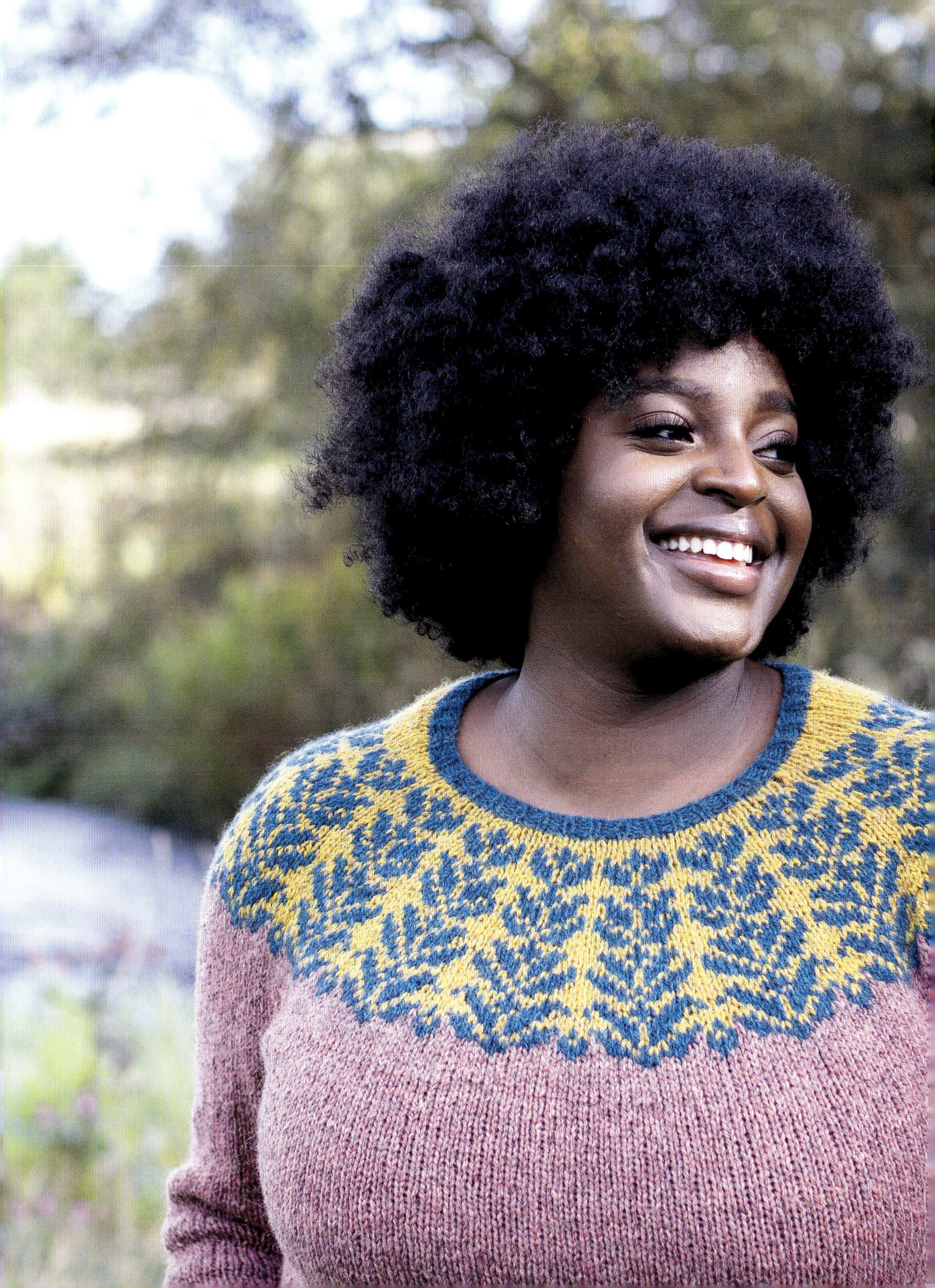

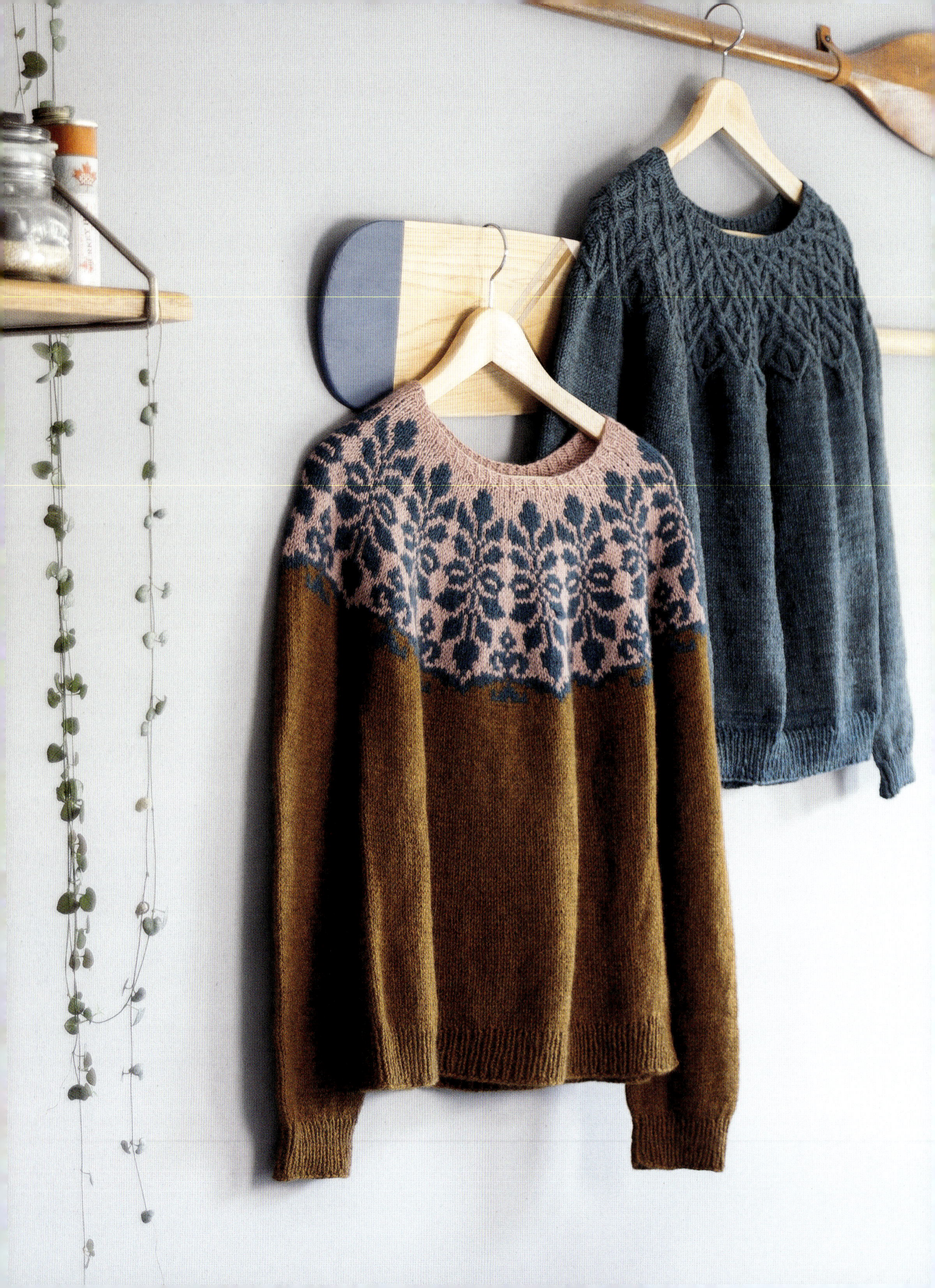

VIELSEITIG TRAGBARE PULLOVER

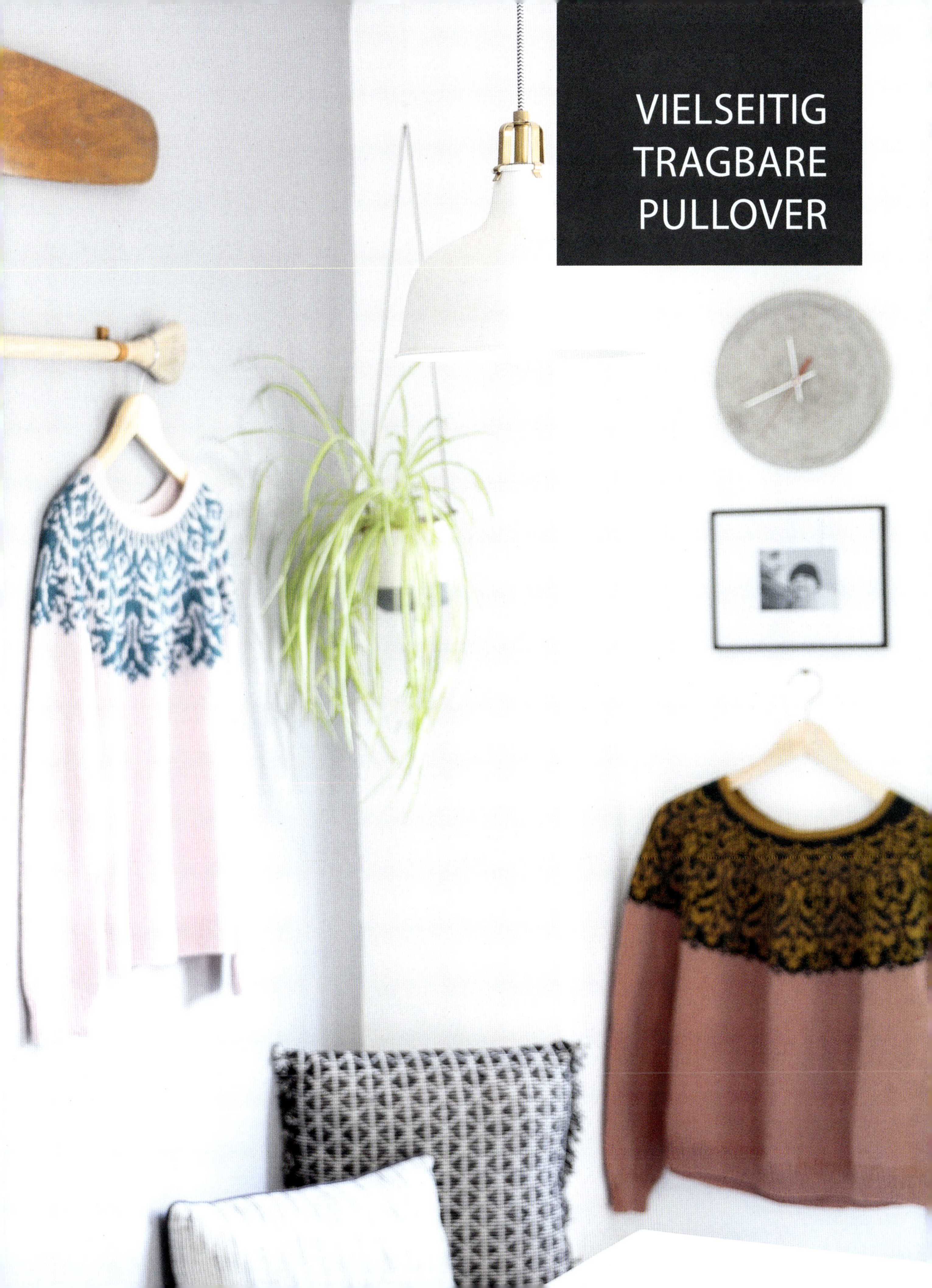

ÜBERSICHT

Garne mittlerer Stärke, die etwa der eines sechsfädigen Sockengarns entspricht, sind mein Lieblingsmaterial zum Entwerfen eigener Modelle und zum Stricken. Sie haben die perfekte Stärke, die es mir ermöglicht, ein paar besondere Details ins Design zu integrieren, und der fertige Pullover ist überdies ein äußerst vielseitiges Teil der Garderobe. Die vier Pullover in diesem Kapitel lassen sich wirklich für eine Vielzahl an Garnen abwandeln. Arbeiten Sie aber unbedingt ein Probestück.

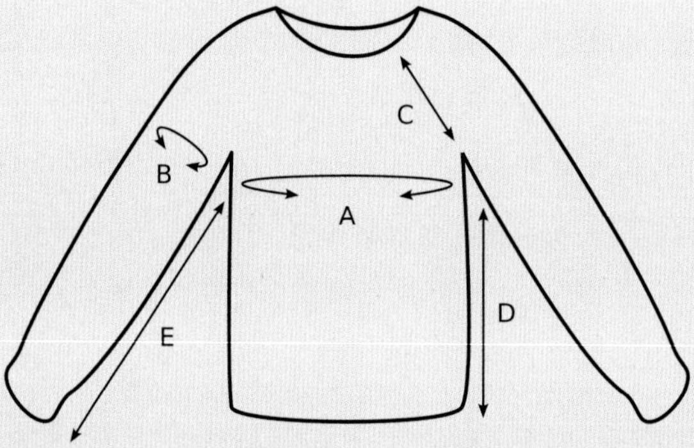

Das brauchen Sie

STRICKNADELN

- Rundstricknadel 4 mm für den Hauptteil (oder andere Nadelstärke gemäß Maschenprobe)
- Rundstricknadel 3,5 mm für Rippenblenden und -bündchen (oder 1–2 Nadelstärken dünner als die Nadeln für den Hauptteil)

ZUBEHÖR

- Maschenmarkierer & Hilfsgarn
- Wollnadel
- Zopfnadel (für die Modelle Naomi und Daisie)
- Häkelnadel in der Stärke der Stricknadeln für den Hauptteil (optional für die Noppen des Modells Naomi)

Wählen Sie Ihre Größe

FERTIGMASSE

GRÖSSE	1	2	3	4	5	6	7	8	9	10
A: OBERWEITE	81,5	91,5	101,5	112	122	132	142	152,5	162,5	172,5 cm
B: OBERER ÄRMELUMFANG	28,5	31	33,5	38	40,5	43	47,5	52	57	61,5 cm
C: PASSENHÖHE (VORNE)	20,5	21,5	23	24	25,5	26	26,5	27,5	28	28,5 cm

D: RUMPFLÄNGE (VOM ARMAUSSCHNITT UNTER DER ACHSEL BIS ZUR UNTERKANTE DES SAUMBUNDES): 33 cm

E: ÄRMELLÄNGE (VOM ARMAUSSCHNITT UNTER DER ACHSEL BIS ZUM ENDE DES ÄRMELBÜNDCHENS): 44,5 cm

MASCHENPROBE

20 M und 26 Rd glatt rechts in Rd = 10 cm x 10 cm (nach dem Spannen)

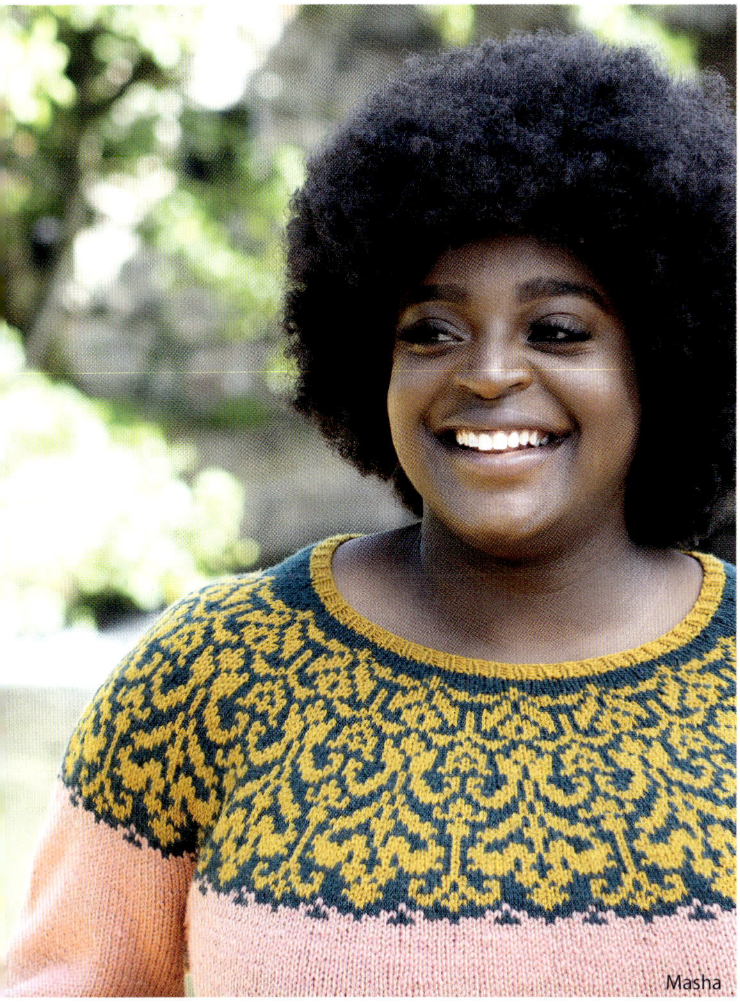

Masha

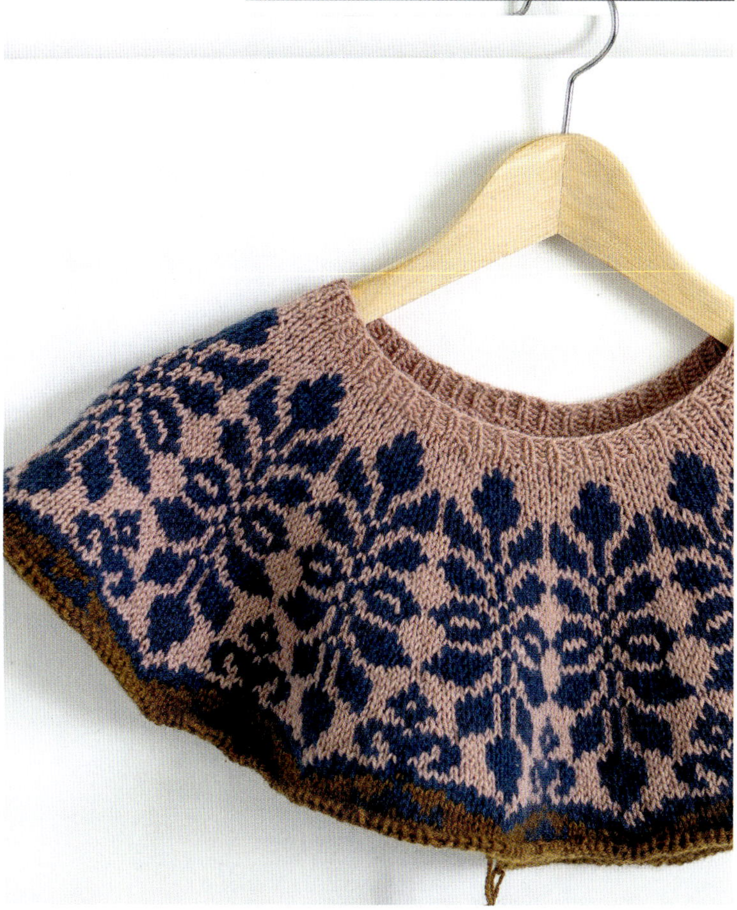

Josie

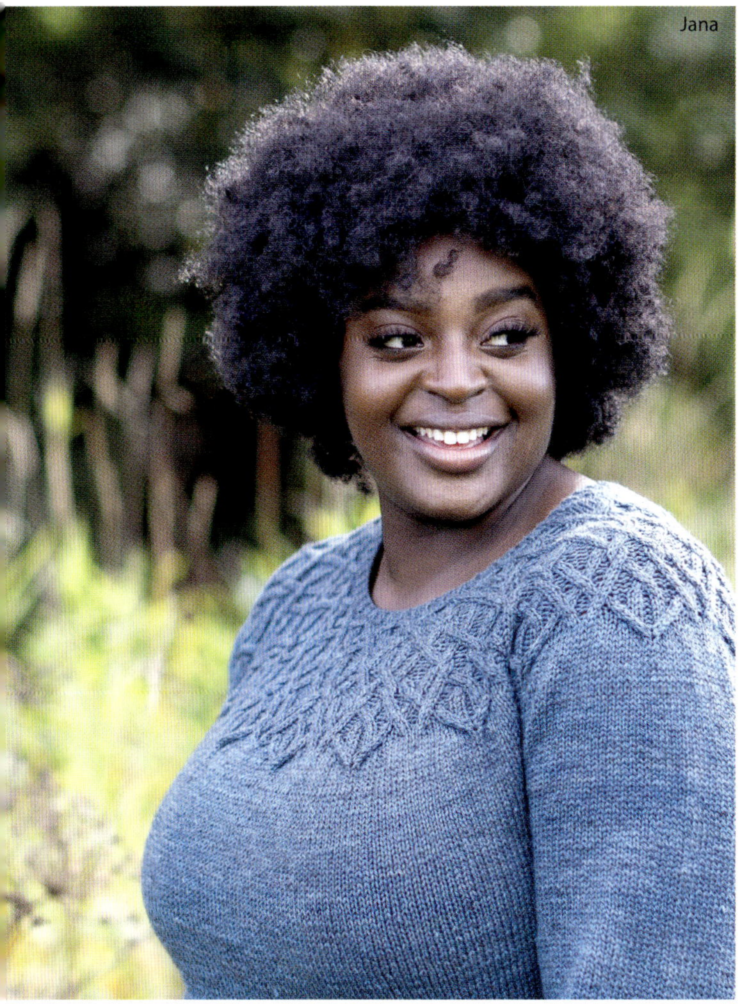

Jana

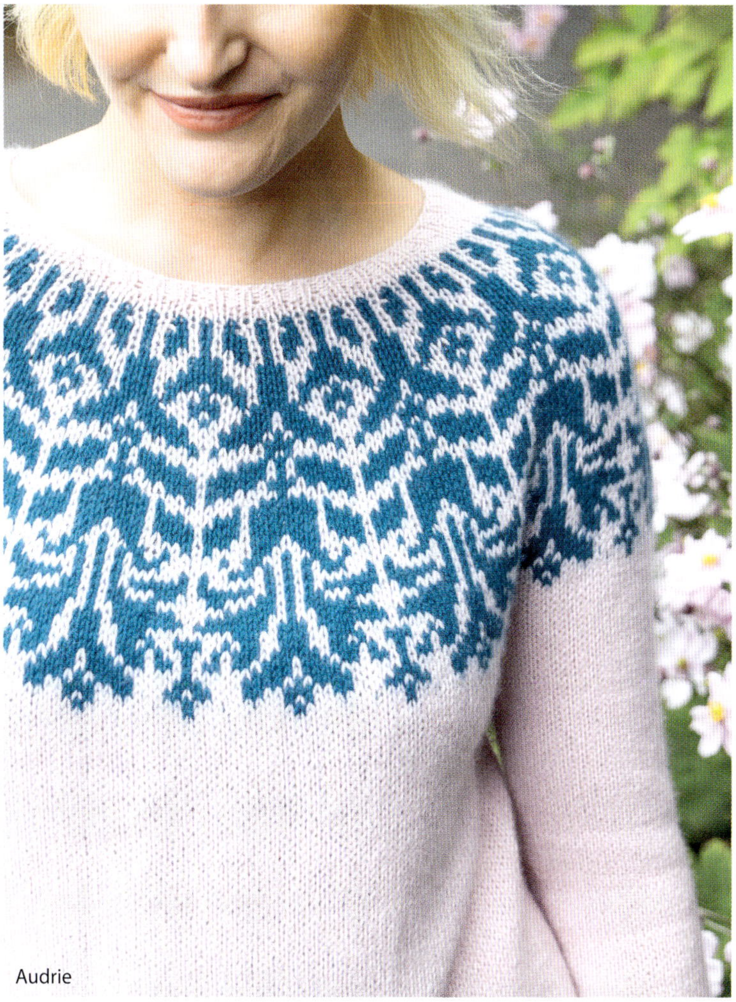

Audrie

Masha

Wählen Sie für die Passe des Modells Masha zwei stark kontrastierende Farben. Dann fügen Sie eine dritte Farbe, die sich gut abhebt, für den Rest des Pullovers hinzu. Das für den abgebildeten Pullover verwendete Originalgarn zeigt ein wunderbar klares Maschenbild, das dazu beiträgt, dass die Farben sich besonders gut voneinander absetzen.

Ich habe diesen Pullover mit leicht verkürztem Rumpf gestrickt. Denken Sie daran, dass Sie die Länge Ihres Pullovers anpassen können, indem Sie mehr oder weniger Runden glatt rechts für den Rumpf stricken. Aber vergessen Sie nicht, dass sich dann auch die erforderliche Garnmenge für Ihr Projekt ändert.

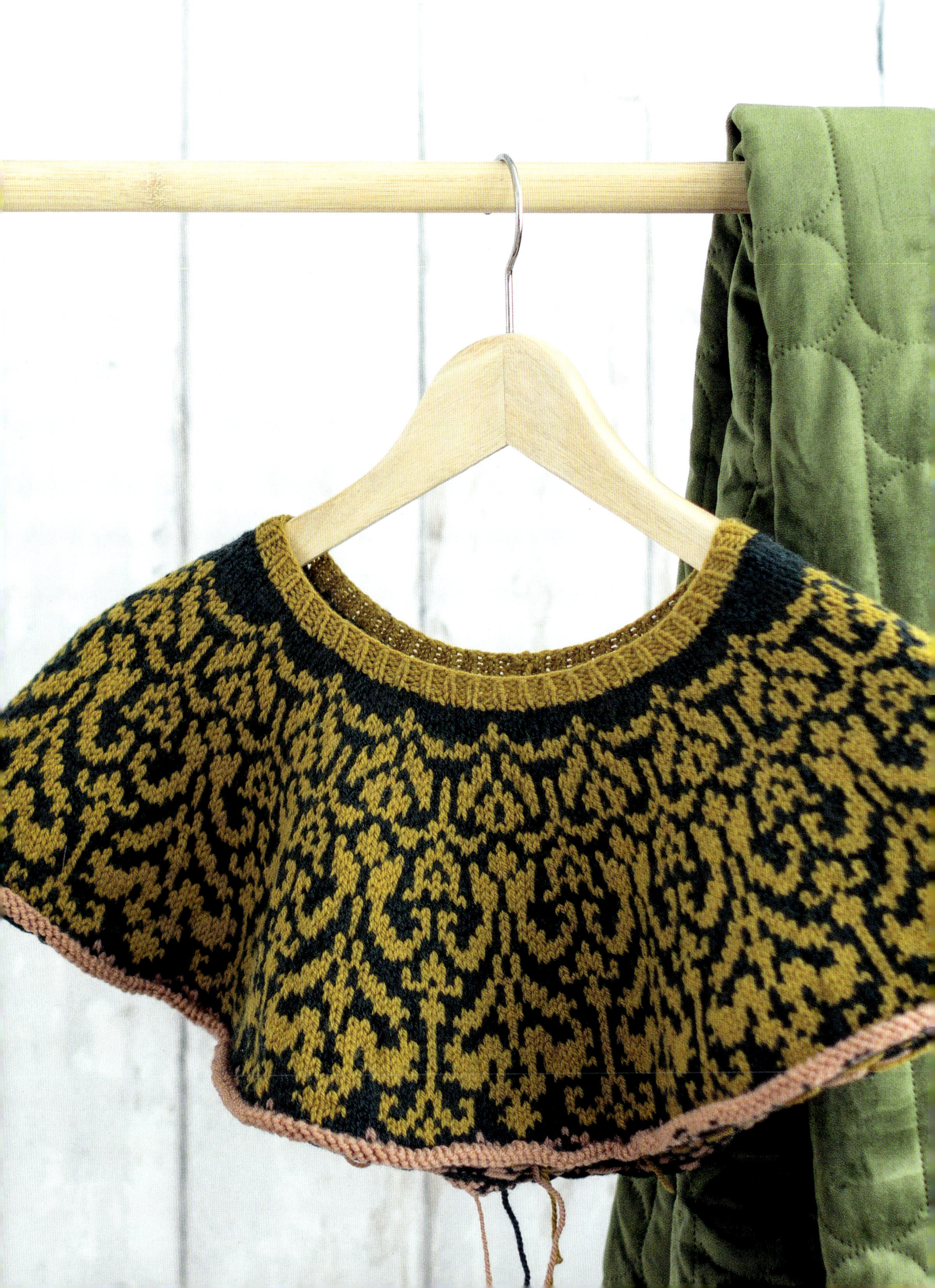

GARNVERBRAUCH (LAUFLÄNGE)

Garn: Brooklyn Tweed Arbor Yarn (100 % amerikanische Targheewolle; LL 133 m/50 g)

GRÖSSE	1	2	3	4	5	6	7	8	9	10
FB A: MESA	749	811	874	937	998	1061	1124	1186	1248	1309 m
FB B: DORADO	176	190	205	220	234	249	262	277	292	306 m
FB C: KLIMT	173	187	202	216	230	245	259	273	288	303 m

HINWEISE

Wählen Sie als Fb B und C zwei stark kontrastierende Fb sowie eine dritte Fb, die sich gut abhebt, für den Rest des Pullovers. Ein elastisches Garn mit ausgezeichneter Maschendefinition trägt dazu bei, dass das Einstrickmuster gut zur Geltung kommt und klar hervortritt.

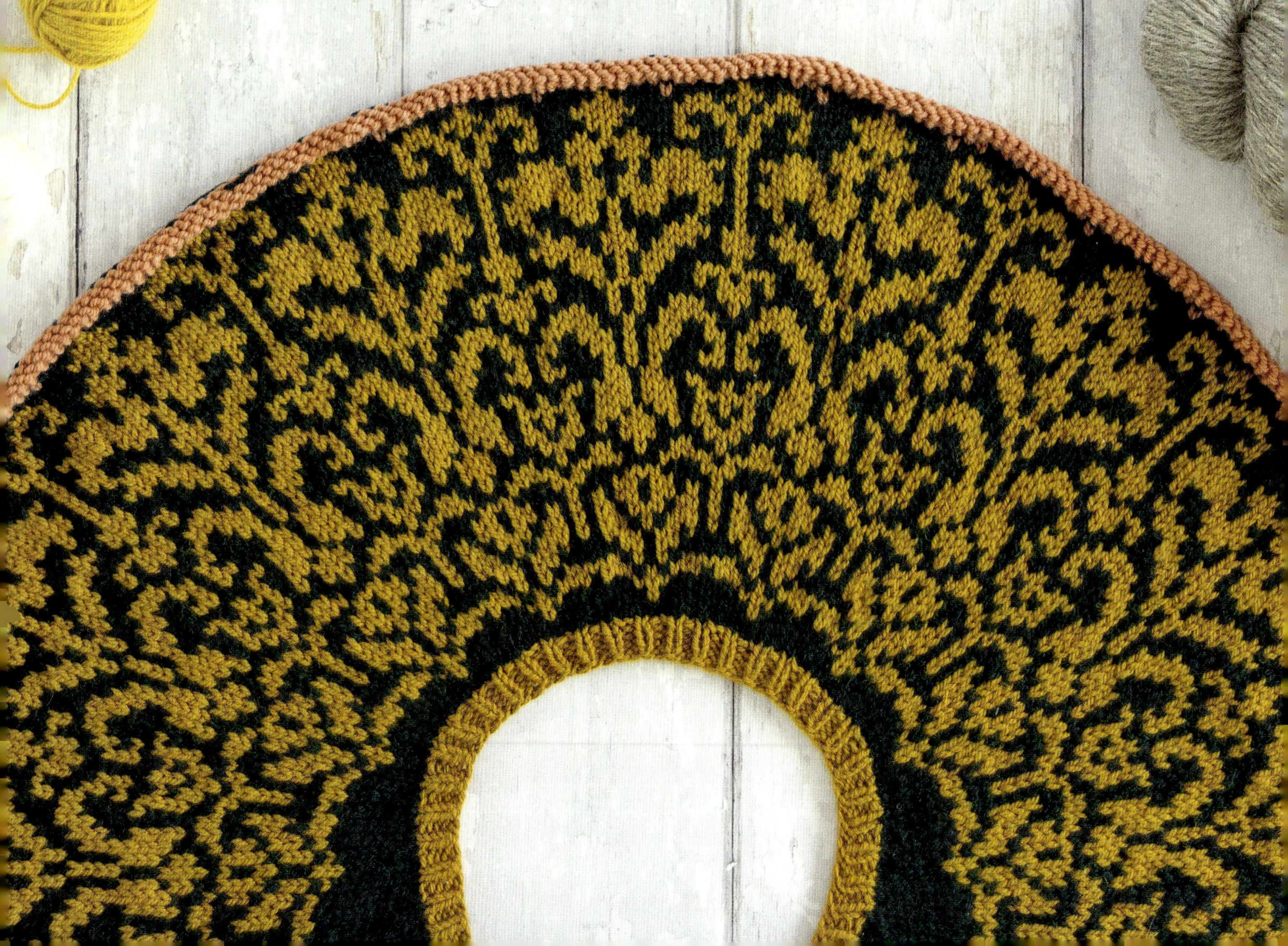

STRICKSCHRIFT FÜR DEN PULLOVER MASHA

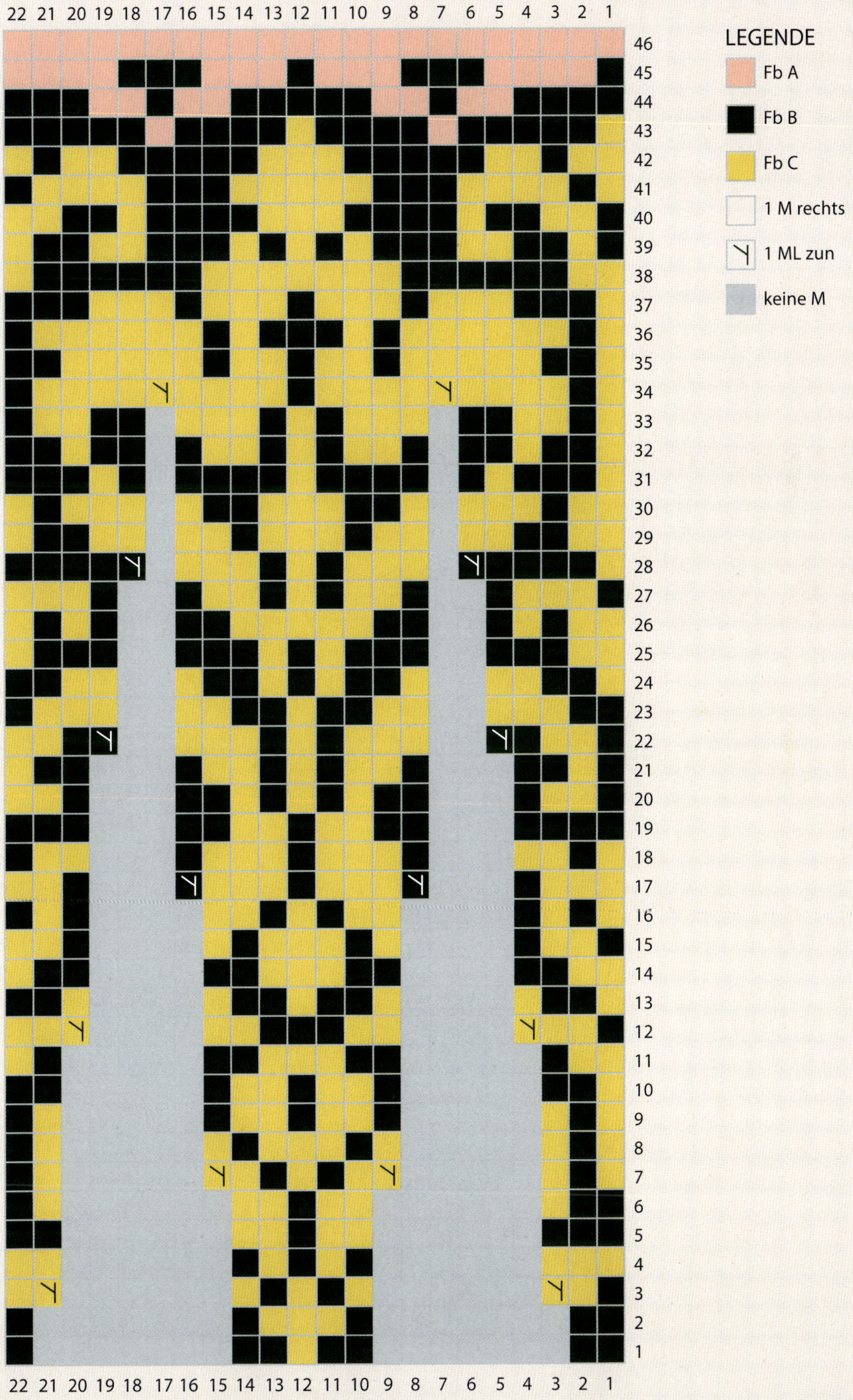

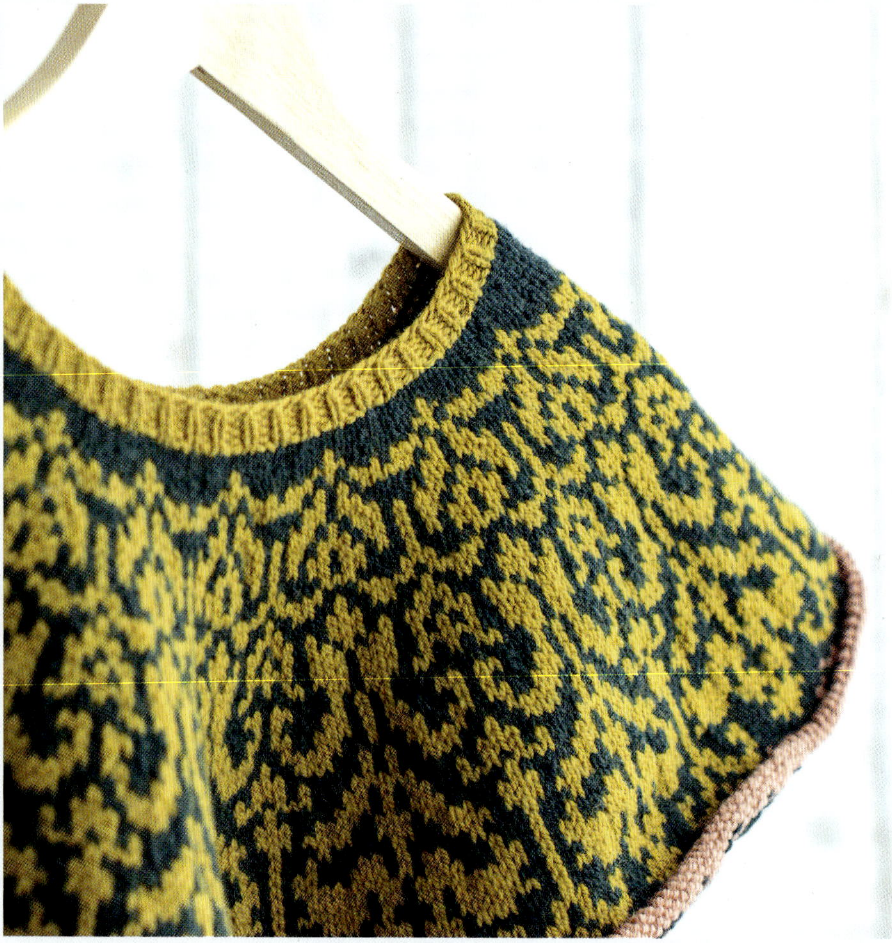

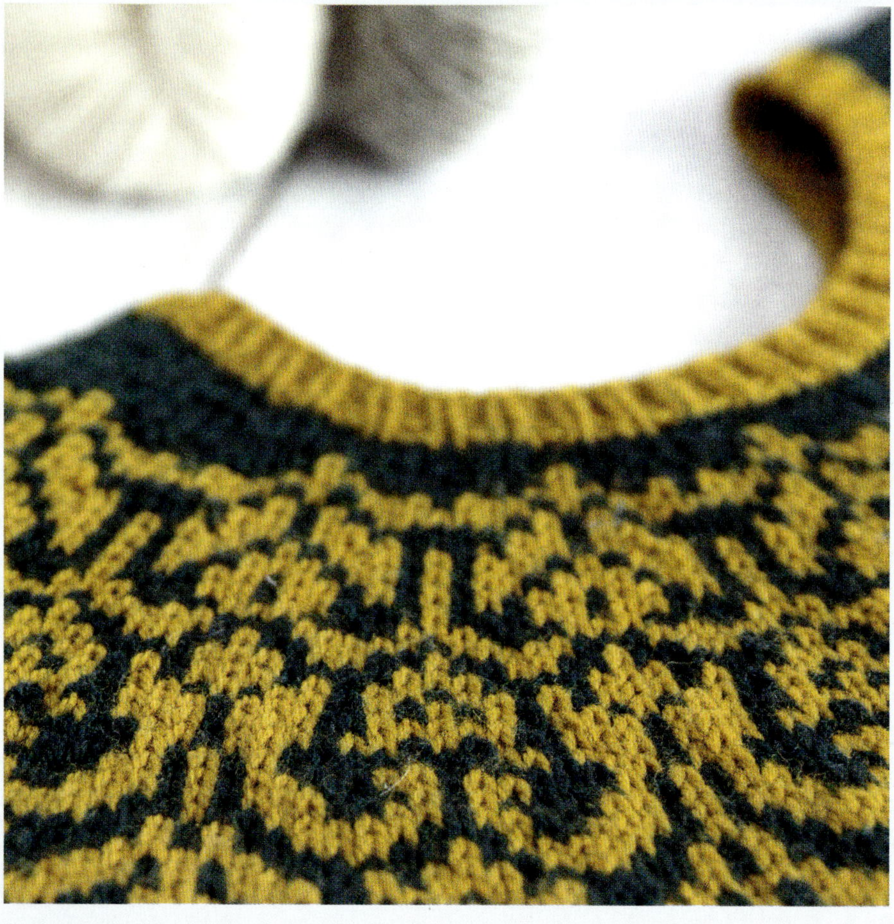

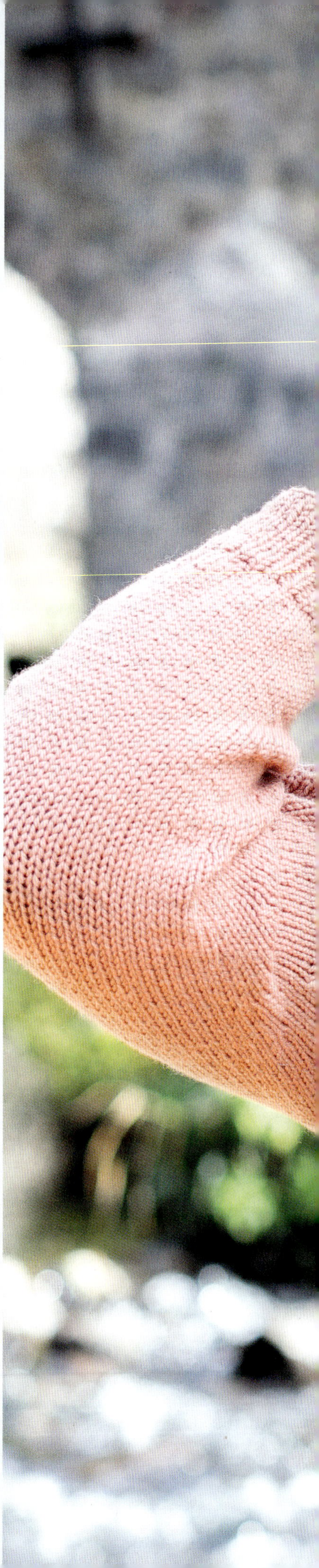

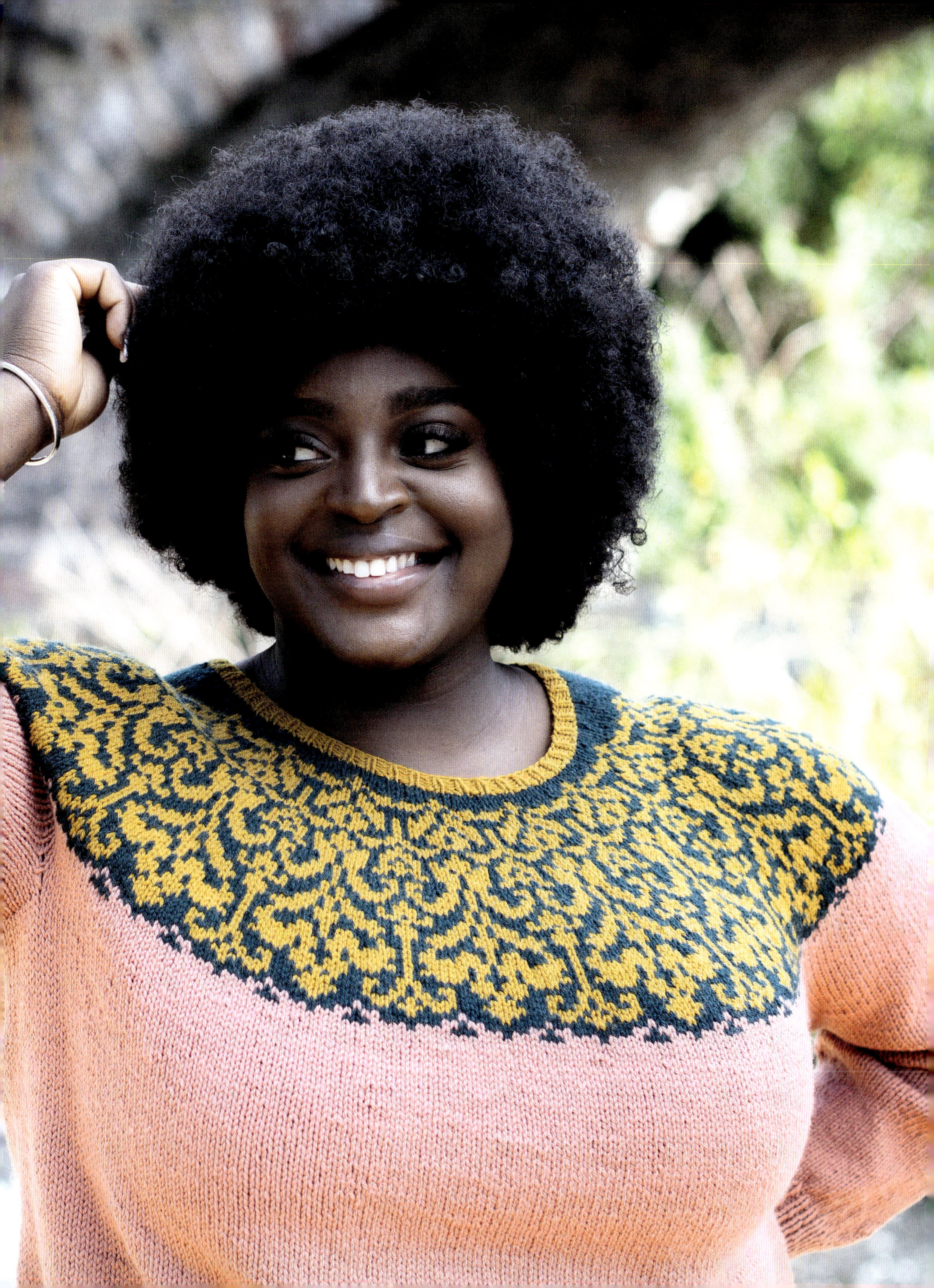

Josie

Für den Pullover Josie brauchen Sie zwei stark kontrastierende Farben für das Einstrickmuster der Passe sowie eine dritte kräftige Farbe für den Rest des Projekts.

Bevor Sie sich für ein bestimmtes Garn entscheiden, sollten Sie sich ausmalen, wie Sie den Pullover tragen wollen. Ziehen Sie gern ein Langarmtop oder eine Bluse unter Ihre Pullover? Dann können Sie ein recht rustikales Garn wählen. Wenn Sie ein Garn aus weichen Fasern verwenden, wie ich es beim Originalmodell getan habe, können Sie den Pullover auch direkt auf der Haut tragen, ohne dass er kratzt.

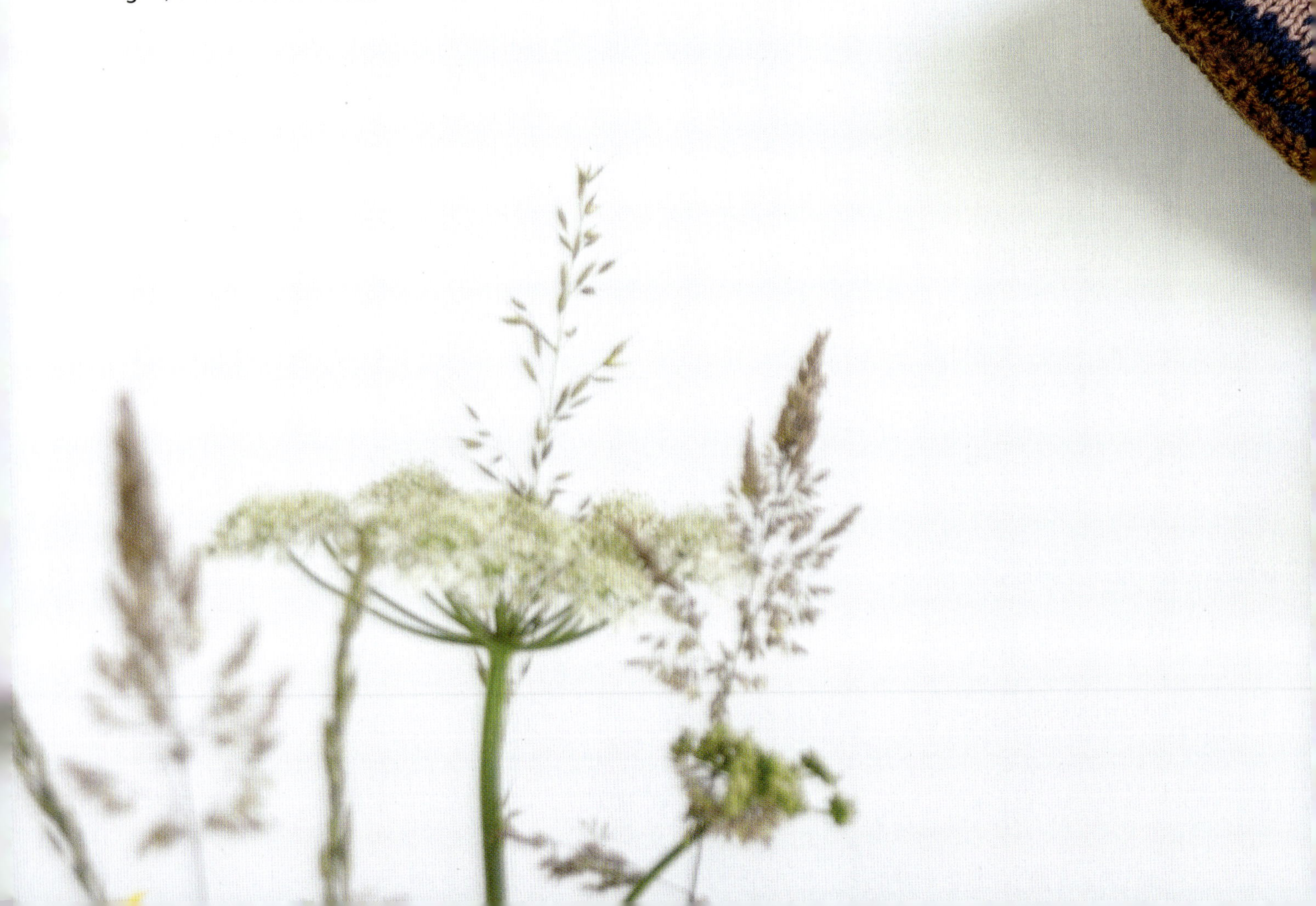

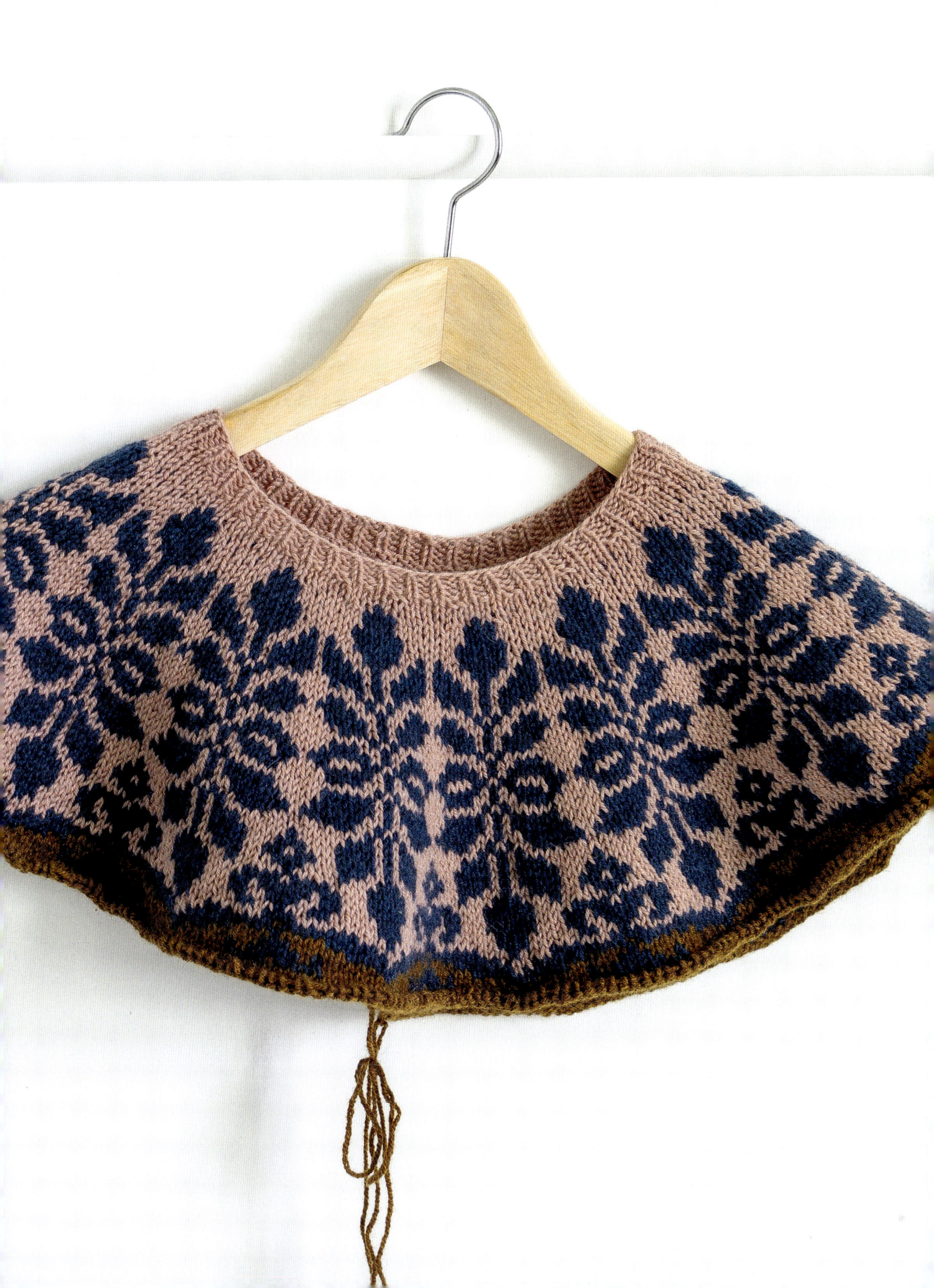

GARNVERBRAUCH (LAUFLÄNGE)

Garn: mYak Baby Yak Medium (100 % Baby-Yak; LL 114 m/50 g)

GRÖSSE	1	2	3	4	5	6	7	8	9	10
FB A: MUSTARD	626	678	731	783	836	888	940	992	1044	1096 m
FB B: DUSTY PINK	174	188	203	218	231	246	260	275	290	305 m
FB C: PETROL	92	102	112	123	133	143	153	163	173	183 m

HINWEISE

Wählen Sie als Fb B und C zwei stark kontrastierende Fb sowie eine dritte Fb, die sich gut abhebt, für den Rest des Pullovers. In Bereichen des Einstrickmusters, in denen der nicht benötigte Faden über größere Strecken mitgeführt werden muss, verdrehen Sie ihn auf der Rückseite der Arbeit von Zeit zu Zeit mit dem Arbeitsfaden oder weben ihn ein, um lange Spannfäden zu vermeiden.

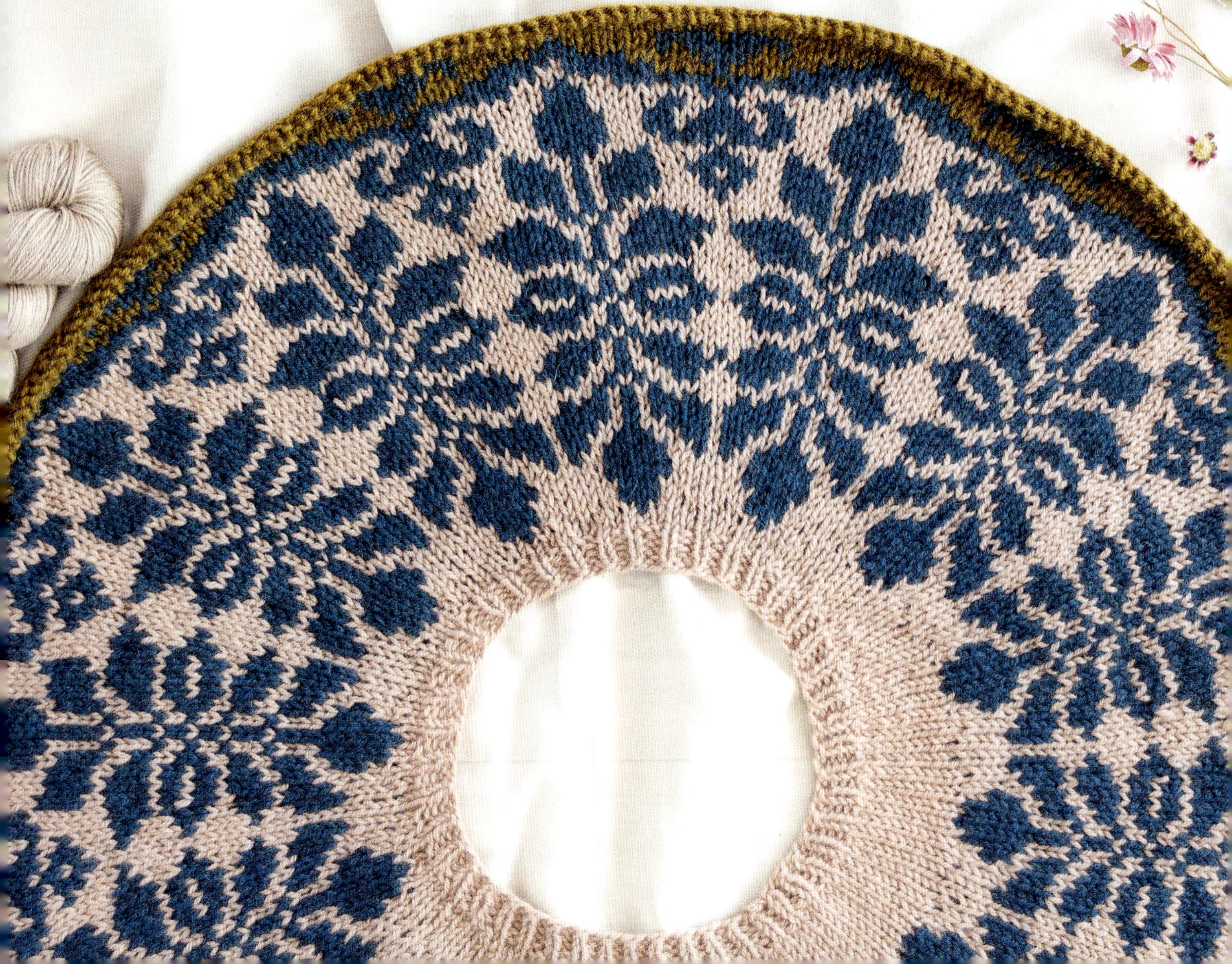

STRICKSCHRIFT FÜR DEN PULLOVER JOSIE

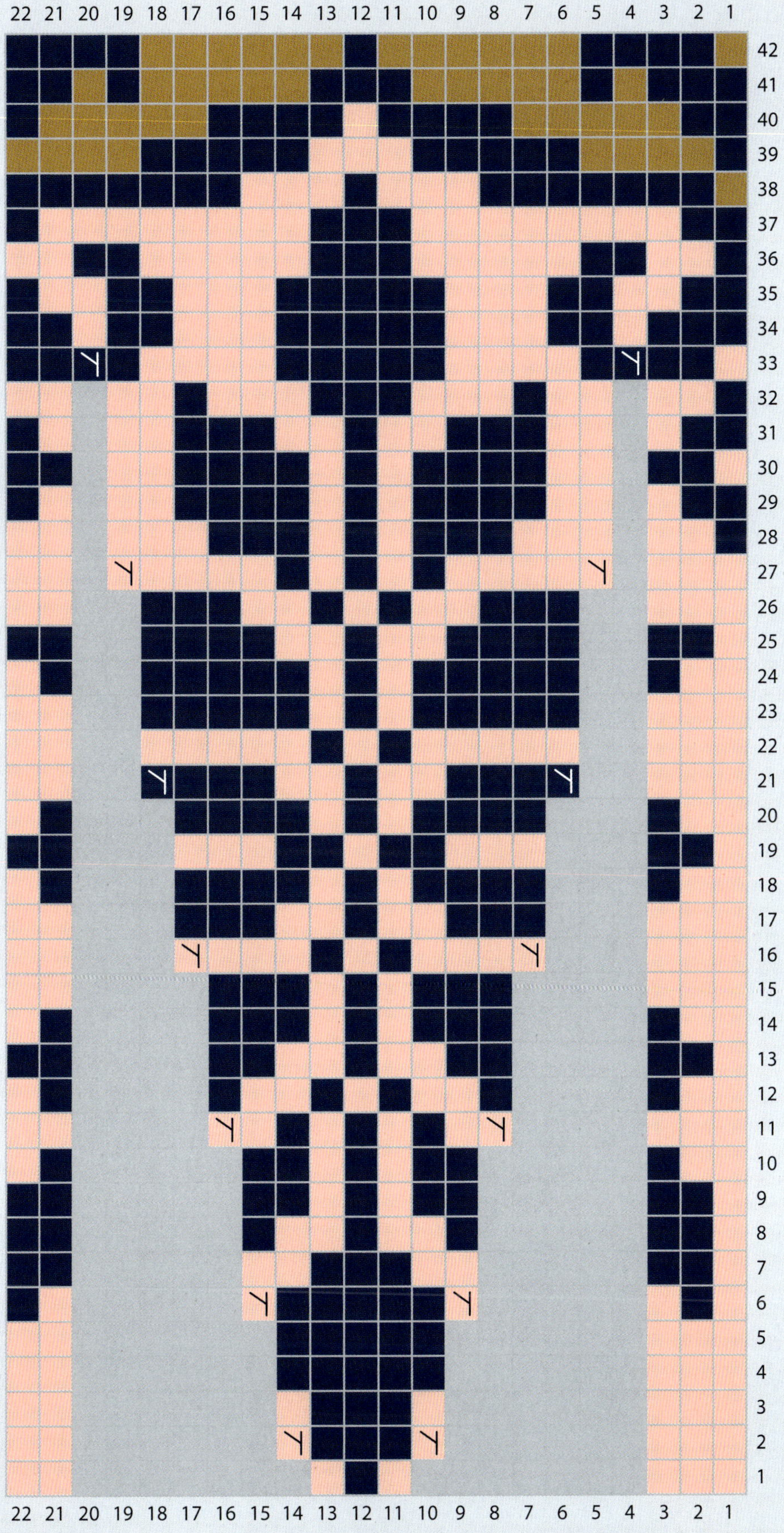

LEGENDE

- Fb A
- Fb B
- Fb C
- 1 M rechts
- 1 ML zun
- keine M

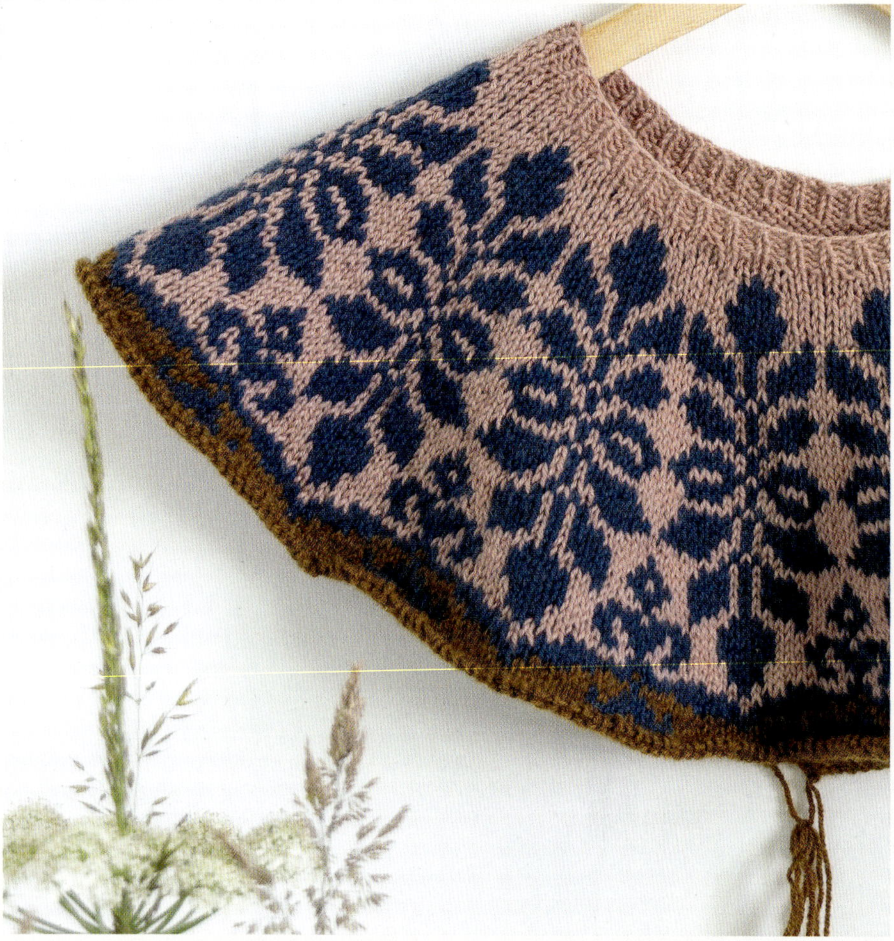
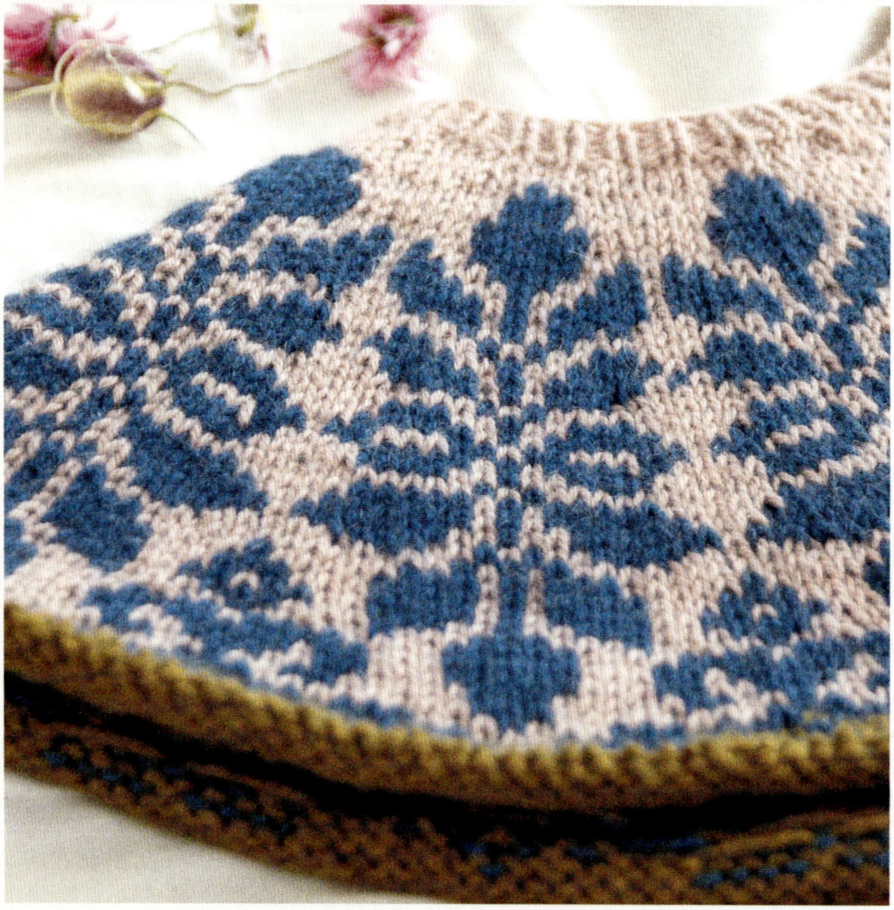
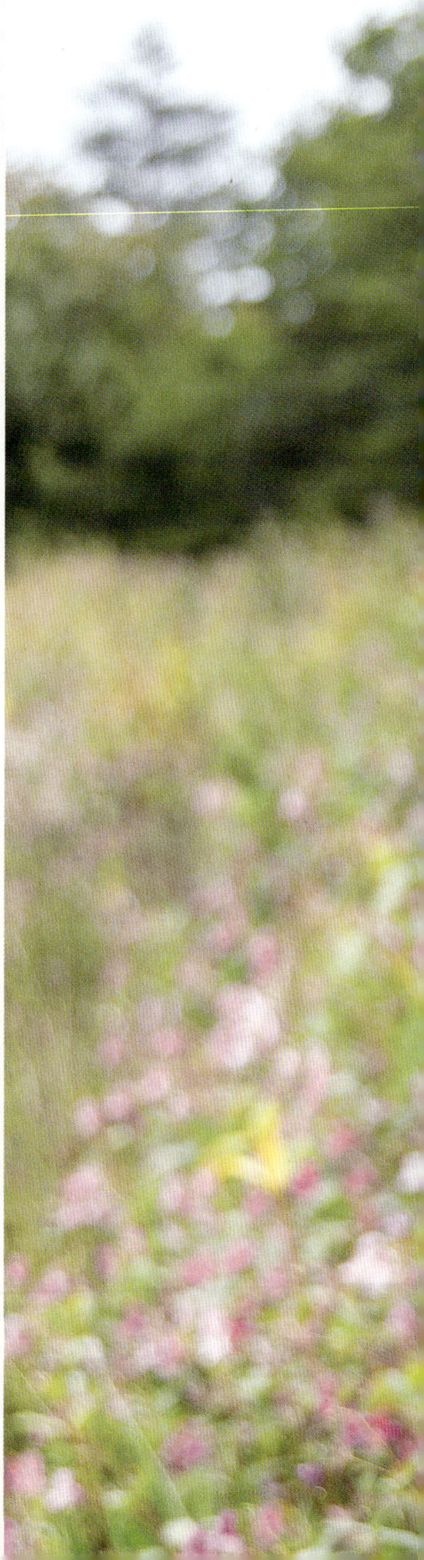

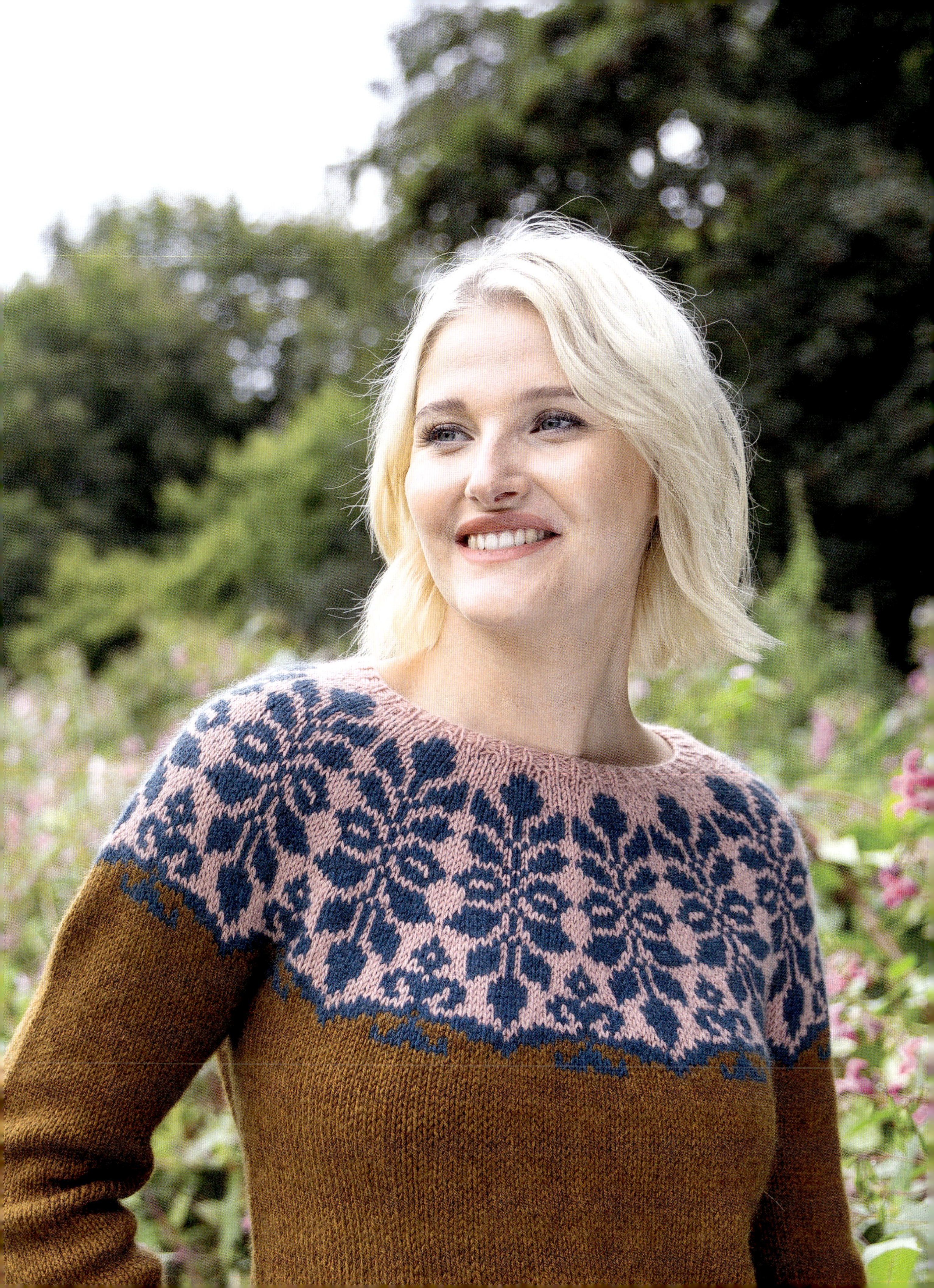

Jana

Jana ist wahrlich ein Pullover mit Profil und ermöglicht es Ihnen, sich in Ihre Lieblingsgarnfarbe zu hüllen.

Für diesen Pullover habe ich eine Faser gewählt, die leicht rustikal wirkt, sich aber dennoch weich anfühlt.

Ein stärker gezwirntes Garn mit guter Maschendefinition eignet sich hervorragend für Zopfmuster, die deutlich hervortreten sollen. Stricken Sie ein Probestück im Muster mit dem Garn Ihrer Wahl, um zu sehen, ob Ihnen der Effekt gefällt.

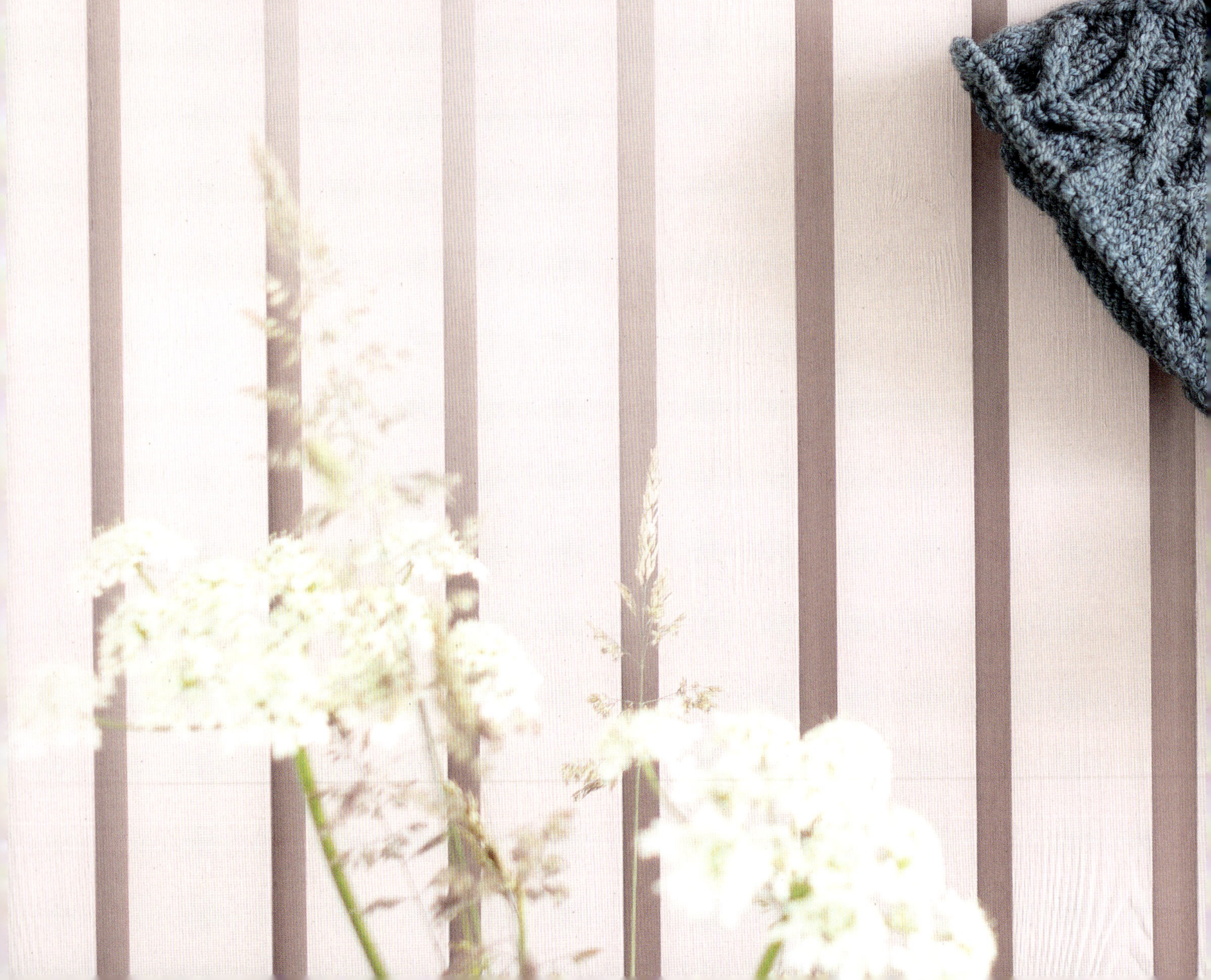

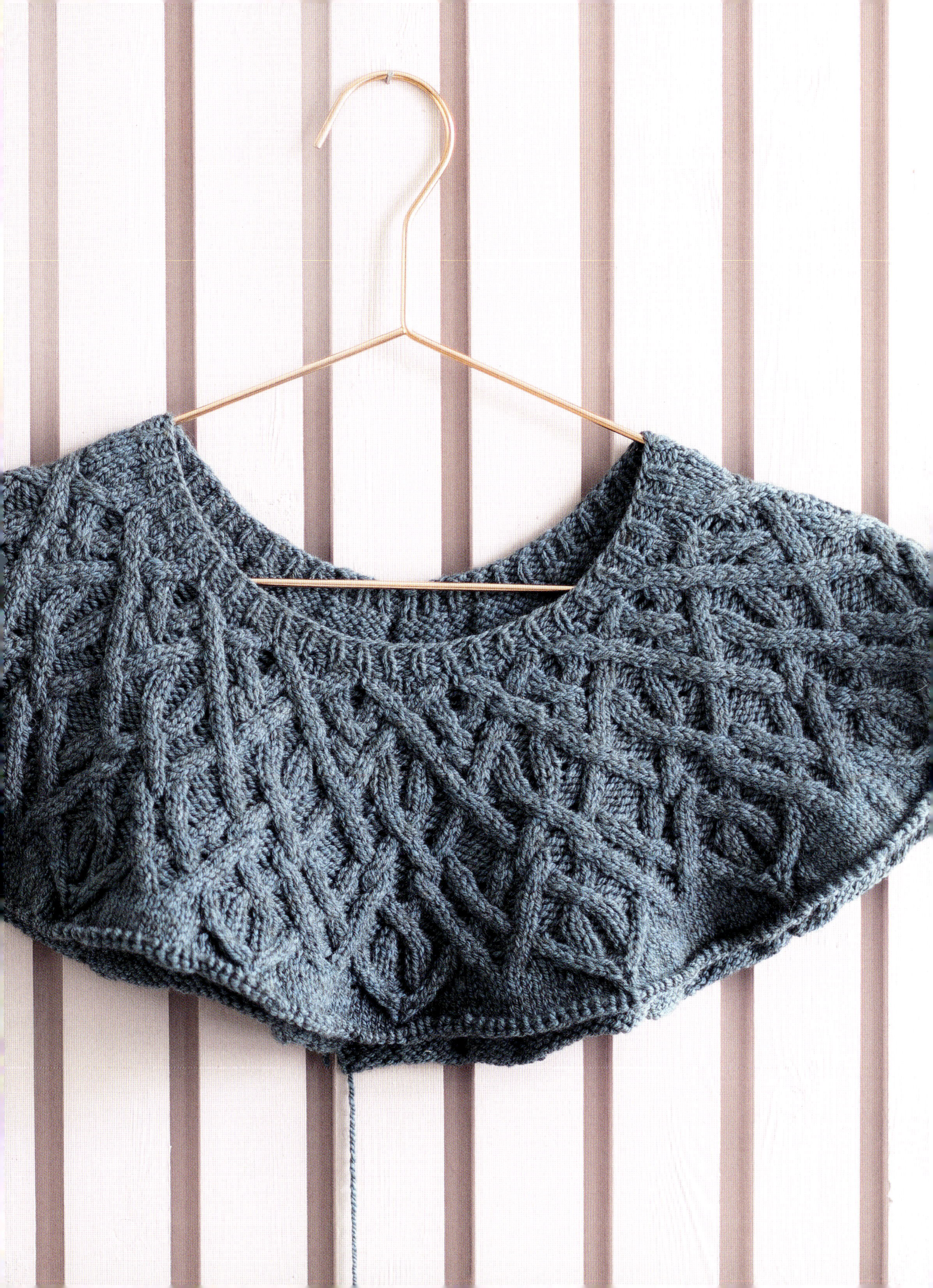

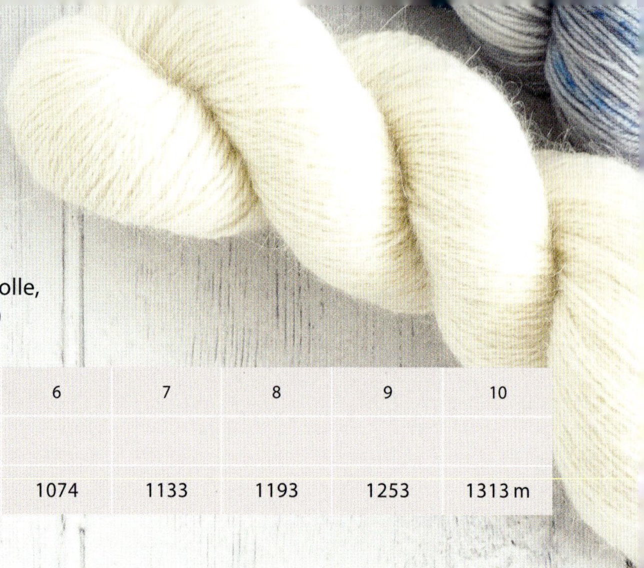

GARNVERBRAUCH (LAUFLÄNGE)

Garn: Primrose Yarn Co. Roan DK (60 % amerikanische Superwash-Merinowolle, 40 % heimische Merinowolle ohne Superwash-Ausrüstung; LL 210 m/100 g)

GRÖSSE	1	2	3	4	5	6	7	8	9	10
FB A: TWILIGHT	776	835	895	955	1014	1074	1133	1193	1253	1313 m

HINWEISE

Die Verzopfungen werden über zwei, drei oder vier Maschen gearbeitet, wobei rechte und linke Maschen vorkommen. Befolgen Sie die Anweisungen für jede Verzopfung daher akribisch. Achten Sie außerdem darauf, ob die Zunahmen gemäß Strickschrift nach rechts oder links geneigt sein und rechts oder links gestrickt werden sollen, damit das Muster richtig weiterläuft und die Verzopfungen klar hervortreten.

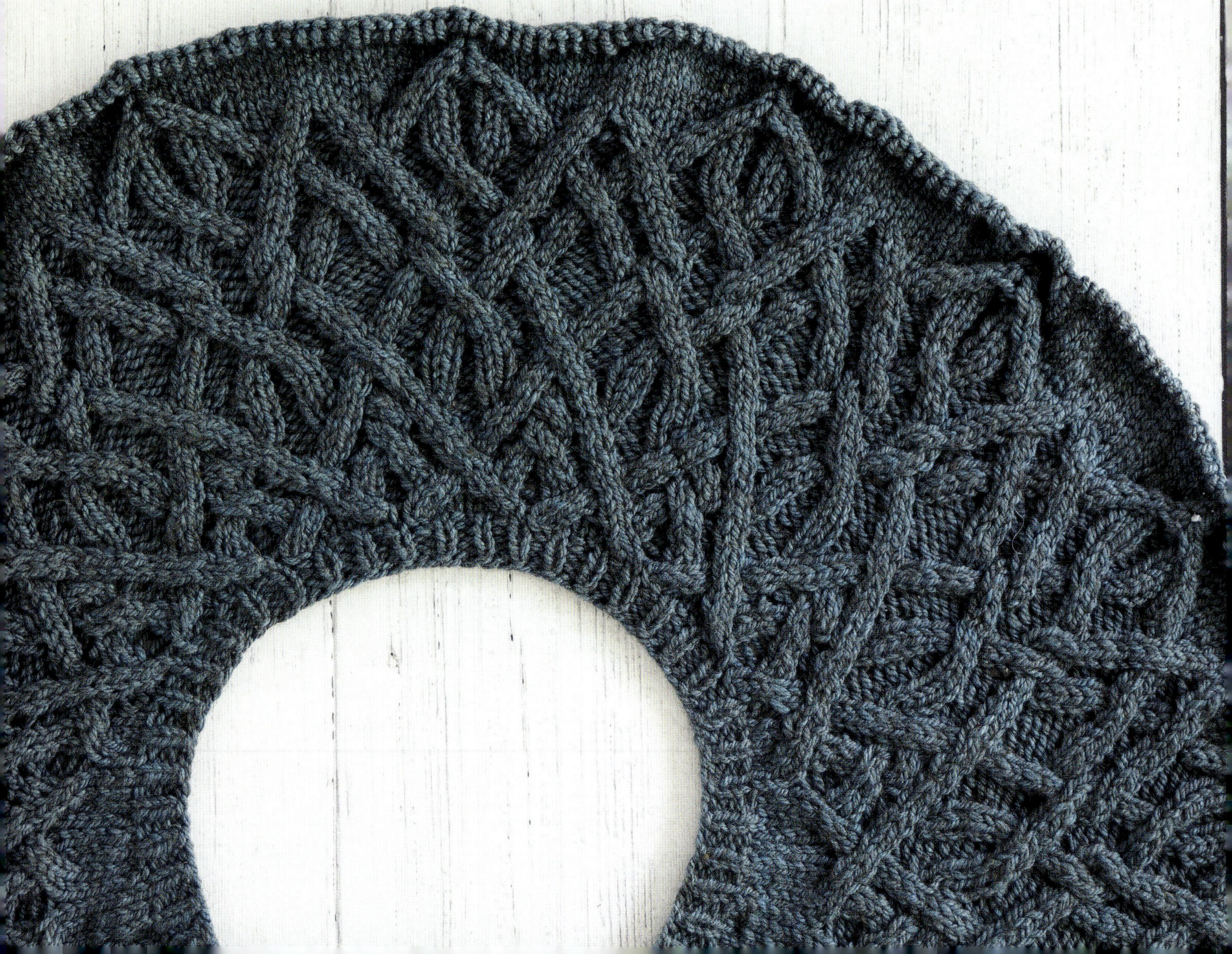

STRICKSCHRIFT FÜR DEN PULLOVER JOSIE

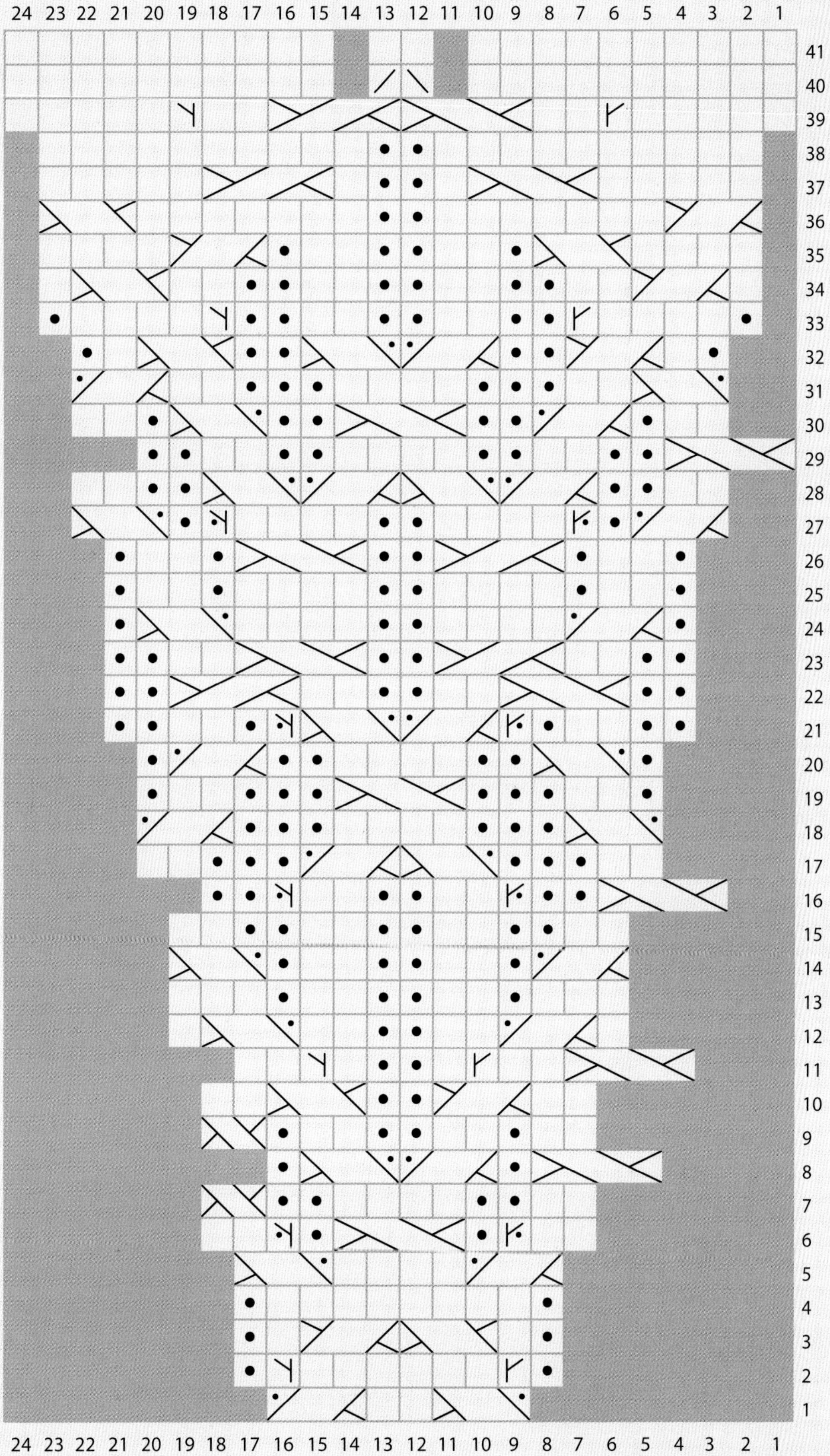

LEGENDE

- 1 M rechts
- 1 M links
- keine M
- 1 MR zun
- 1 ML zun
- 1 MR links zun
- 1 ML links zun
- 2 M rechts abgeh zusstr
- 2 M rechts zusstr
- 1/1 M lvkr
- 1/1 M rvkr
- 2/1 M lvkr
- 2/1 M rvkr
- 2/1 M li/re lvkr
- 2/1 M re/li rvkr
- 2/2 M lvkr
- 2/2 M rvkr

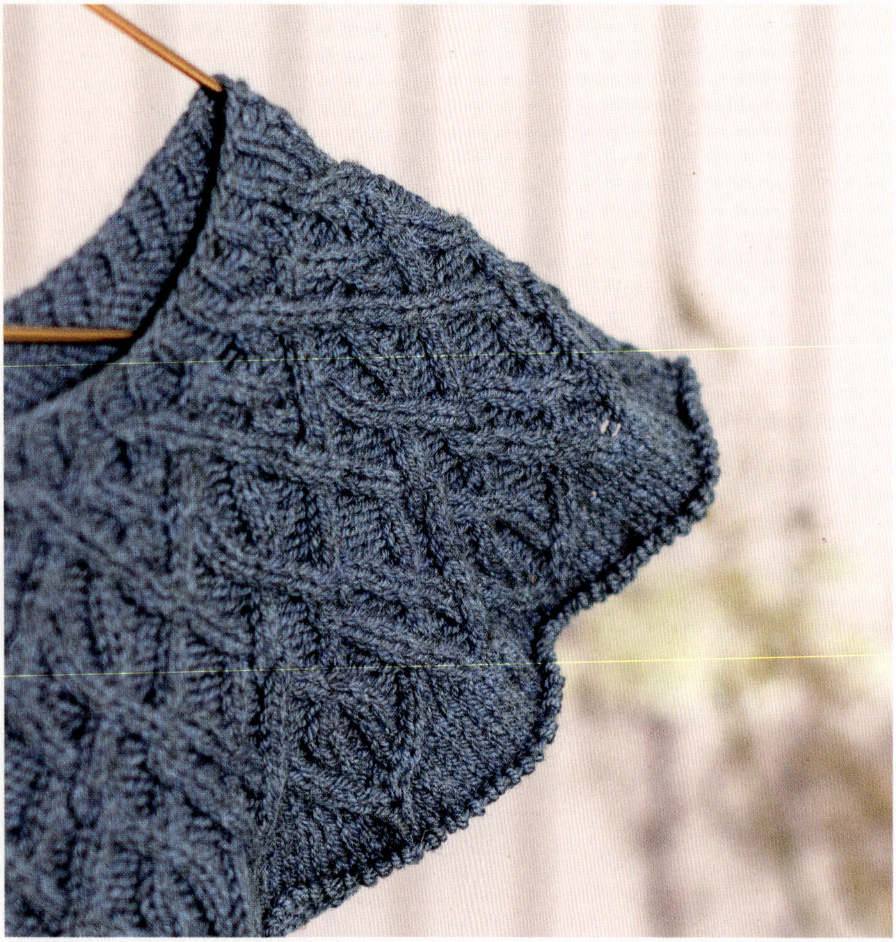

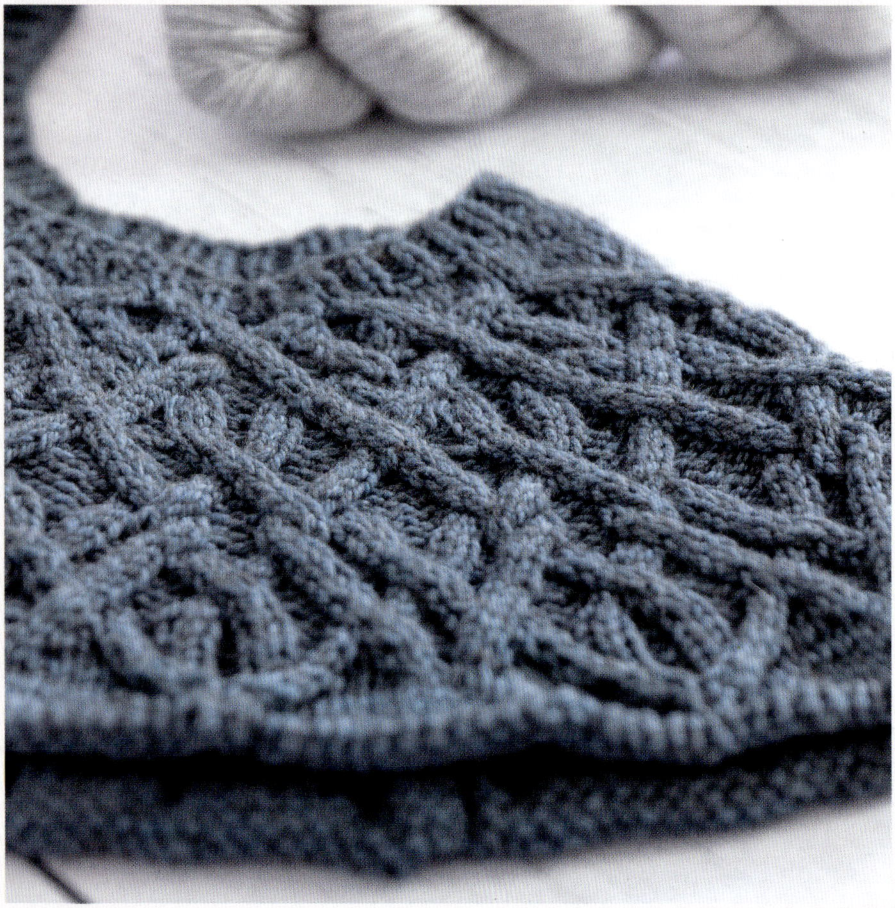

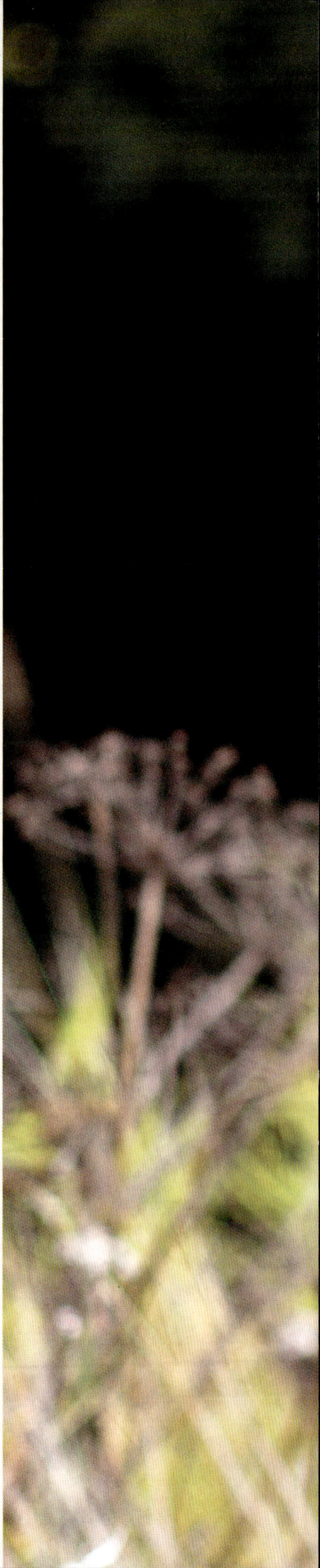

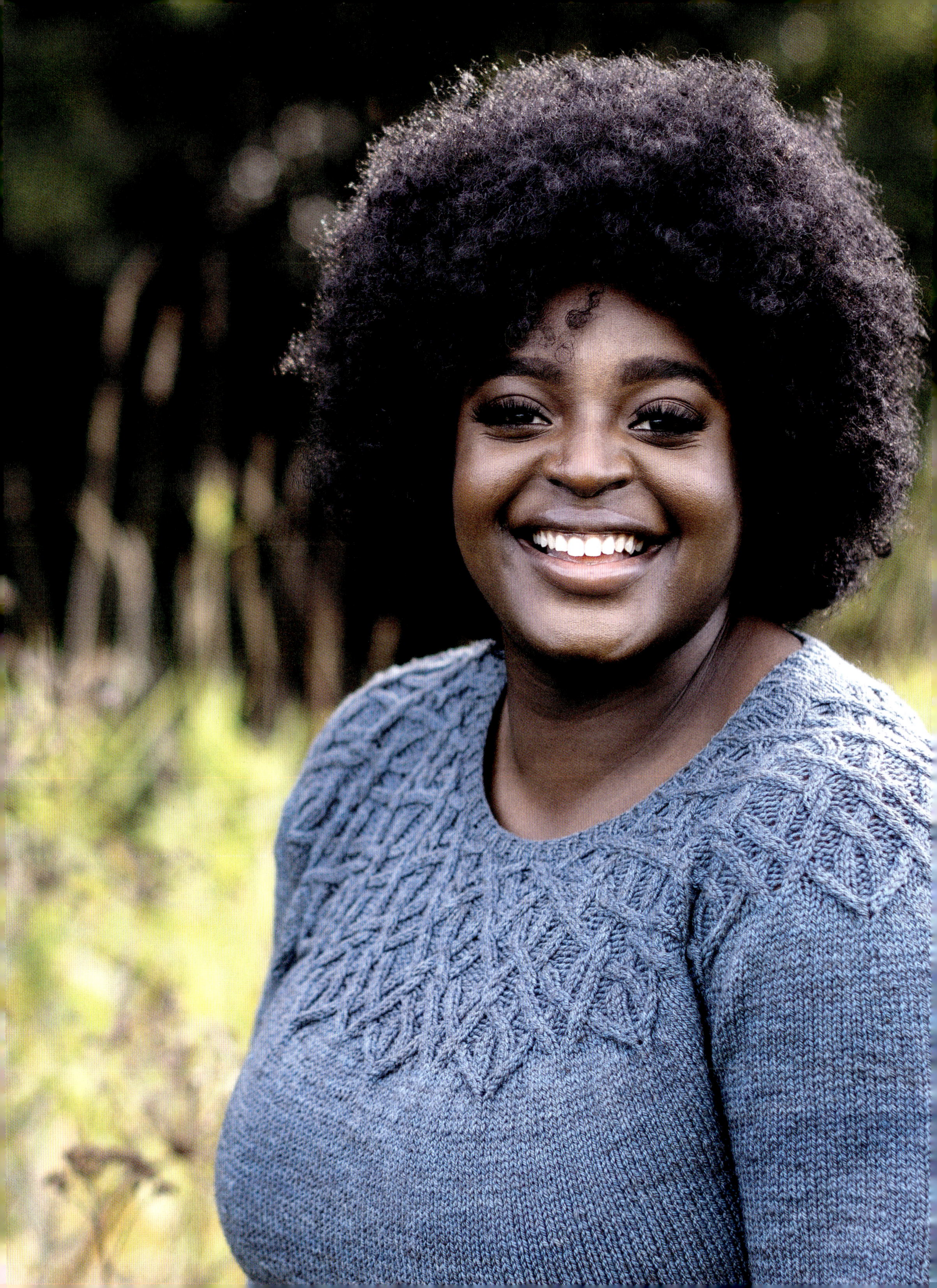

Audrie

Für das Modell Audrie brauchen Sie nur zwei Garnfarben, aber natürlich können Sie nach Lust und Laune spielen und weitere Farben hinzufügen, wenn Sie möchten – beispielsweise indem Sie die Musterfarbe nach der Hälfte der Passe wechseln oder die Passe in zwei Farben und den Rest des Pullovers in einer dritten Farbe stricken. Ich empfehle, für das Einstrickmuster stark kontrastierende Farben zu wählen, aber probieren Sie unterschiedliche Farbkombinationen aus, um Ihren ganz eigenen Stil zu entdecken.

Vielleicht möchten Sie sich selbst verwöhnen, indem Sie Ihren Pullover aus einem luxuriösen Garn wie dem hier verwendeten stricken, oder ein handgearbeitetes Erbstück kreieren, das bei guter Pflege ewig hält.

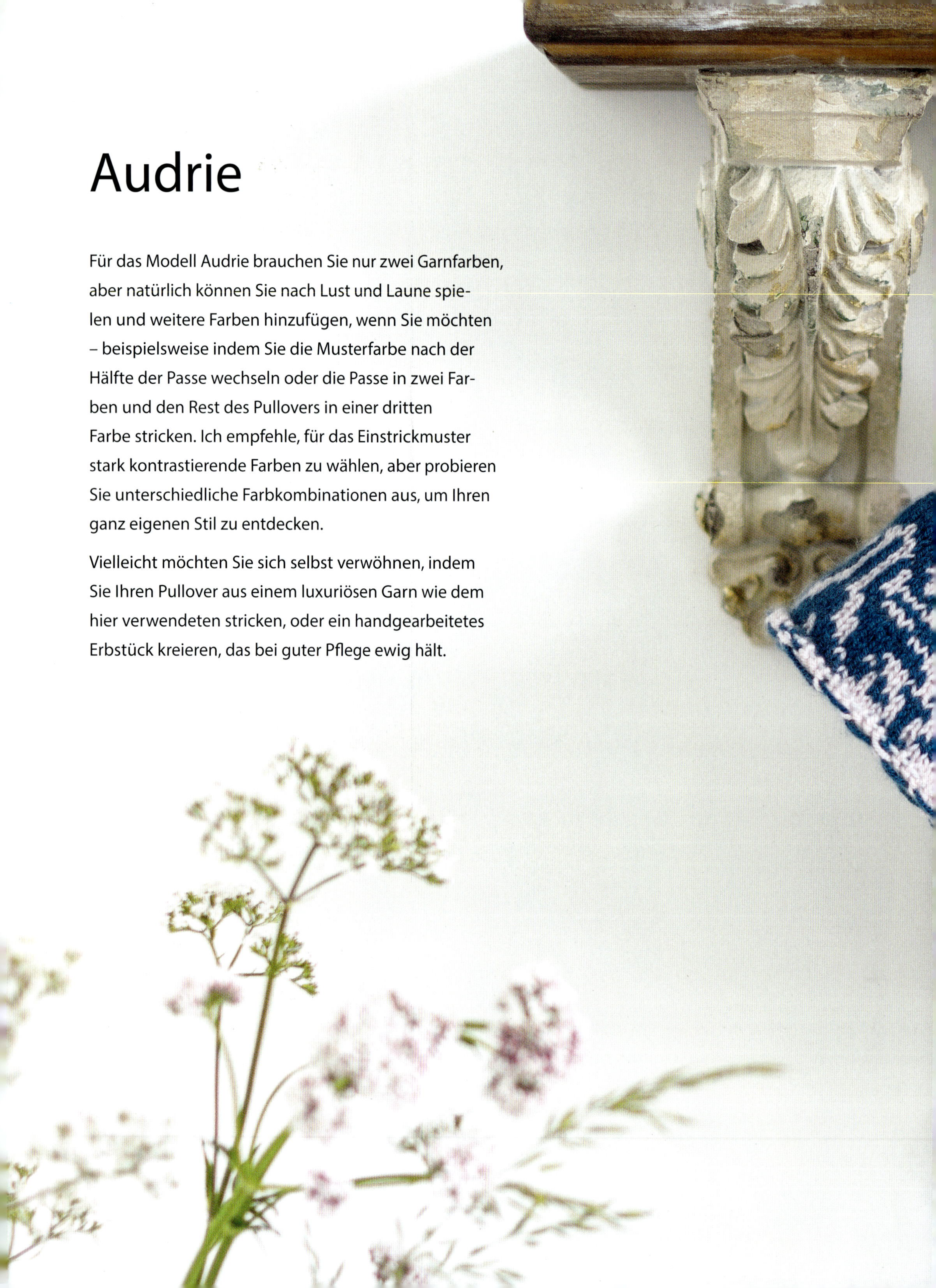

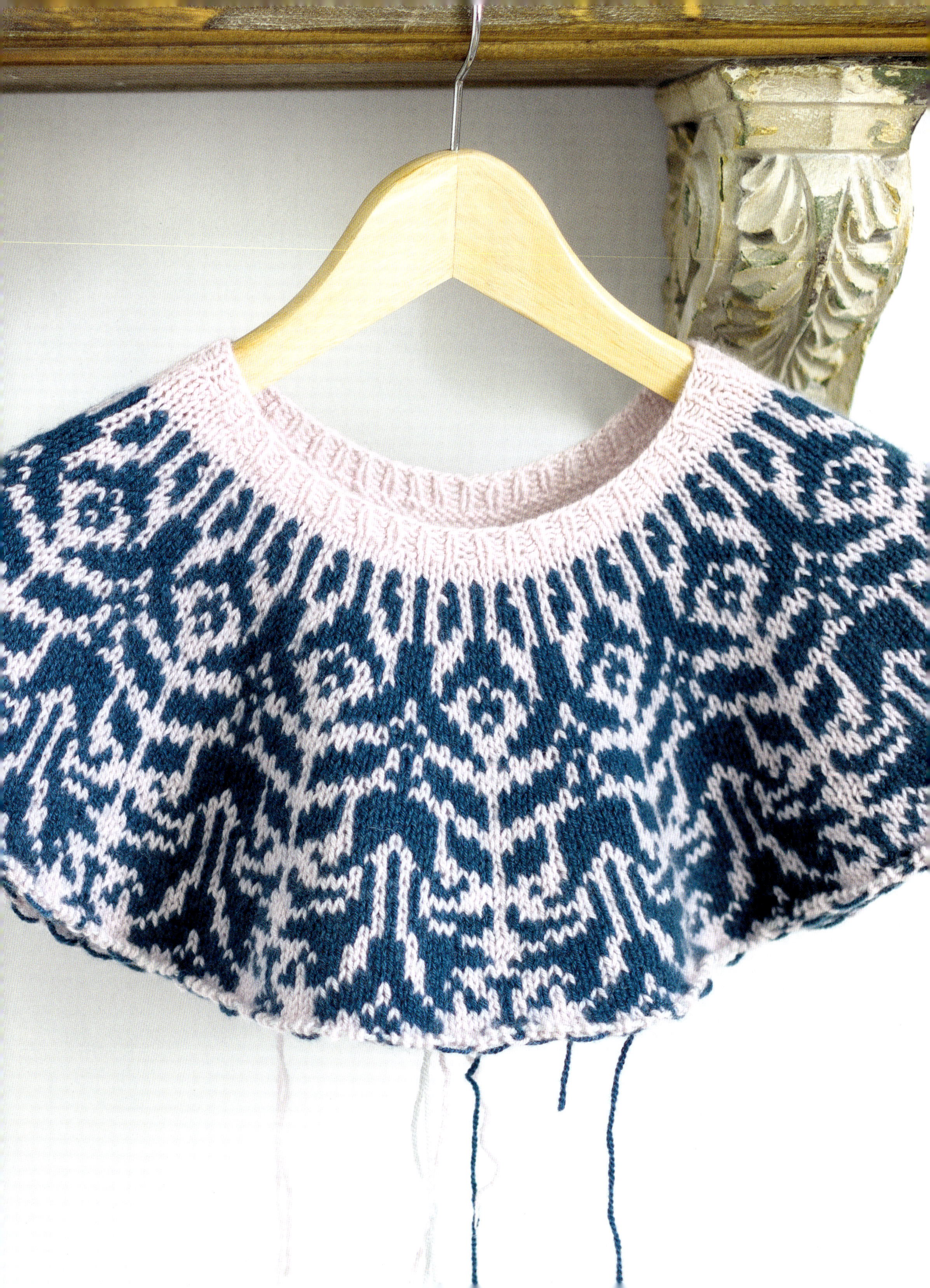

GARNVERBRAUCH (LAUFLÄNGE)

Garn: Clinton Hill Cashmere Company Bespoke DK Cashmere (100 % Kaschmir; LL 114 m/50 g)

GRÖSSE	1	2	3	4	5	6	7	8	9	10
FB A: PALE BLUSH	549	617	686	754	823	891	960	1029	1097	1166 m
FB B: TROPICAL TEAL	98	106	114	123	131	139	147	155	165	173 m

HINWEISE

Wählen Sie als Fb A und Fb B zwei stark kontrastierende Farben. Beim Arbeiten des Einstrickmusters weben Sie den gerade nicht benötigten Faden auf der Rückseite ein oder verdrehen ihn mit dem Arbeitsfaden, wenn er mehr als 6 M überspannt. Das trägt zu einem einheitlichen Maschenbild bei und verhindert, dass Sie später beim Anziehen des Pullovers mit den Fingern in den Spannfäden hängenbleiben. Ich webe den Faden normalerweise immer ein, wenn er mehr als 2,5 cm überspannt.

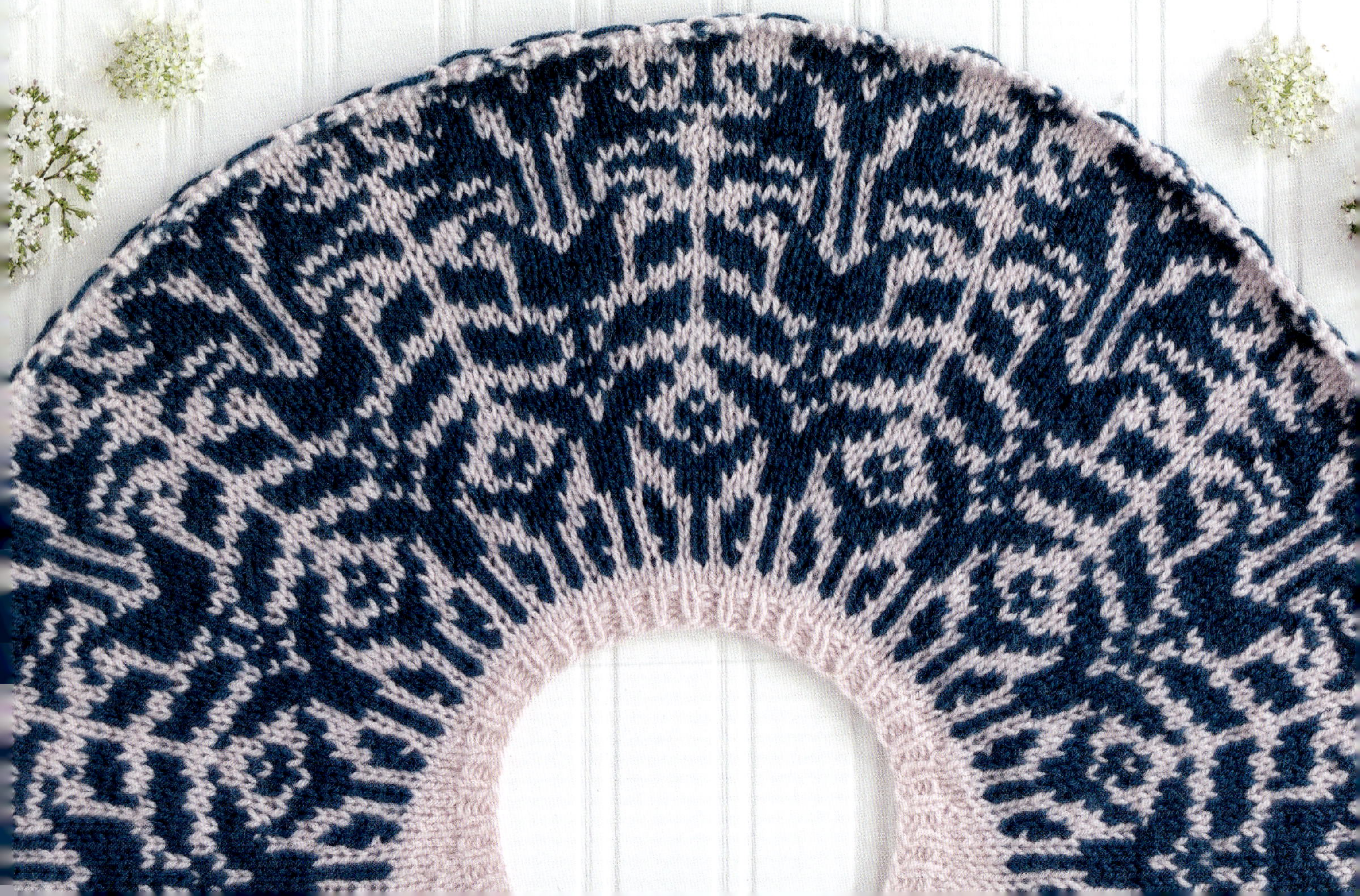

STRICKSCHRIFT FÜR DEN PULLOVER AUDRIE

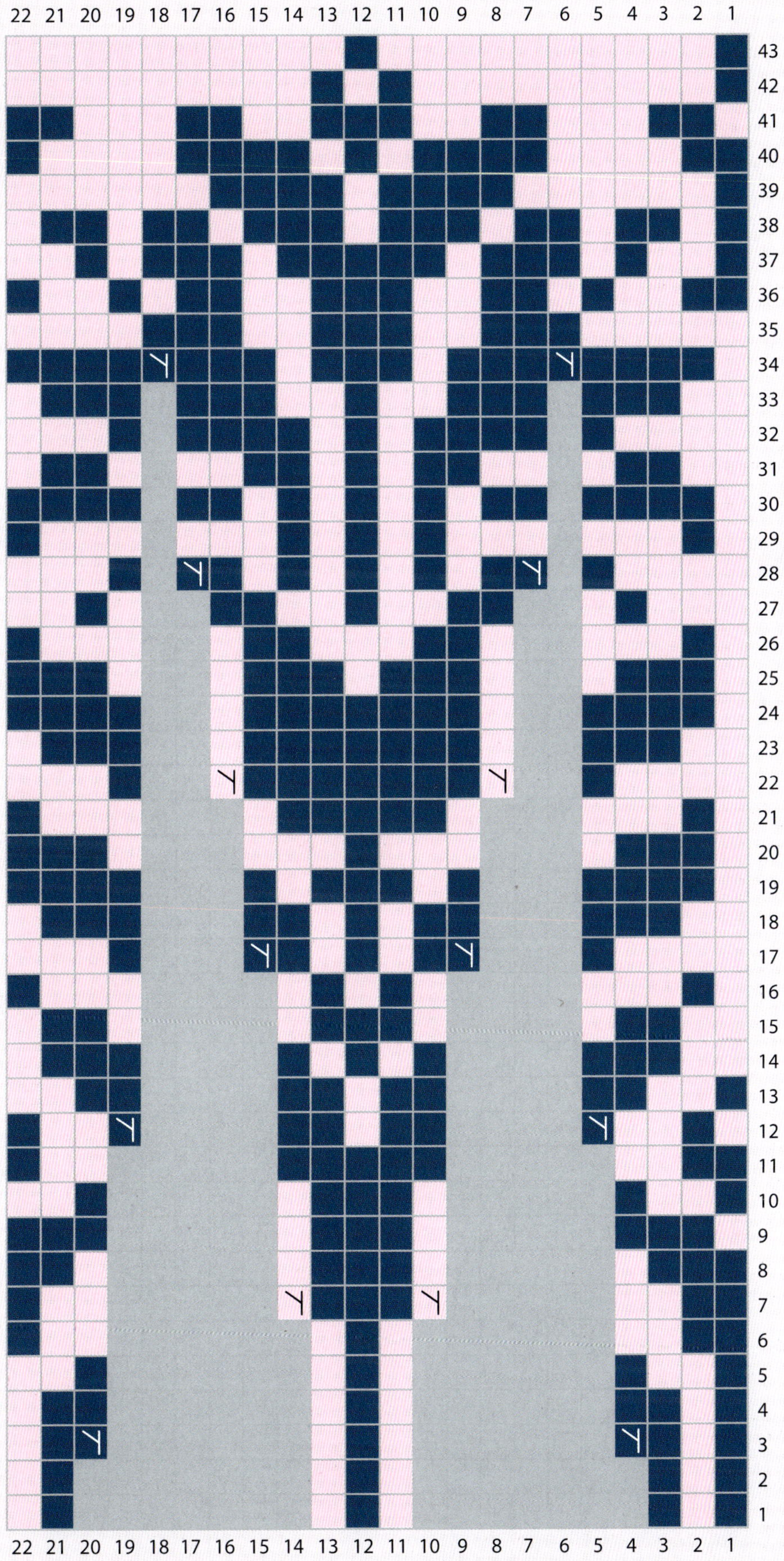

LEGENDE

- Fb A
- Fb B
- 1 M rechts
- 1 ML zun
- keine M

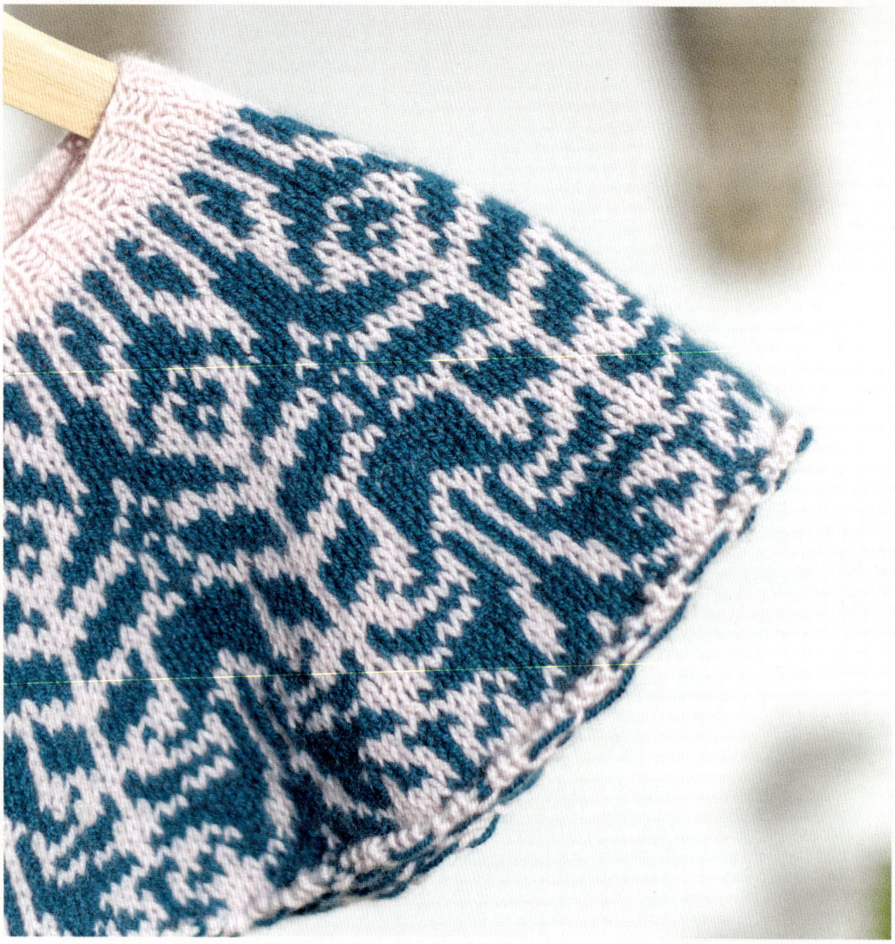

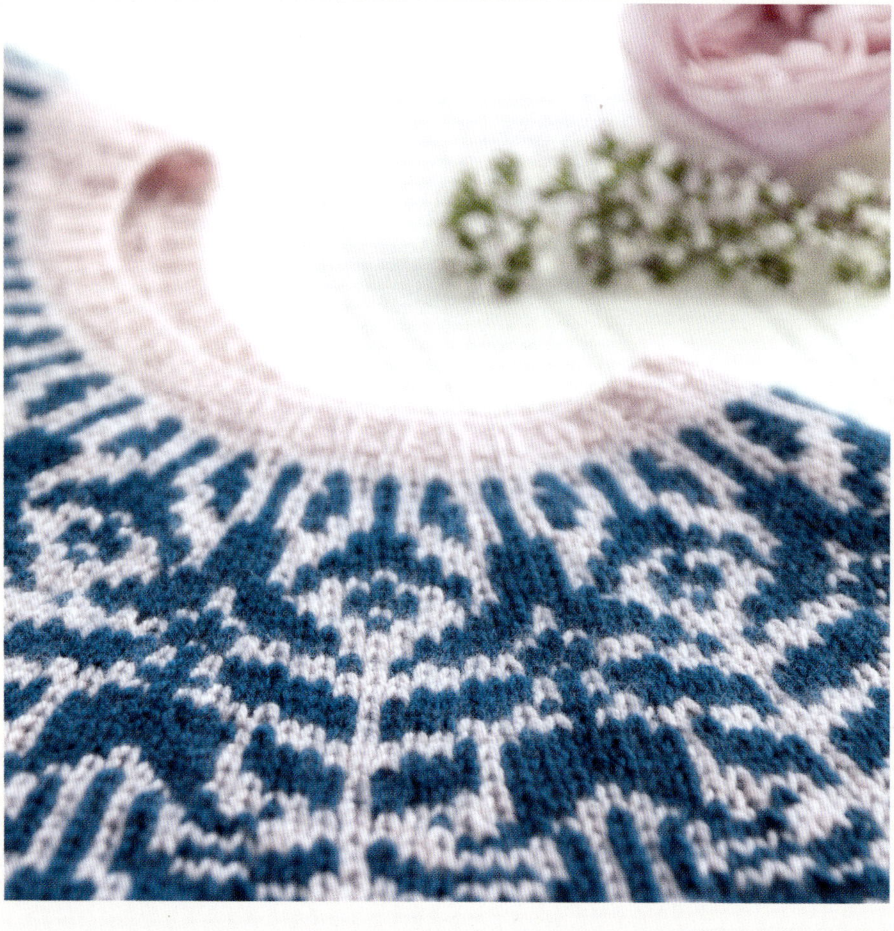

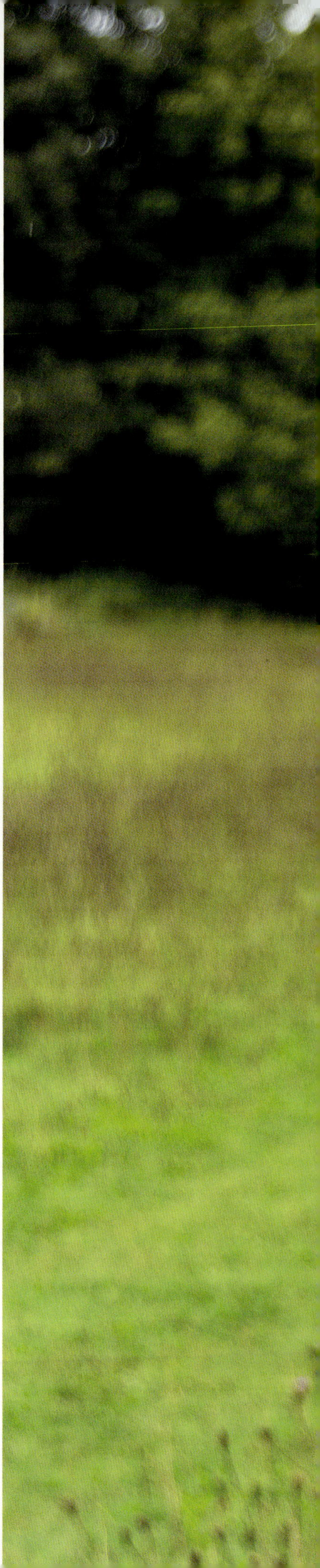

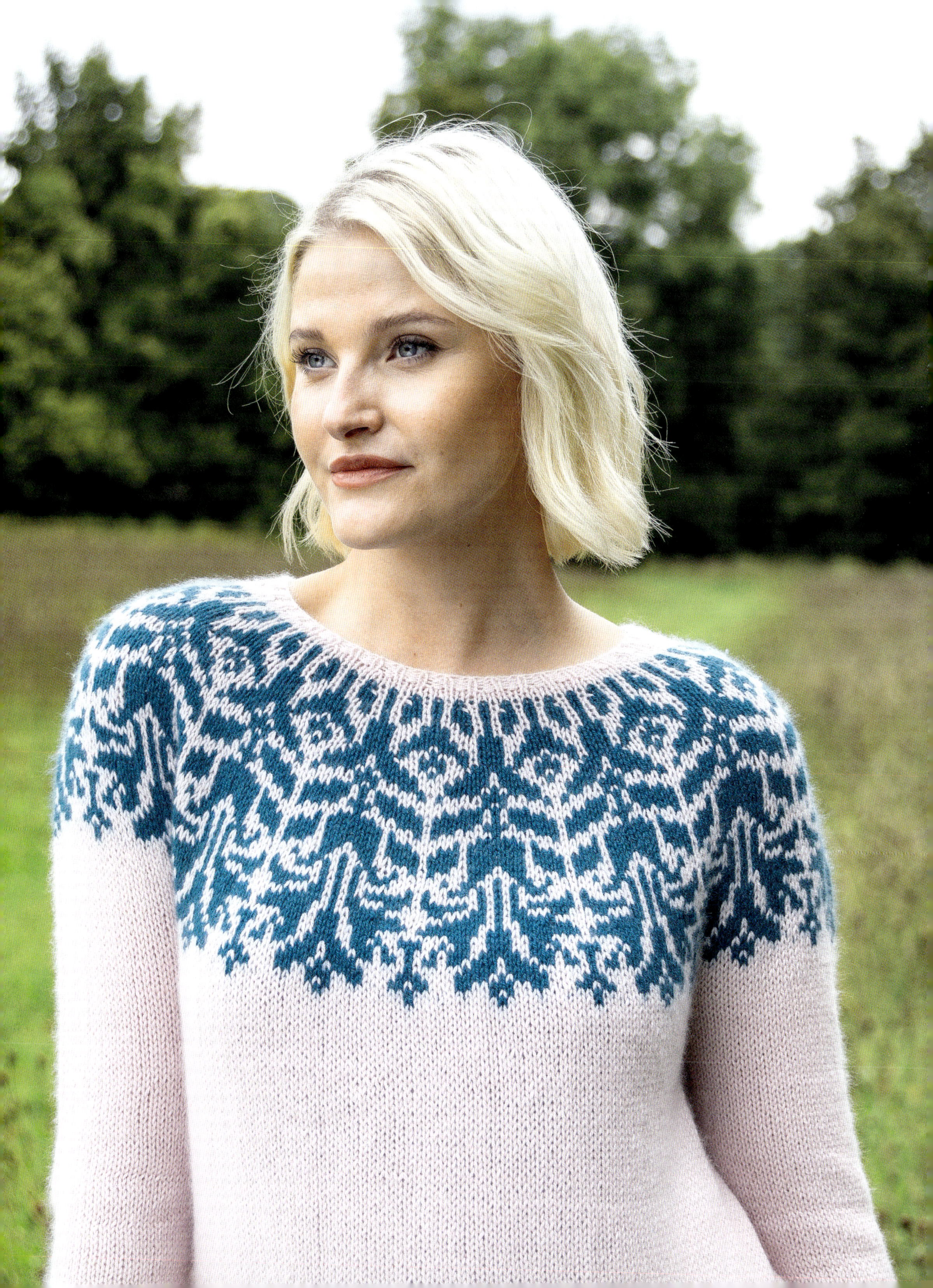

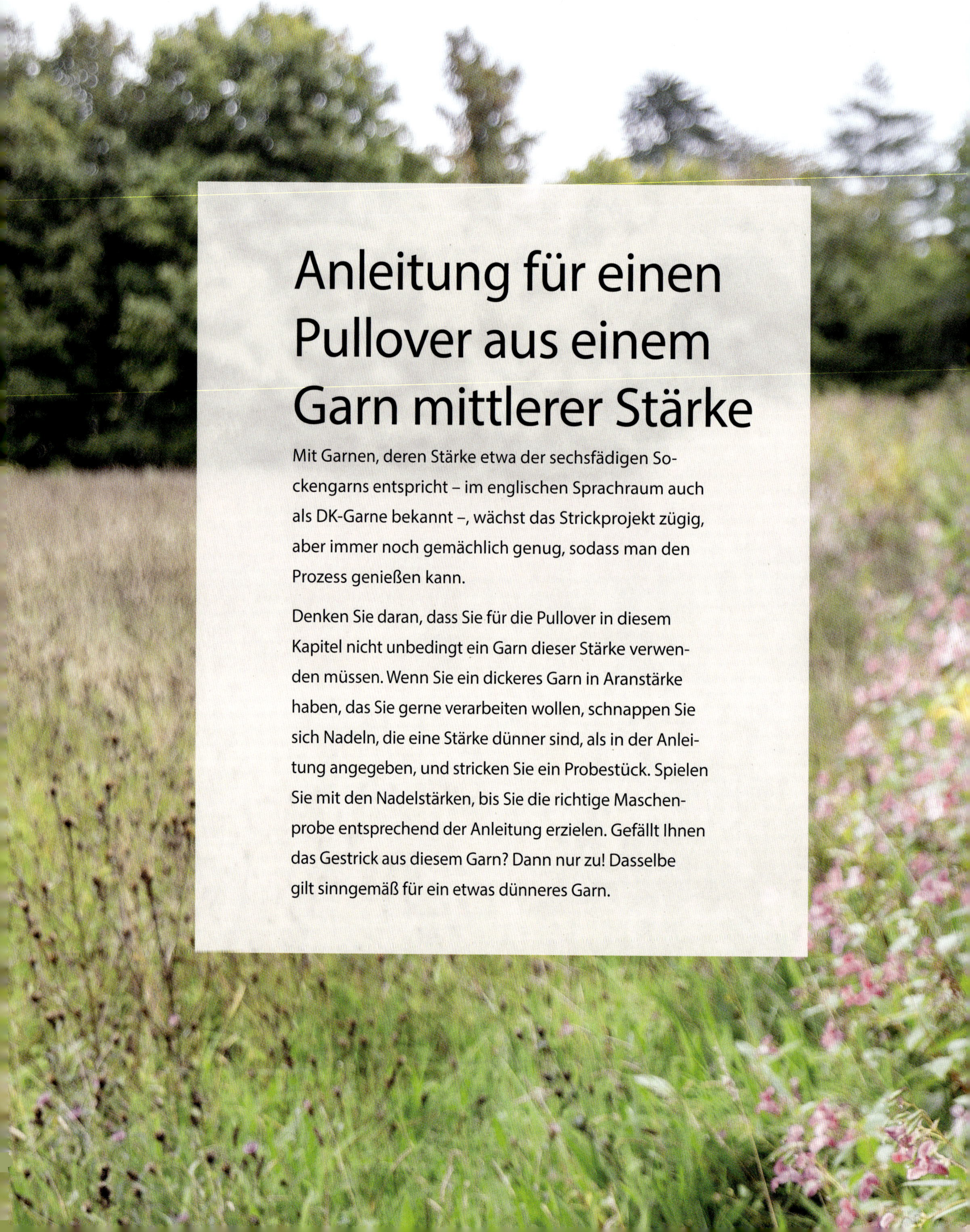

Anleitung für einen Pullover aus einem Garn mittlerer Stärke

Mit Garnen, deren Stärke etwa der sechsfädigen Sockengarns entspricht – im englischen Sprachraum auch als DK-Garne bekannt –, wächst das Strickprojekt zügig, aber immer noch gemächlich genug, sodass man den Prozess genießen kann.

Denken Sie daran, dass Sie für die Pullover in diesem Kapitel nicht unbedingt ein Garn dieser Stärke verwenden müssen. Wenn Sie ein dickeres Garn in Aranstärke haben, das Sie gerne verarbeiten wollen, schnappen Sie sich Nadeln, die eine Stärke dünner sind, als in der Anleitung angegeben, und stricken Sie ein Probestück. Spielen Sie mit den Nadelstärken, bis Sie die richtige Maschenprobe entsprechend der Anleitung erzielen. Gefällt Ihnen das Gestrick aus diesem Garn? Dann nur zu! Dasselbe gilt sinngemäß für ein etwas dünneres Garn.

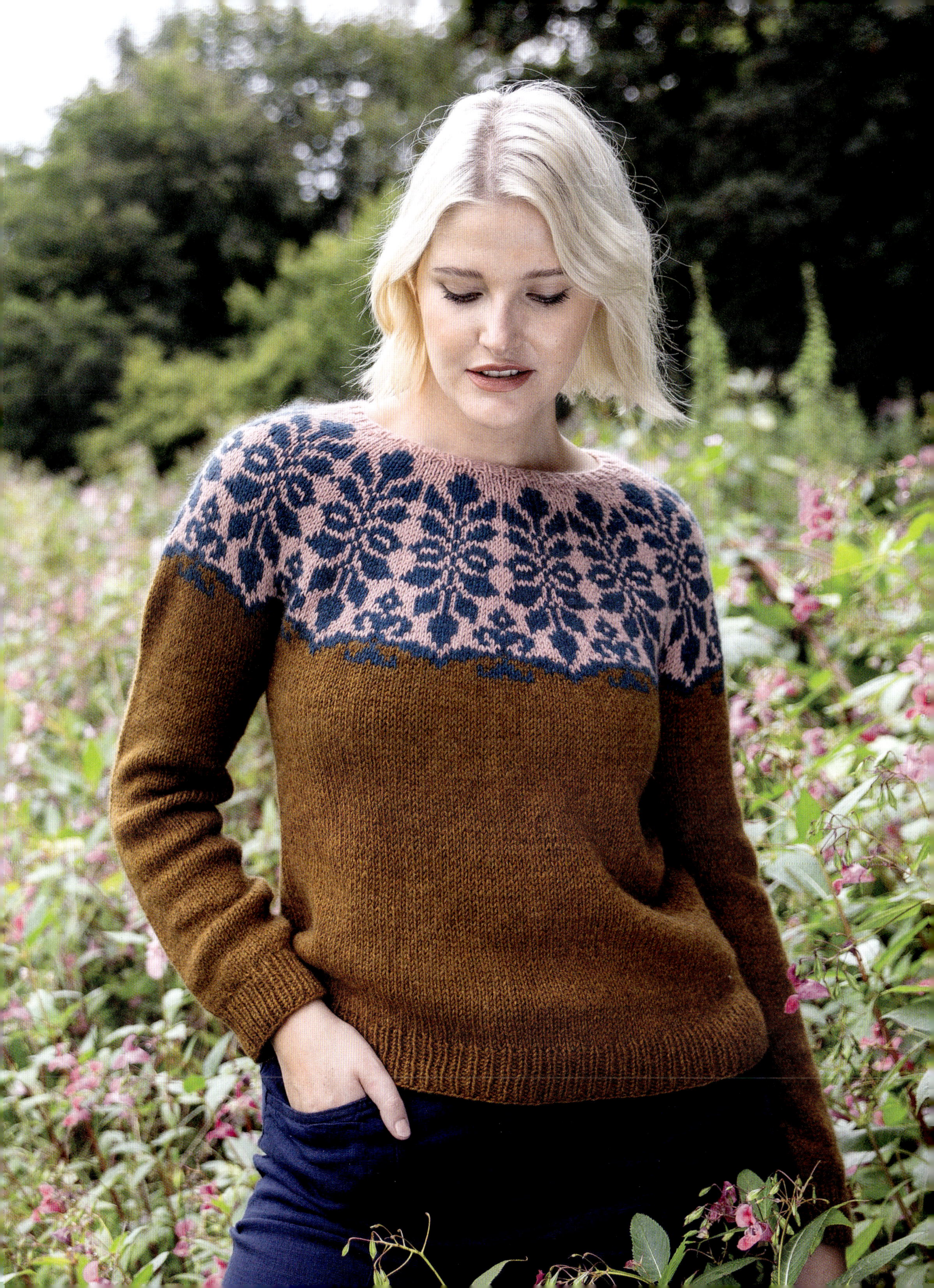

ANLEITUNG

Mit den dünneren Nd und Masha Fb C / Josie Fb B / Jana Fb A / Audrie Fb A (84, 90, 90) 90, 96, 102 (104, 108, 112) 112 M im Kreuzanschlag oder in Ihrer bevorzugten Technik locker anschl. 1 MM für den Rd-Beginn in der Mitte des hinteren Halsausschnitts platzieren und die Arbeit zur Rd schließen.

1. Runde: * 1 M rechts, 1 M links *; ab * stets wdh bis Rd-Ende.

Die 1. Rd noch 3 x wdh.

Zur Nd-Stärke für den Hauptteil wechseln.

Für Masha zu Fb B wechseln oder für Josie in Fb B / Jana in Fb A / Audrie in Fb A weiterstr.

Zunahmerunde

Größe 1: * 7 M rechts, 1 ML zun *; von * bis * stets wdh bis Rd-Ende.

Größe 2: 6 M rechts, 1 ML zun, 6 M rechts, 1 ML zun, * 7 M rechts, 1 ML zun, 6 M rechts, 1 ML zun *; von * bis * stets wdh bis Rd-Ende.

Größe 3: * 4 M rechts, 1 ML zun *; von * bis * stets wdh bis zu den letzten 2 M, 2 M rechts.

Größe 4–6: * 3 M rechts, 1 ML zun *; von * bis * stets wdh bis Rd-Ende.

Größe 7: 4 M rechts, 1 ML zun, 3 M rechts, 1 ML zun, * 2 M rechts, 1 ML zun, 3 M rechts, 1 ML zun *; von * bis * stets wdh bis zu den letzten 7 M, 4 M rechts, 1 ML zun, 3 M rechts, 1 ML zun.

Größe 8: 2 M rechts, 1 ML zun, 2 M rechts, 1 ML zun, * 2 M rechts, 1 ML zun, 3 M rechts, 1 ML zun *; von * bis * stets wdh bis zu den letzten 4 M, 2 M rechts, 1 ML zun, 2 M rechts, 1 ML zun.

Größe 9: * 2 M rechts, 1 ML zun, 2 M rechts, 1 ML zun, 3 M rechts, 1 ML zun *; von * bis * stets wdh bis Rd-Ende.

Größe 10: * 2 M rechts, 1 ML zun *; von * bis * stets wdh bis Rd-Ende.

(96,104,112) 120,128,136 (144,152,160) 168 M

Verkürzte Reihen für den Halsausschnitt

Ich empfehle, die verkürzten R mit Doppel-M zu arb („German short rows"), aber selbstverständlich können Sie die verkürzten R in Ihrer Lieblingstechnik str, wenn in der Anleitung „wenden" steht, also z. B. die M an der Wendestelle umwickeln und in späteren R bzw. Rd mit dem Wickelfaden zusstr.

1. verkürzte Reihe (Hinr): (20, 22, 24) 27, 30, 33 (36, 39, 42) 44 M rechts; wenden.

2. verkürzte Reihe (Rückr): Linke M str bis Rd-Ende, MM abh, (20, 22, 24) 27, 30, 33 (36, 39, 42) 44 M links; wenden.

3. verkürzte Reihe (Hinr): Rechte M str bis 4 M über die letzte Wendestelle hinaus; wenden.

4. verkürzte Reihe (Rückr): Linke M str bis 4 M über die letzte Wendestelle hinaus; wenden.

Die 3. und 4. verkürzte R noch 2 x wdh. Rechte M str bis Rd-Ende.

1 Rd rechte M str, dabei die Doppel-M an den Wendestellen der verkürzten R als 1 M abstr (bzw. die Wickelfäden mit der umwickelten M zusstr).

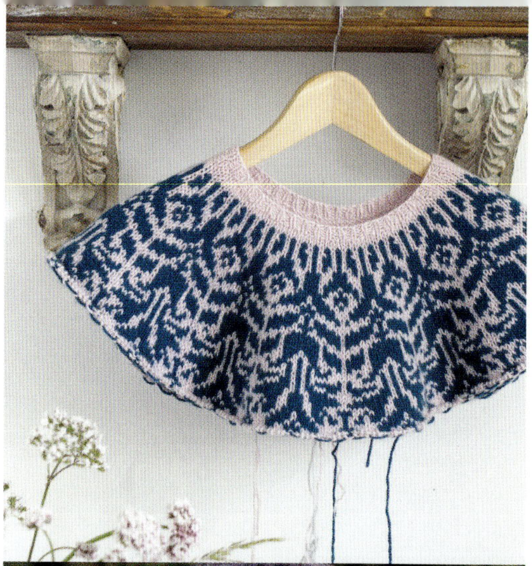

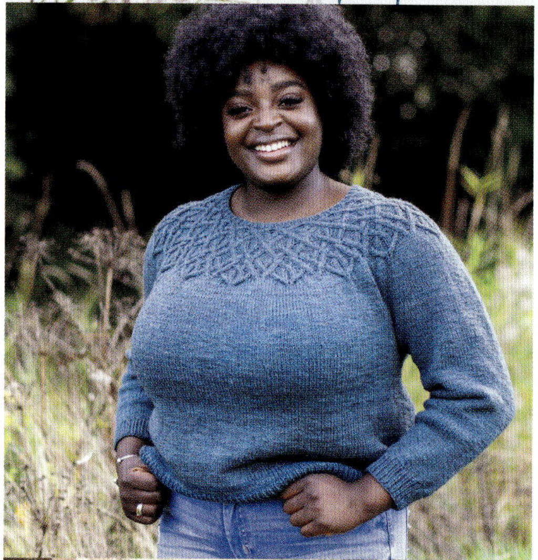

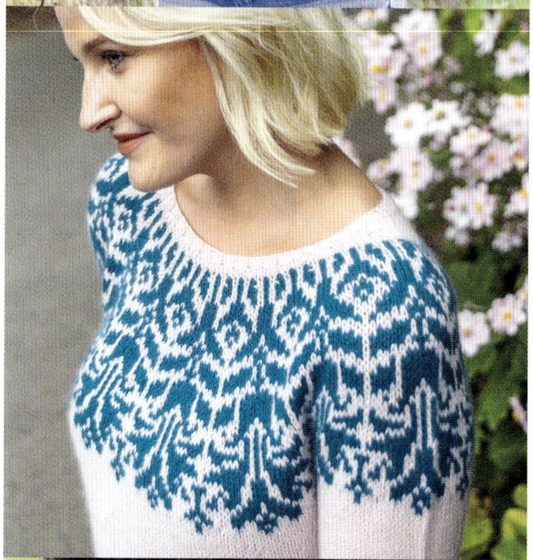

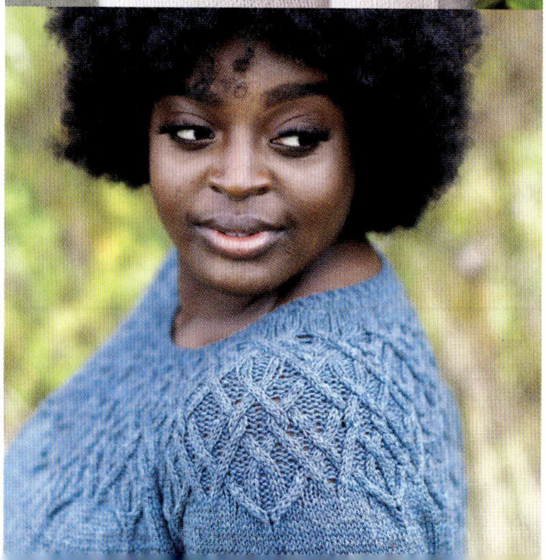

Die Passe nach der Strickschrift für das gewünschte Design str.

(264, 286, 308) 330, 352, 374 (396, 418, 440) 462 M

Glatt re in Fb A weiterstr bis zu einer Höhe von (20,5, 21,5, 23) 24, 25,5, 26 (26,5, 27,5, 28) 28,5 cm (an der Vorderseite der Passe gemessen). Dies ist der richtige Zeitpunkt, die Passe anzuprobieren, um sicherzugehen, dass sie zu Ihrem persönlichen Stil passt. Falls nötig, können Sie ein paar Rd mehr str, bevor Sie die Arbeit in Rumpf und Ärmel teilen – bedenken Sie aber, dass Sie dann etwas mehr Garn als angegeben brauchen.

Aufteilung in Rumpf und Ärmel

Vom Rd-Beginn aus (39, 43, 47) 50, 54, 58 (61, 64, 67) 70 M rechts str.

Die nächsten (54, 57, 60) 65, 68, 71 (76, 81, 86) 91 M für den rechten Ärmel auf einem Hilfsfaden stilllegen.

Durch Aufschlingen (2, 4, 6) 10, 12, 14 (18, 22, 26) 30 M neu anschl.

Die nächsten (78, 86, 94) 100, 108, 116 (122, 128, 134) 140 M rechts str.

Die nächsten (54, 57, 60) 65, 68 ,71 (76, 81, 86) 91 M für den linken Ärmel auf einem Hilfsfaden stilllegen.

Durch Aufschlingen (2, 4, 6) 10, 12, 14 (18, 22, 26) 30 M neu anschl, dabei in der Mitte dieser M 1 MM für den neuen Rd-Beginn platzieren.

(160, 180, 200) 220, 240, 260 (280, 300, 320) 340 M

Glatt re in Rd weiterstr bis zu einer Rumpfhöhe von 28 cm (von den neu angeschlagenen M unter der Achsel gemessen) oder bis der Rumpf 5 cm kürzer ist als die gewünschte Gesamtlänge.

Saumbund

Zu den dünneren Nd wechseln.

1. Runde: * 1 M rechts, 1 M links *; ab * stets wdh bis Rd-Ende.

Die 1. Rd bis zu einer Bundhöhe von 5 cm stets wdh.

Alle M locker mustergemäß abk.

Ärmel

Beide Ärmel gleich arb.

Die stillgelegten (54, 57, 60) 65, 68, 71 (76, 81, 86) 91 M für einen Ärmel auf die dickeren Nd nehmen. Am Ende dieser M unter der Achsel beginnend in Fb A (2, 4, 6) 10, 12, 14 (18, 22, 26) 30 M plus jeweils 1 zusätzliche M am Übergang zu den Ärmel-M aus der Anschlagkante unter der Achsel re herausstr. In der Mitte dieser neuen M unter der Achsel 1 MM für den Rd-Beginn platzieren.

(58, 63, 68) 77, 82, 87 (96, 105, 114) 123 M

1. Runde: Rechte M str bis zur letzten Ärmel-M (vor den neu aufgenommenen M), 2 M rechts abgeh zusstr, rechte M str bis Rd-Ende.

2. Runde: Rechte M str bis zur zuletzt aufgenommenen M (vor den Ärmel-M), 2 M rechts zusstr, rechte M str bis Rd-Ende.

(56, 61, 66) 75, 80, 85 (94, 103, 112) 121 M

Abnahmen für die Ärmelschrägen

Schritt 1: (10, 10, 10) 10, 8, 8 (5, 4, 3) 3 Rd rechte M str.

Schritt 2: 2 M rechts, 2 M rechts zusstr, rechte M str bis zu den letzten 4 M, 2 M rechts abgeh zusstr, 2 M rechts.

Schritt 1 und 2 noch (3, 3, 5) 7, 9, 9 (13, 15, 19) 21 x wdh.

(48, 53, 54) 59, 60, 65 (66, 71, 72) 77 M

Dann glatt rechts in Rd weiterstr bis zu einer Ärmellänge von 38 cm (von den neu aufgenommenen M unter der Achsel aus gemessen) oder bis der Ärmel 6,5 cm kürzer ist als die gewünschte Gesamtlänge.

Abnahmerunde

Größe 1,3,5,7,9: * 4 M rechts, 2 M rechts zusstr *; von * bis * stets wdh bis Rd-Ende.

Größe 2,4,6,8,10: 3 M rechts, 2 M rechts zusstr, * 4 M rechts, 2 M rechts zusstr *; von * bis * stets wdh bis Rd-Ende.

(40, 44, 45) 49, 50, 54 (55, 59, 60) 64 M

1 Rd rechte M str.

Bündchen

Zu den dünneren Nd wechseln.

Größe 1,2,5,6,9,10: * 1 M rechts, 1 M links *; ab * stets wdh bis Rd-Ende.

Größe 3,4,7,8: 2 M rechts zusstr, 1 M links, * 1 M rechts, 1 M links *; ab * stets wdh bis Rd-Ende.

(–, –, 44) 48, –, – (54, 58, –) – M

Im Rippenmuster 1/1 weiterstr bis zu einer Bündchenhöhe von 5 cm.

Alle M locker mustergemäß abk.

Den 2. Ärmel genauso str.

Fertigstellung

Wenn Sie Ihren Pullover fertiggestrickt haben, sind noch einige Abschlussarbeiten für einen professionellen Look und lange Haltbarkeit notwendig.

Als Erstes müssen Sie alle Fadenenden vernähen, die am Beginn und am Ende der einzelnen Abschnitte Ihres Pullovers hängen geblieben sind. Verwenden Sie eine Wollnadel, um die Fadenenden locker auf der linken Seite der Arbeit zu vernähen; dann schneiden Sie den restlichen Faden vorsichtig ab.

Und zu guter Letzt spannen Sie Ihr Werk. Legen Sie Ihren fertigen Pullover für 15–20 Minuten in reichlich zimmerwarmes Wasser mit einem Spritzer Wollwaschmittel, damit er sich gründlich vollsaugen kann. Dann heben Sie ihn aus dem Wasser und drücken ihn aus. Wenn Sie ein Garn aus Wolle oder anderen tierischen Fasern verstrickt haben, müssen Sie dabei besonders vorsichtig vorgehen und das Gestrick ohne Reibung oder Bewegung ausdrücken, damit es nicht verfilzt. Ich lege den Pullover oft zwischen zwei Handtücher, rolle das ganze Paket auf und trete auf den aufgerollten Handtüchern herum. Nun breiten Sie den Pullover aus, ziehen ihn in Form und lassen ihn trocknen. Er trocknet genau in der Form, in der Sie ihn ausgelegt haben, deshalb sollten Sie ihn nach den Maßen für Ihre Größe ausformen.

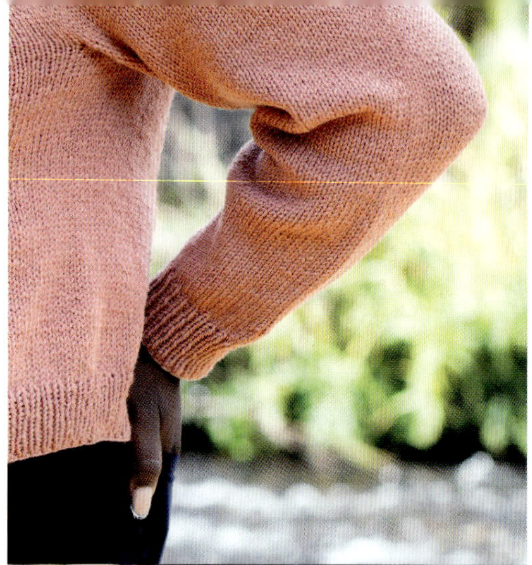

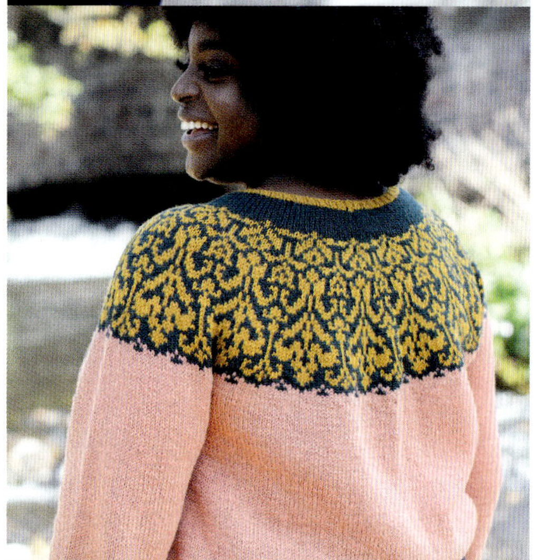

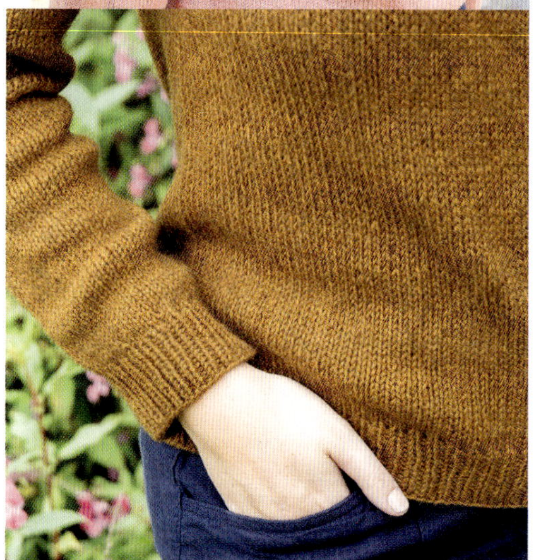

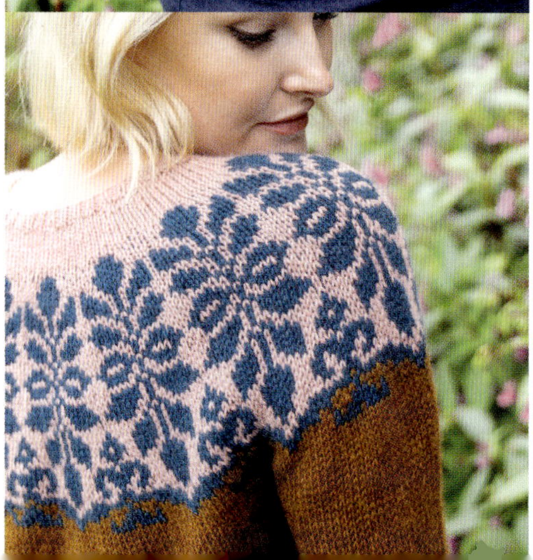

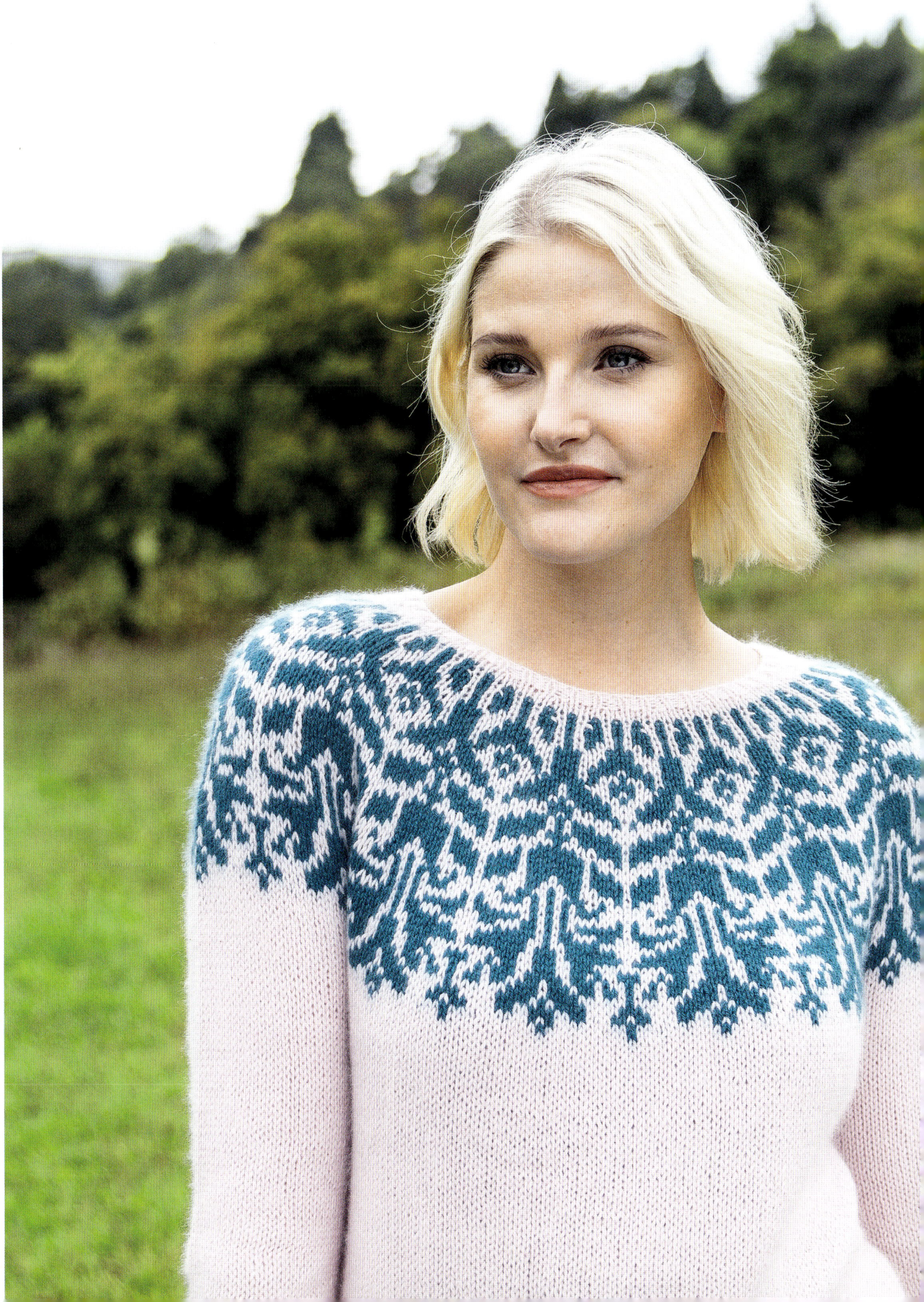

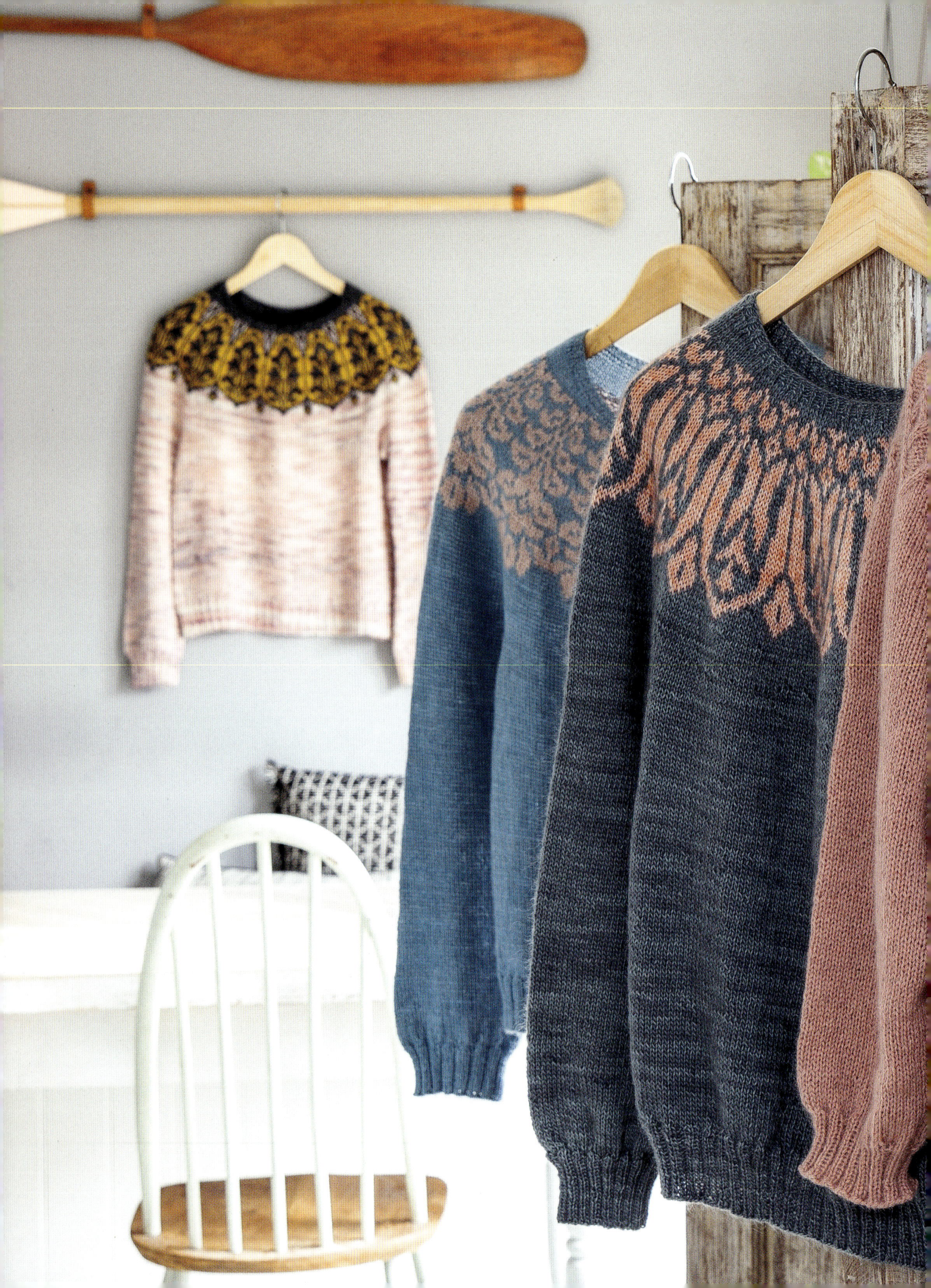

DÜNNERE PULLOVER ZUM DRÜ-BERZIEHEN

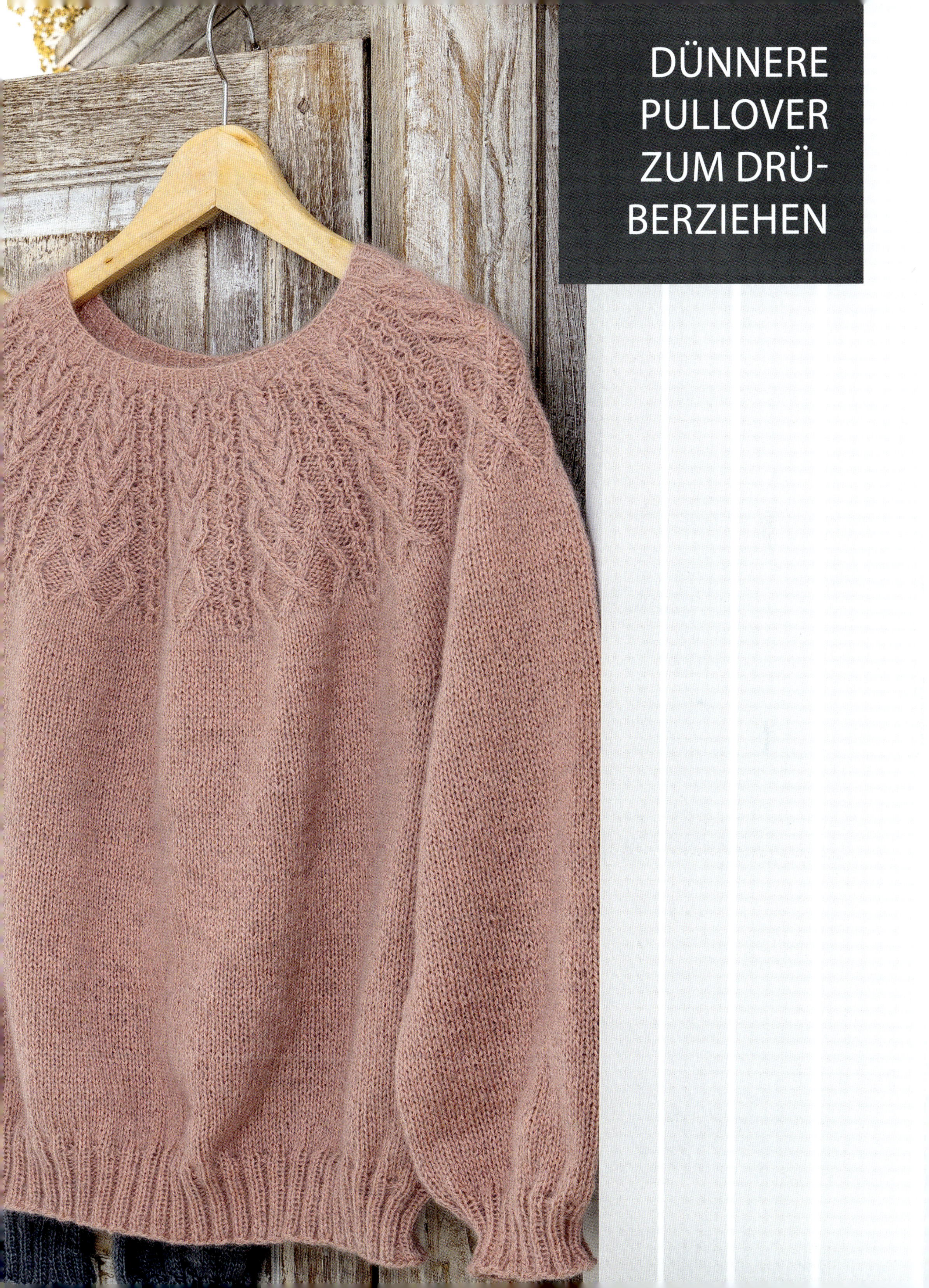

ÜBERSICHT

Pullover aus Garnen in Sockengarnstärke sind herrlich leichte und doch wärmende Kleidungsstücke, die praktisch das ganze Jahr über getragen werden können: Sie sind dünn genug für einen kühlen Sommerabend und lassen sich in kälteren Monaten mit anderen Kleidungsschichten kombinieren oder solo tragen. Ich schätze am Designen und Stricken mit dieser Garnstärke, dass ich raffinierte Muster und Motive auf kleinem Raum verwirklichen kann. Nehmen Sie sich Zeit für Ihr Projekt und genießen Sie die Details – es ist einen Versuch wert!

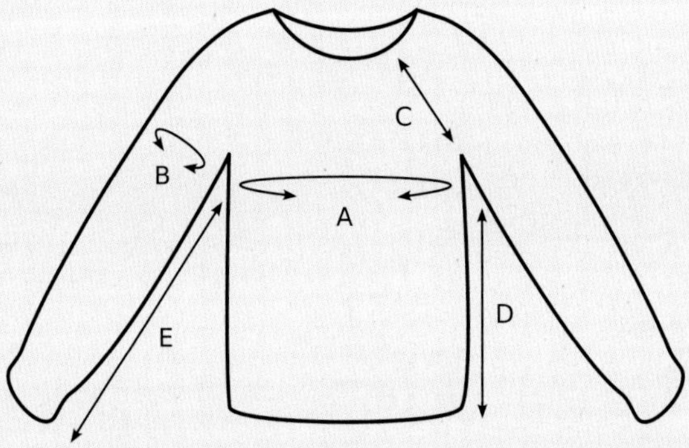

Das brauchen Sie

STRICKNADELN

- Rundstricknadel 3,5 mm für den Hauptteil (oder andere Nadelstärke gemäß Maschenprobe)
- Rundstricknadel 2,5–3,0 mm für Rippenblenden und -bündchen (oder 1–2 Nadelstärken dünner als die Nadeln für den Hauptteil)

ZUBEHÖR

- Maschenmarkierer
- Hilfsgarn
- Wollnadel
- Zopfnadel (für das Modell Adeline)

Wählen Sie Ihre Größe

FERTIGMASSE

GRÖSSE	1	2	3	4	5	6	7	8	9	10
A: OBERWEITE	81,5	91,5	101,5	112	122	132	142	152,5	162,5	172,5 cm
B: OBERER ÄRMELUMFANG	32	34,5	38	40	42	44,5	48,5	52	56	59,5 cm
C: PASSENHÖHE (VORNE)	20,5	21,5	23	24	25.5	26	26,5	27,5	28	28,5 cm

D: RUMPFLÄNGE (VOM ARMAUSSCHNITT UNTER DER ACHSEL BIS ZUR UNTERKANTE DES SAUMBUNDES): 33 cm

E: ÄRMELLÄNGE (VOM ARMAUSSCHNITT UNTER DER ACHSEL BIS ZUM ENDE DES ÄRMELBÜNDCHENS): 44,5 cm

MASCHENPROBE

24 M und 28 Rd glatt rechts in Rd = 10 cm x 10 cm (nach dem Spannen)

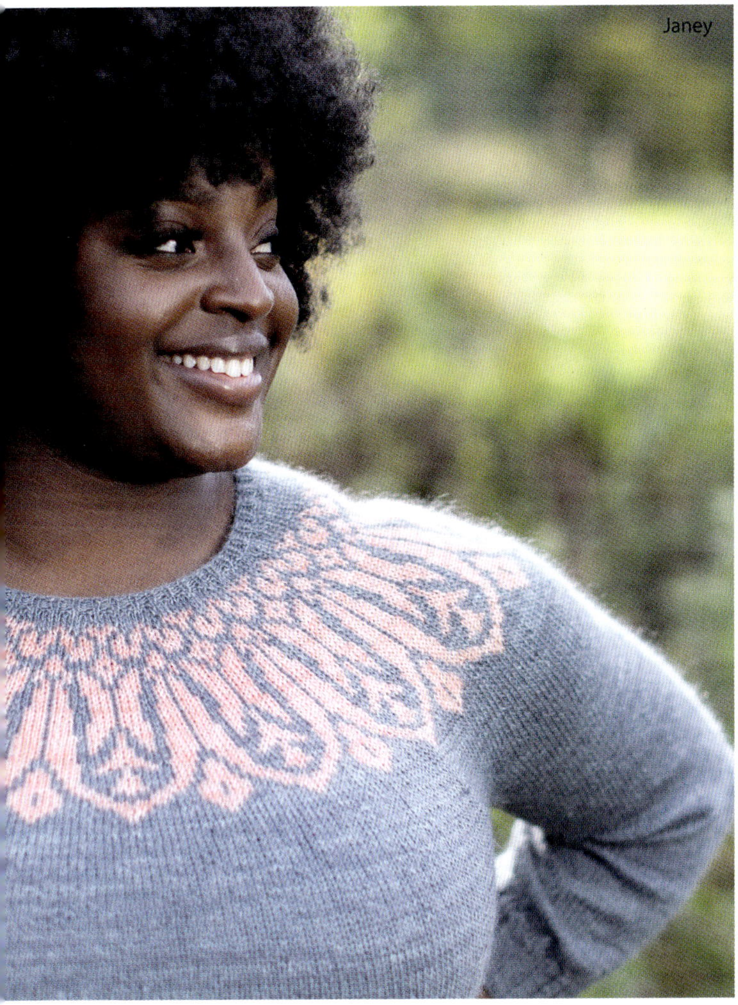

Janey

Adeline

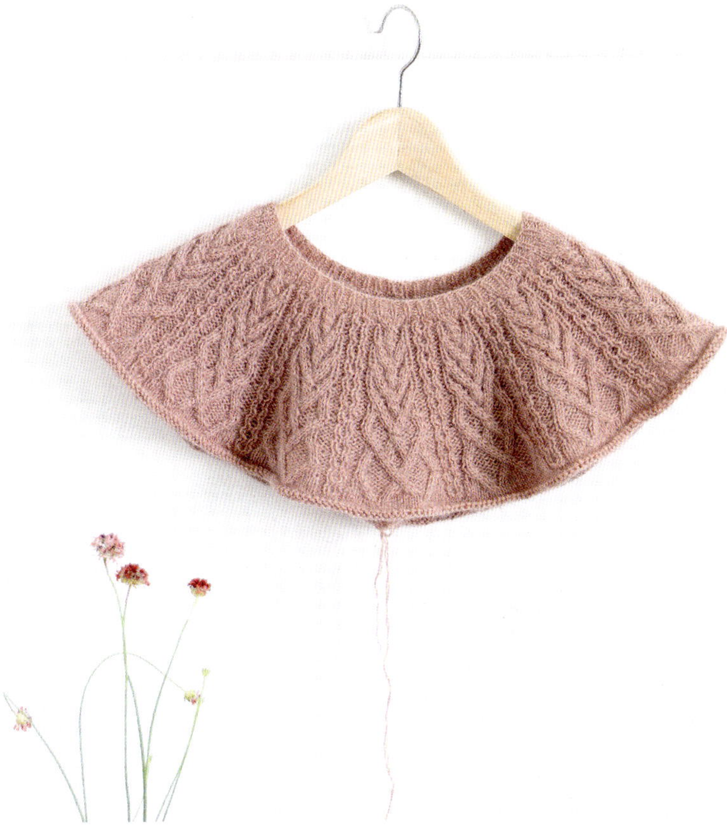

Finley

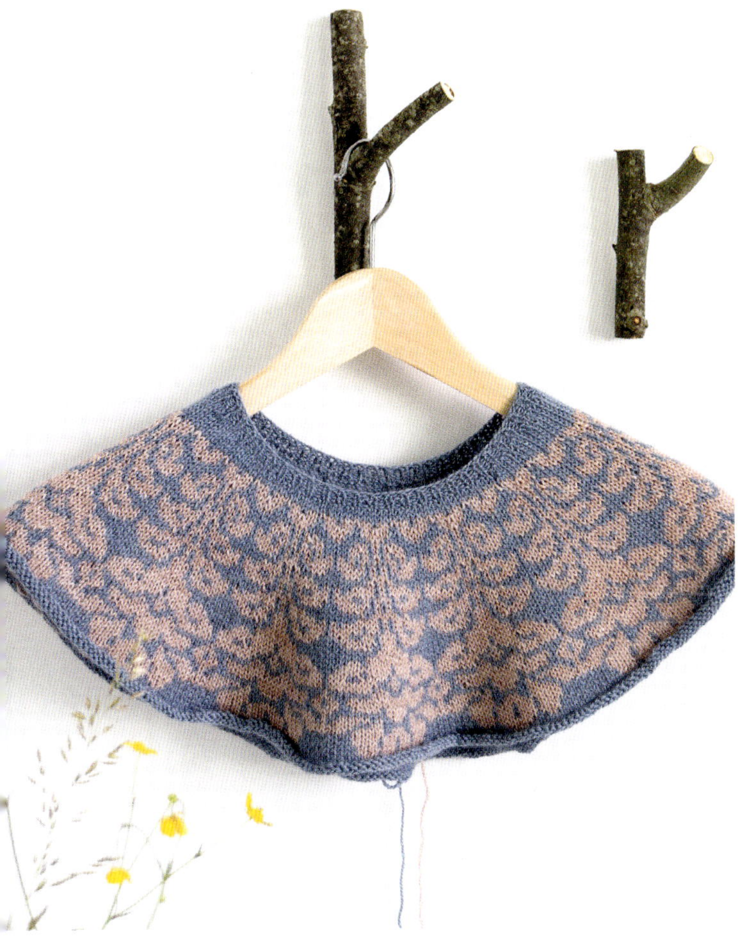

Mila

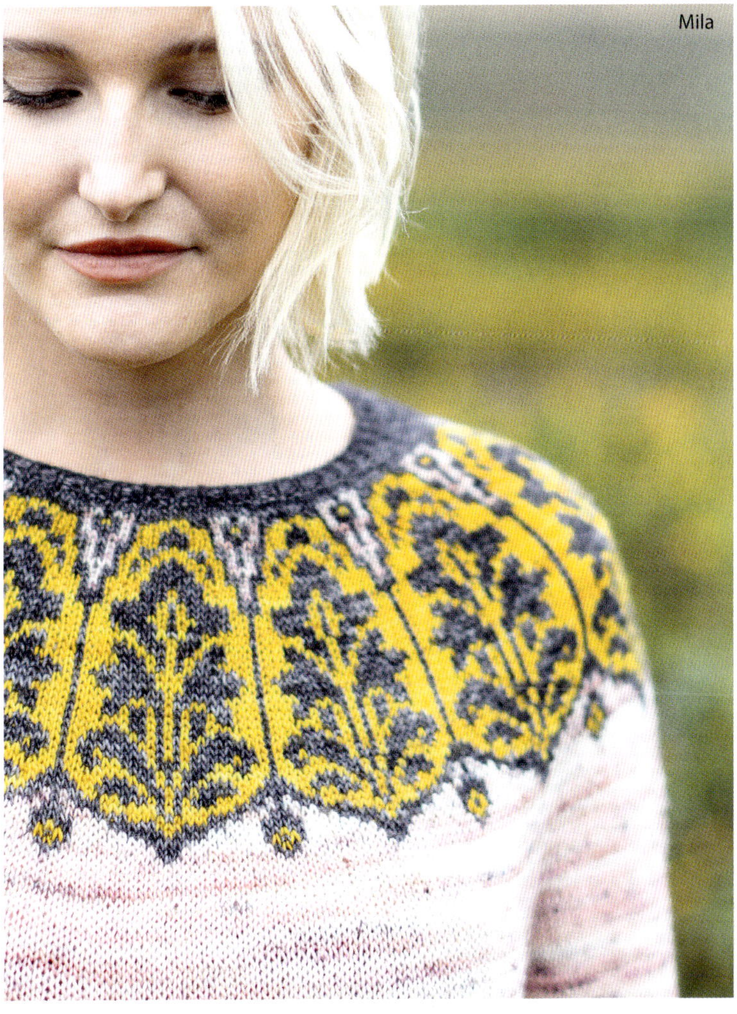

Janey

Die hinreißende Passe des Modells Janey wird in zwei kontrastierenden Farben gestrickt.

Wenn Sie nach dem geeigneten Garn für Ihr Einstrickmuster suchen, fotografieren Sie Ihre beiden Wunschfarben nebeneinander und wandeln das Farbbild auf Smartphone oder Kamera in Schwarz-Weiß um: Sehen die Farben nicht sehr unterschiedlich aus, sollten Sie nach anderen Kombinationen suchen. Wenn Sie auf dem Schwarz-Weiß-Foto einen starken Unterschied erkennen, können Sie mit dem mehrfarbigen Projekt loslegen, denn dann kommt Ihr Muster mit kräftigem Kontrast gut zur Geltung.

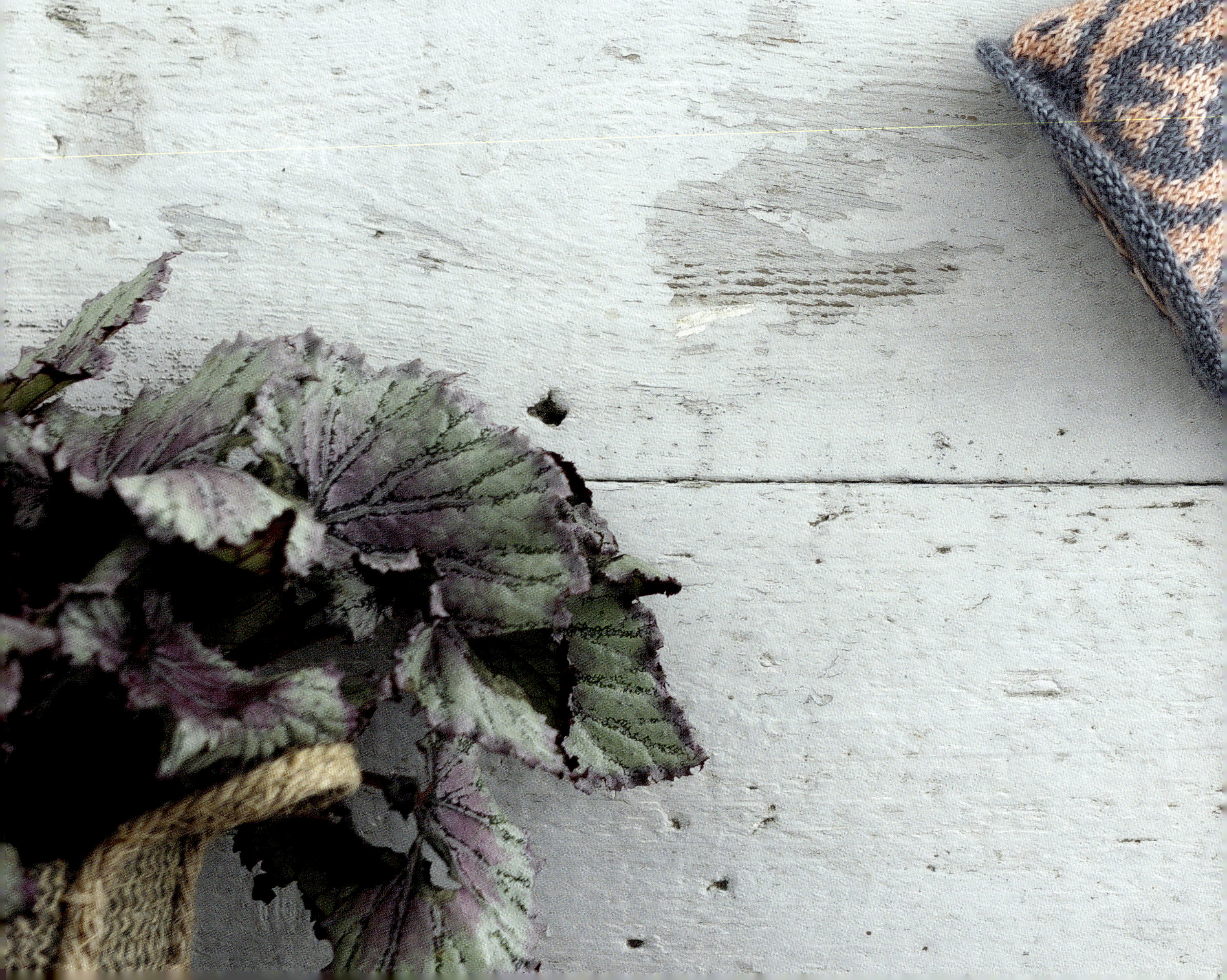

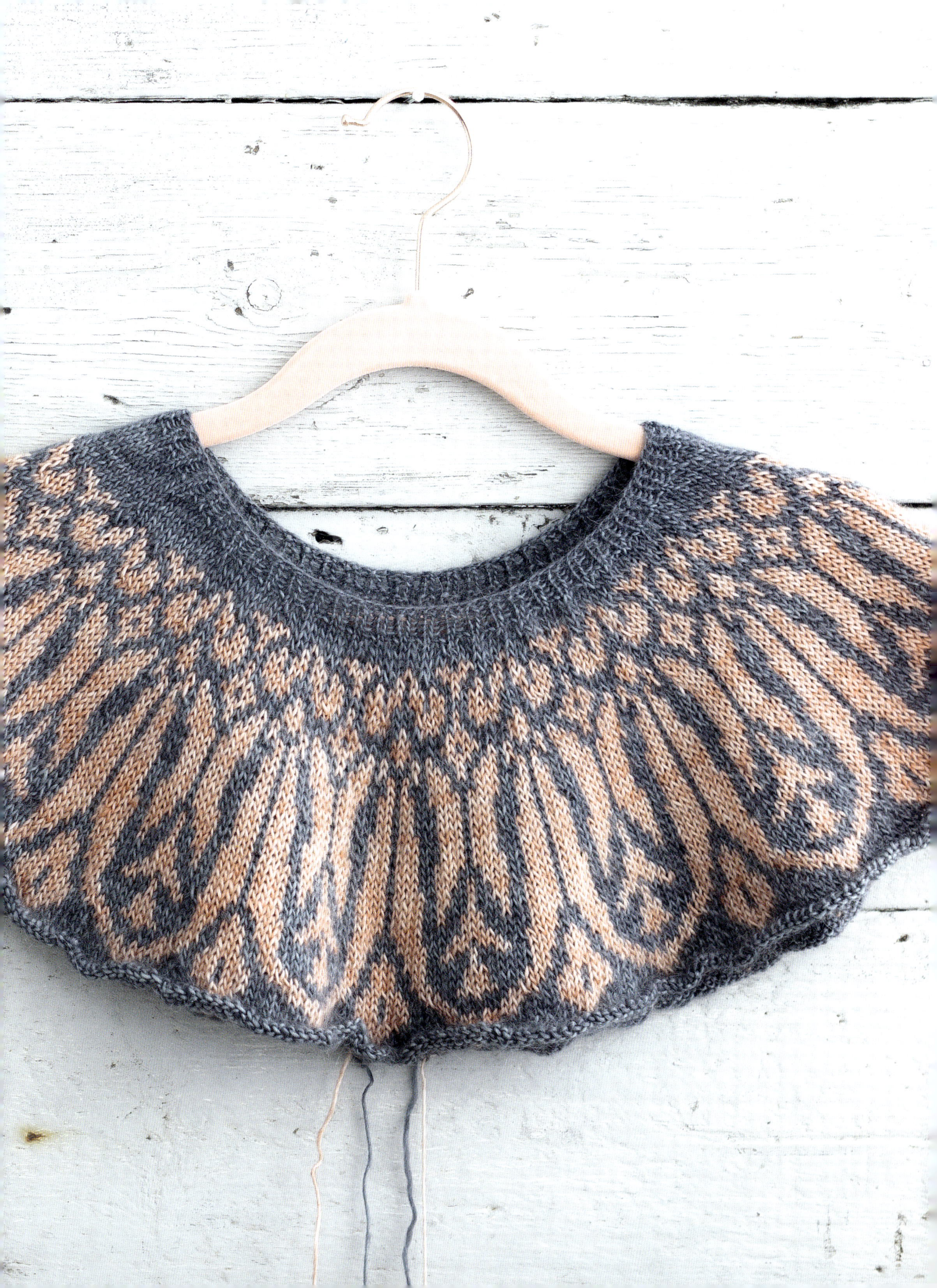

GARNVERBRAUCH (LAUFLÄNGE)

Garn: Tot Le Matin Yarns Tot Single Mohair (56 % Superwash-Merinowolle, 44 % Mohair; LL 400 m/100 g)

GRÖSSE	1	2	3	4	5	6	7	8	9	10
FB A: COMORES	973	1039	1104	1169	1234	1299	1364	1428	1494	1560 m
FB B: CORETTE	103	120	136	153	169	186	202	219	235	252 m

HINWEISE

Wählen Sie zwei stark kontrastierende Farben als Fb A und Fb B. Wenn der Faden in der gerade nicht benötigten Farbe über mehr als 6 Maschen mitgeführt werden muss, weben Sie ihn auf der Rückseite ein oder verdrehen die beiden Fäden miteinander. Dadurch entsteht ein einheitliches Maschenbild, und Sie bleiben beim Anziehen des Pullovers nicht so leicht mit den Fingern in den Spannfäden hängen. Ich sichere die Spannfäden immer, wenn sie mehr als 2,5 cm lang sind.

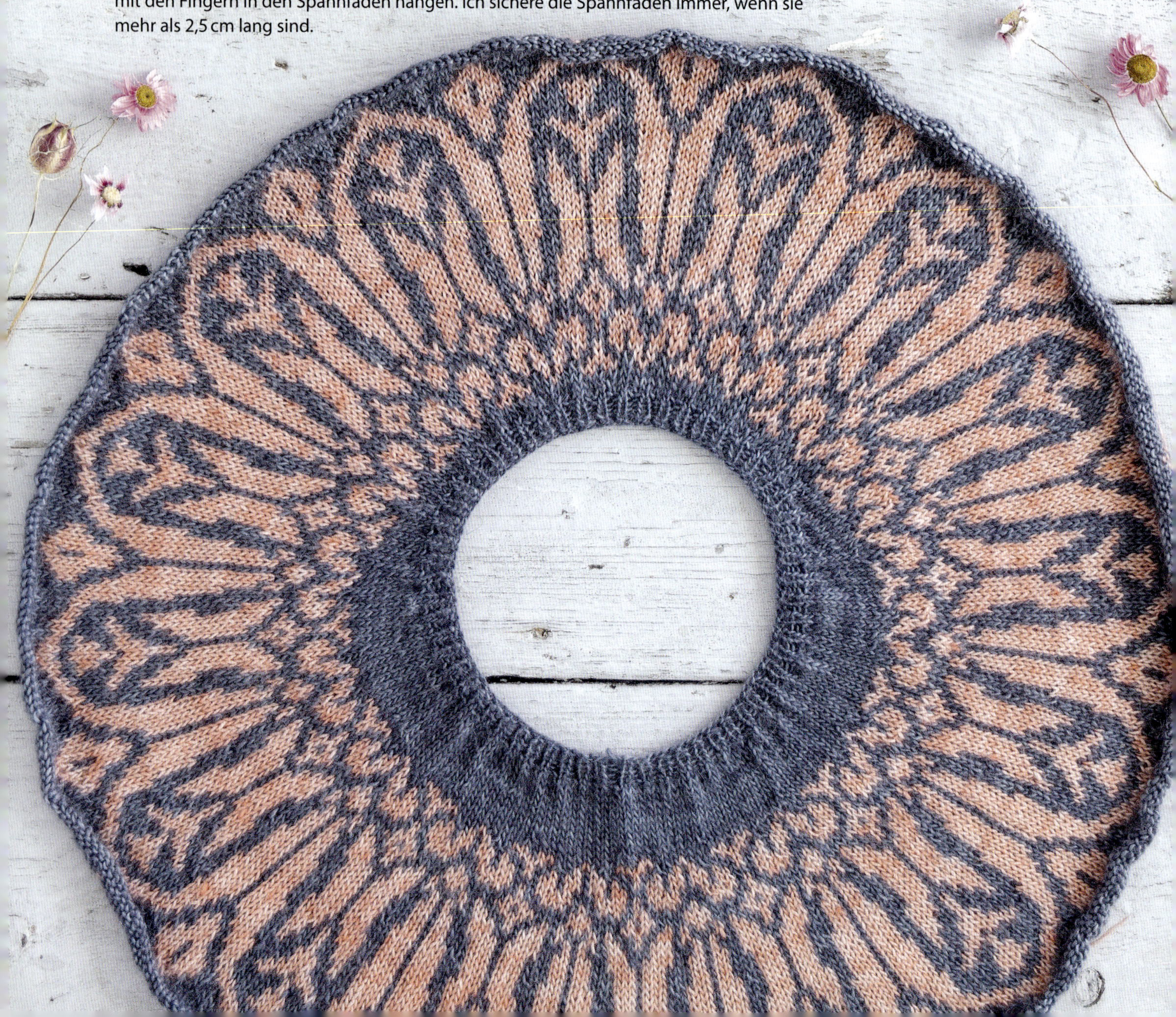

STRICKSCHRIFT FÜR DEN PULLOVER JANEY

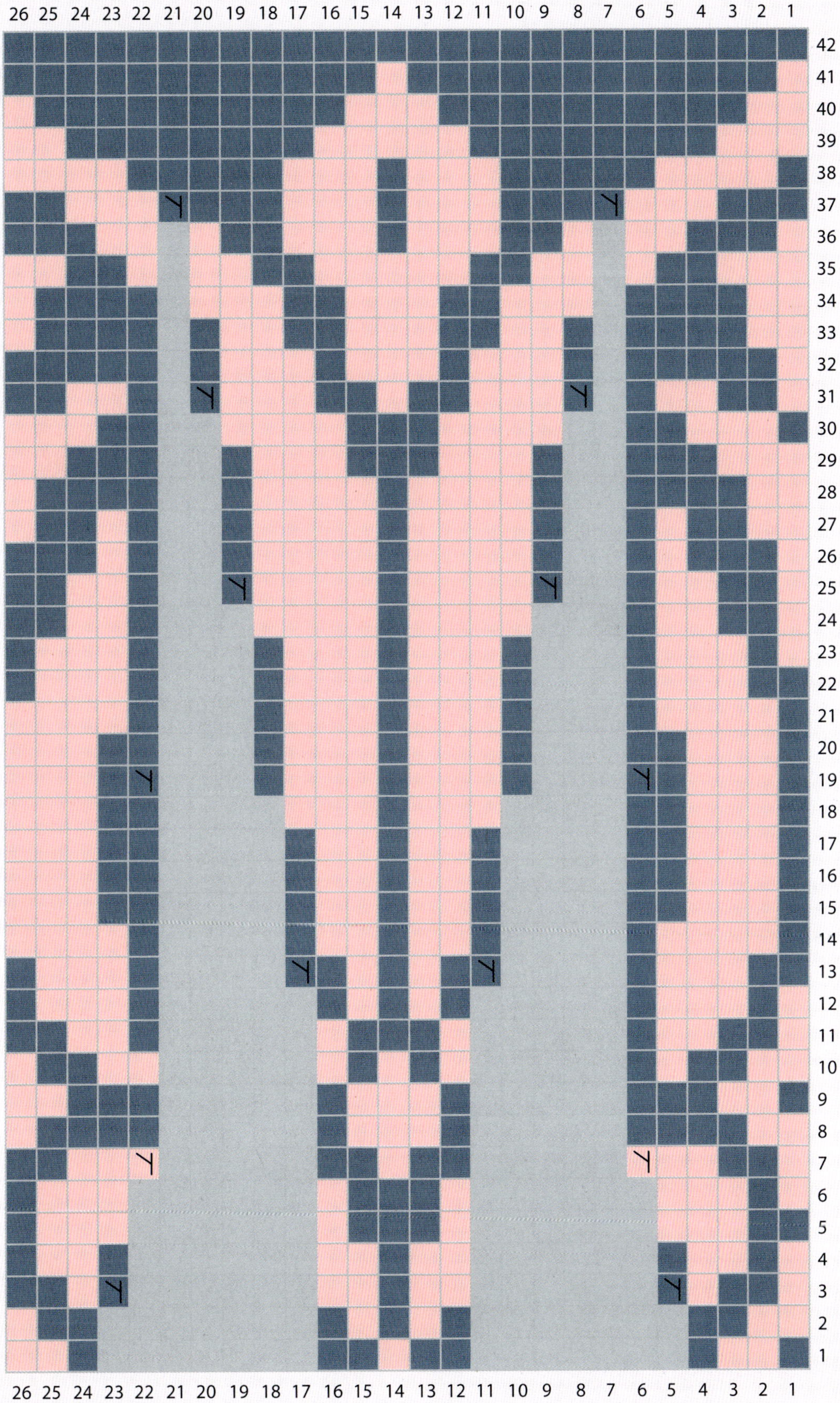

LEGENDE

- Fb A
- Fb B
- 1 M rechts
- 1 ML zun
- keine M

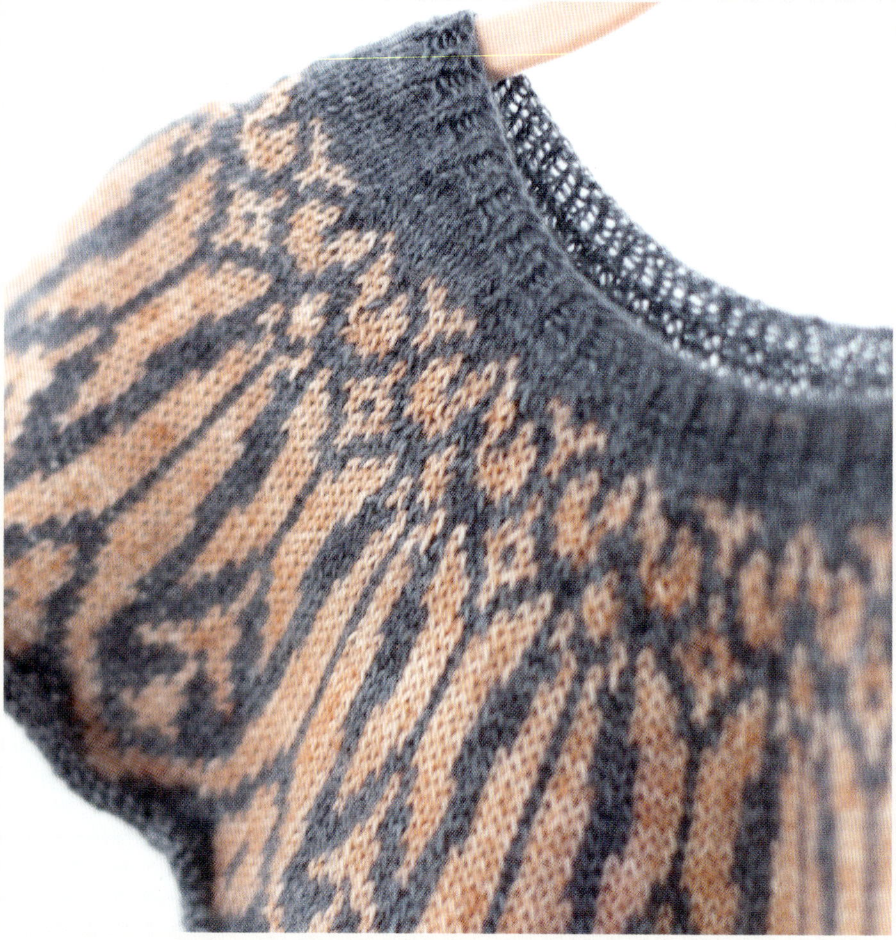

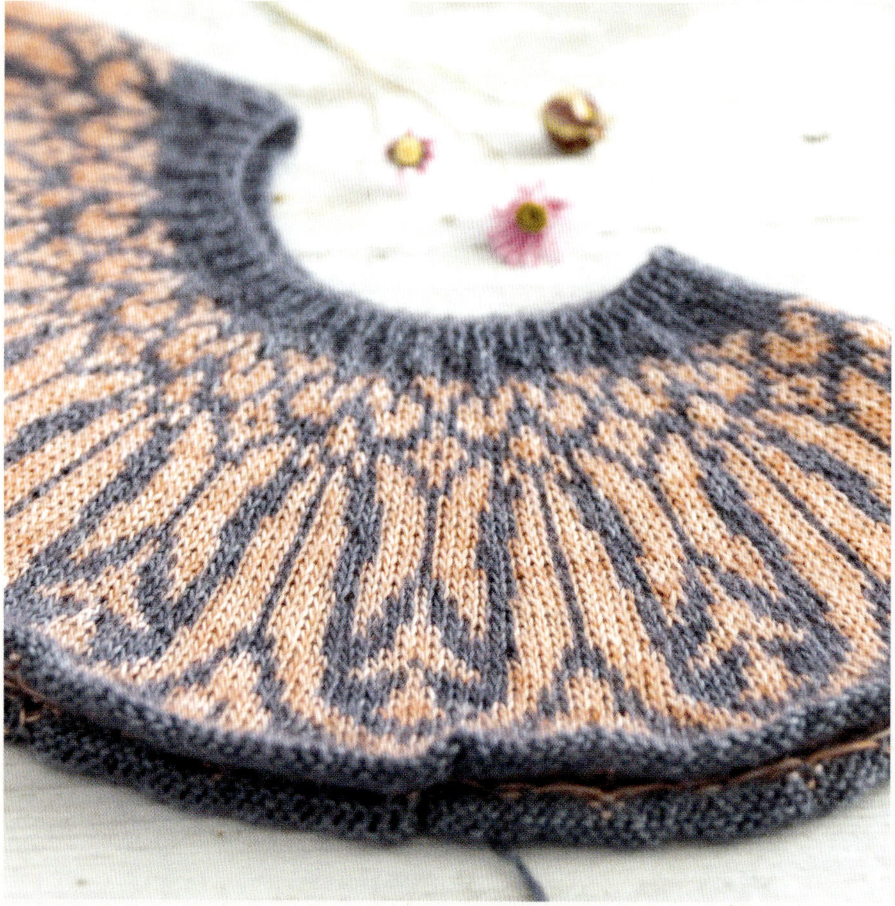

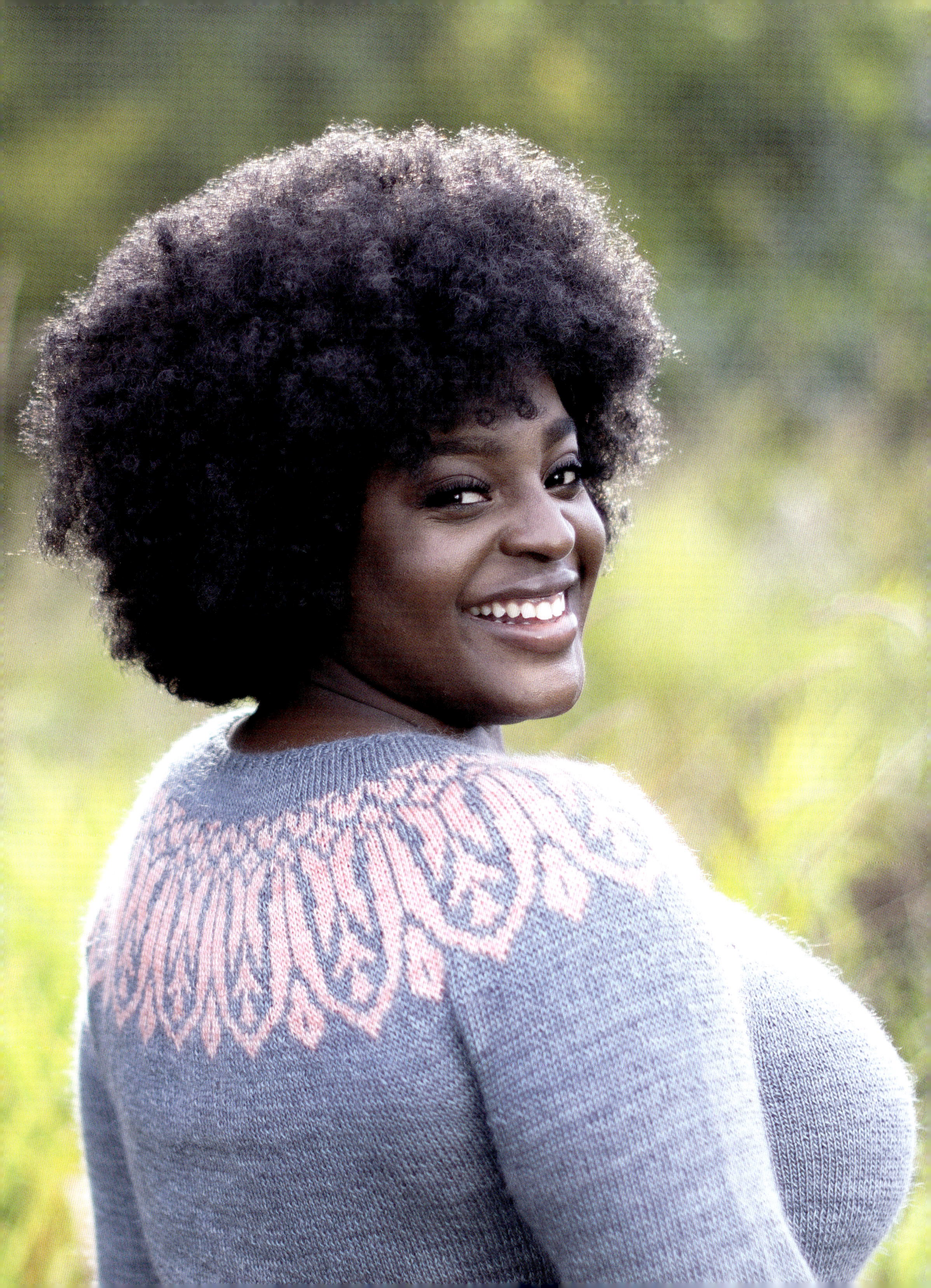

Mila

Zur Passe des Pullovers Mila haben mich Buntglasfenster und das Spiel von Licht und Schatten inspiriert, das entsteht, wenn die Sonne hindurchscheint. Suchen Sie sich drei Farben aus, die untereinander stark kontrastieren. Ein gesprenkeltes Garn kann einen witzigen Effekt ergeben, aber achten Sie darauf, dass die Sprenkel die Wirkung der anderen Farben nicht beeinträchtigen.

Das einfädige Garn, das ich verwendet habe, verleiht dem Pullover einen leichten Schimmer, der den Eindruck eines Buntglasfensters noch verstärkt. Wählen Sie ein Garn mit einem Anteil an Seide aus, wenn Sie ein ähnliches Ergebnis erzielen möchten.

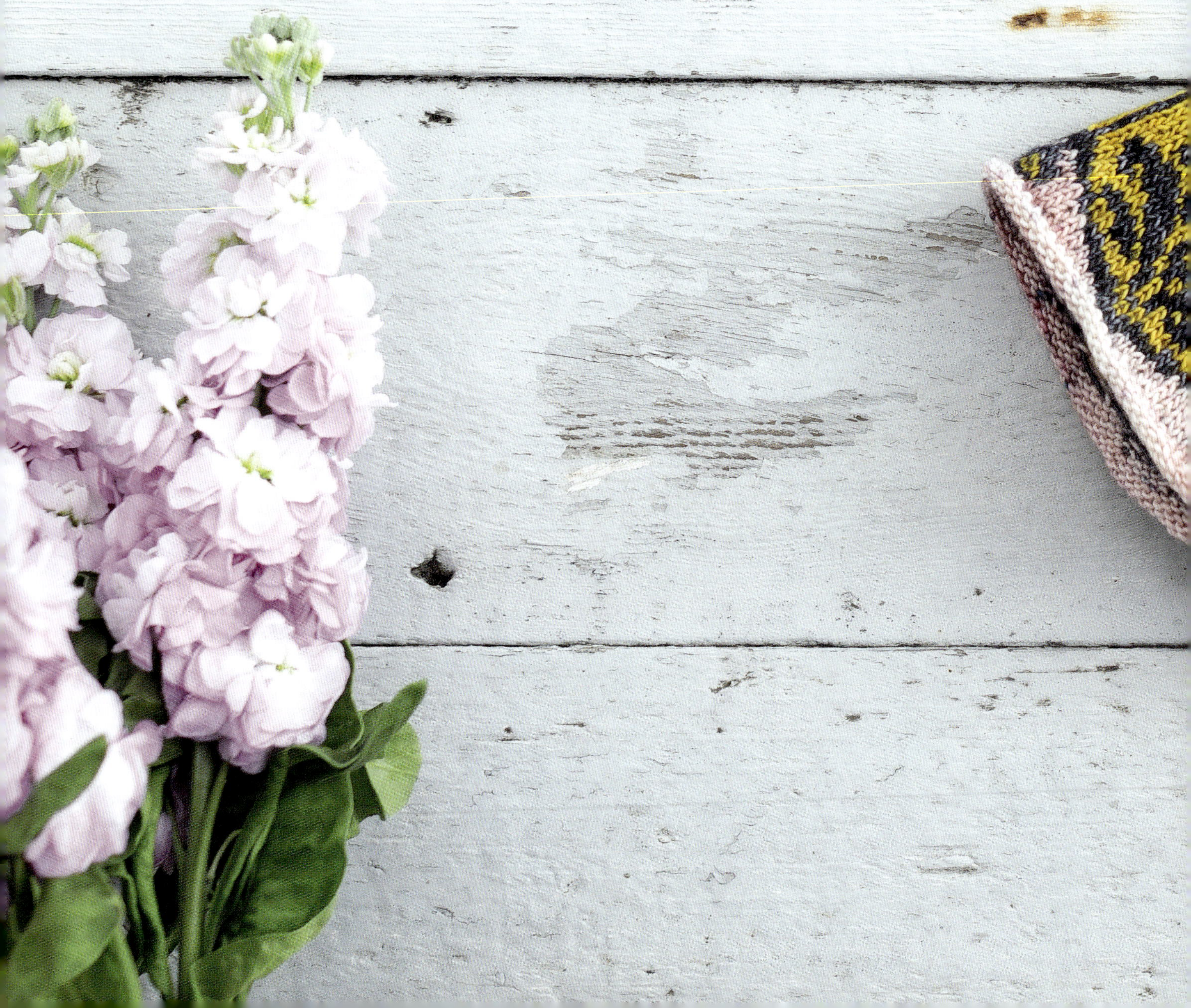

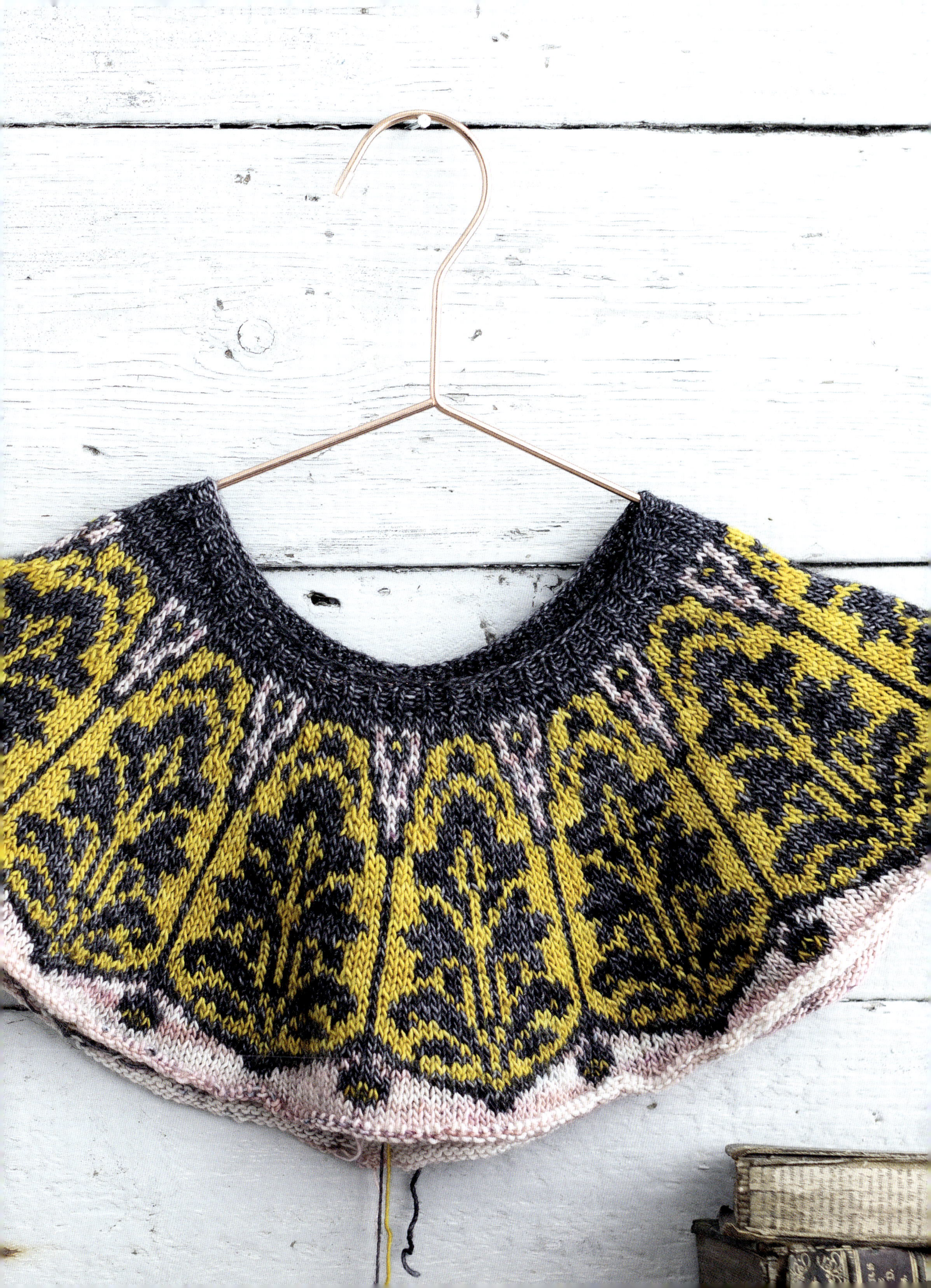

GARNVERBRAUCH (LAUFLÄNGE)

Garn: La Bien Aimée Merino Singles (100 % Merinowolle; LL 366 m/100 g)

GRÖSSE	1	2	3	4	5	6	7	8	9	10
FB A: ROMANCE	700	758	816	874	933	991	1049	1107	1166	1224 m
FB B: ASH	108	127	146	166	185	204	223	242	262	281 m
FB C: YELLOW BRICK ROAD	77	92	110	126	143	159	176	192	208	225 m

HINWEISE

Wählen Sie für dieses Modell drei stark kontrastierende Farben aus. Einige Runden der Passe werden mit allen drei Farben gestrickt: Versuchen Sie dann, die Fäden in den beiden dominierenden Farben in einer Hand und den Faden in der dritten Farbe in der anderen Hand zu halten. Außerdem sollten Sie in diesen Runden ganz besonders auf die Fadenspannung achten, damit ein gleichmäßiges Maschenbild entsteht.

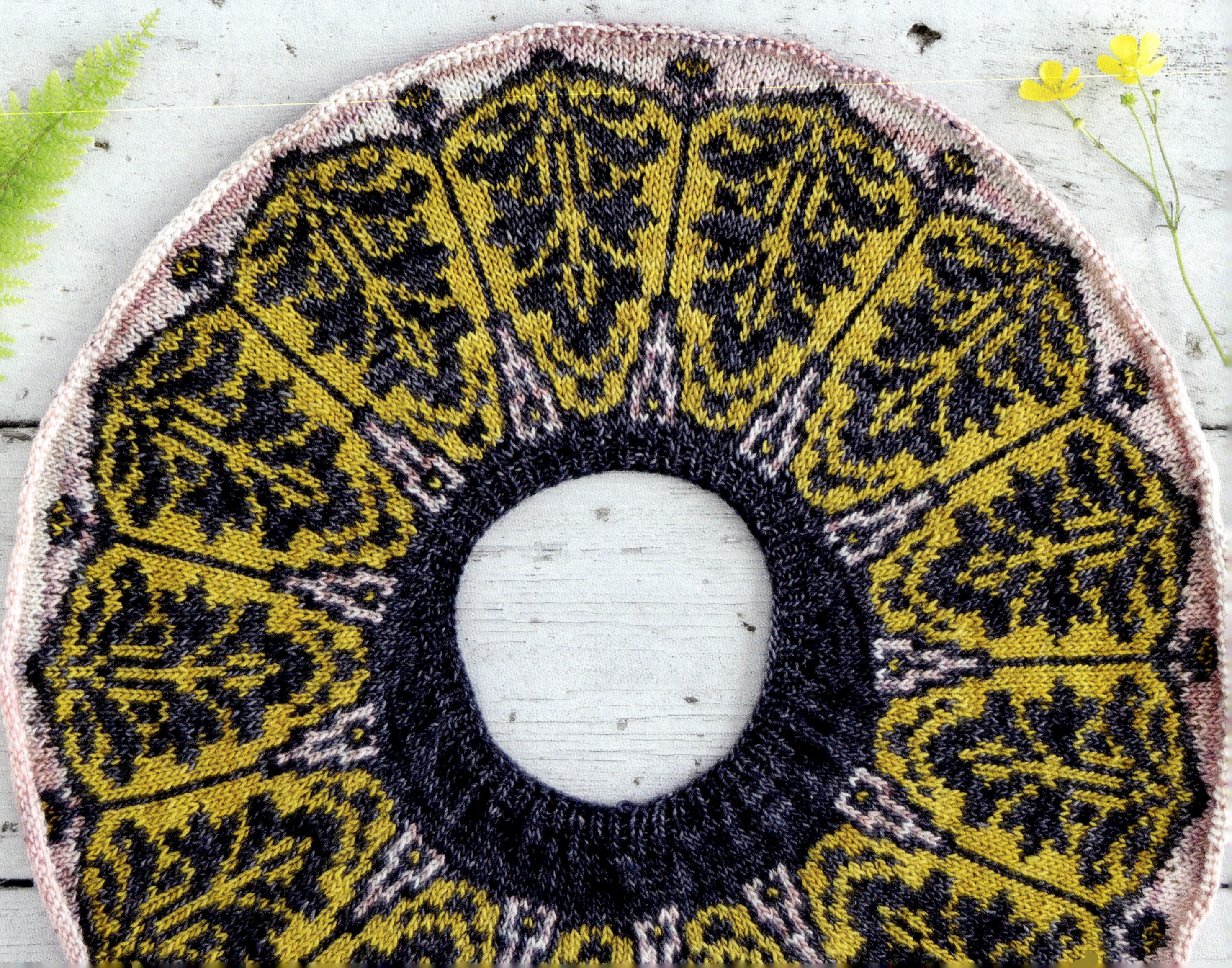

STRICKSCHRIFT FÜR DEN PULLOVER MILA

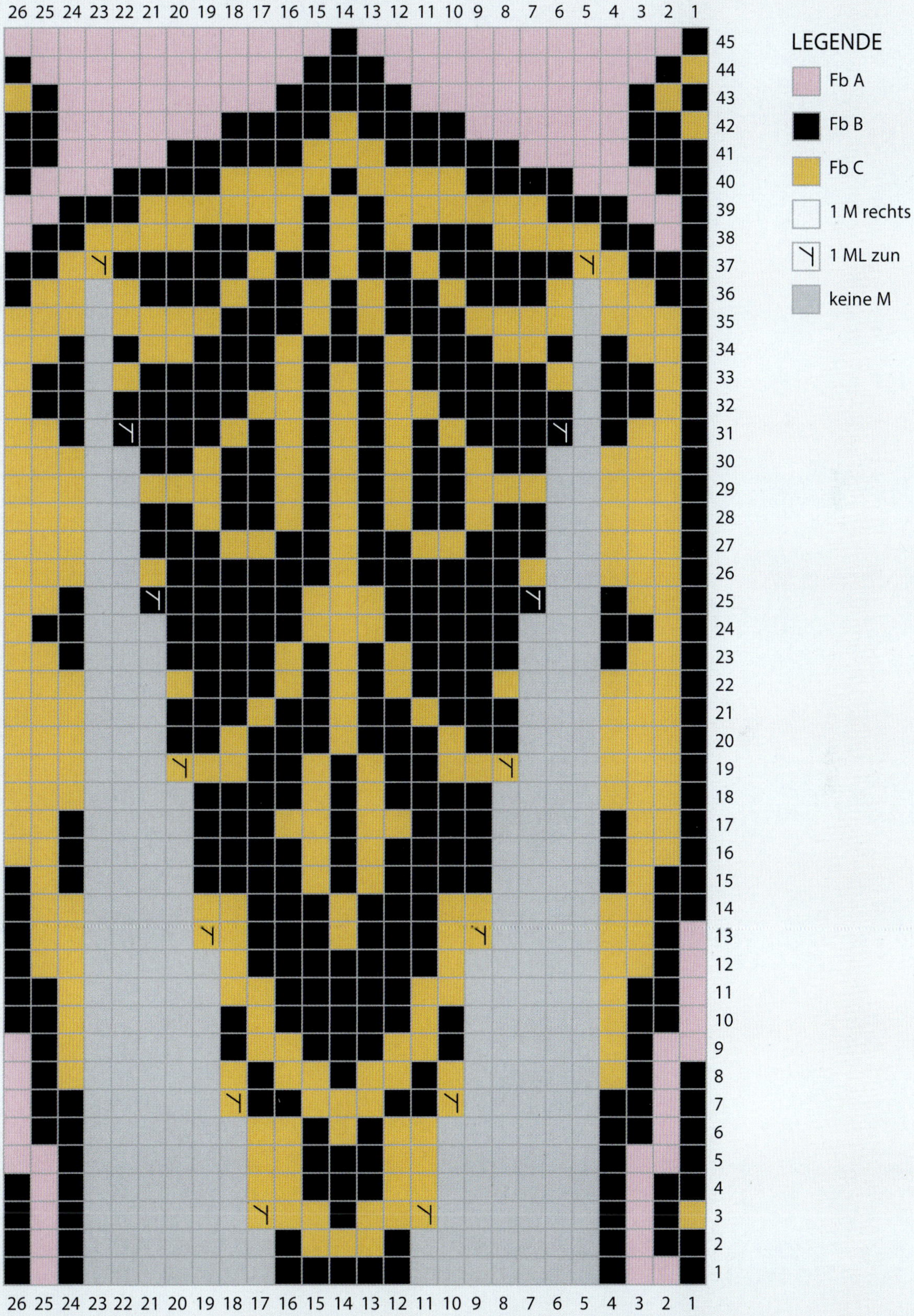

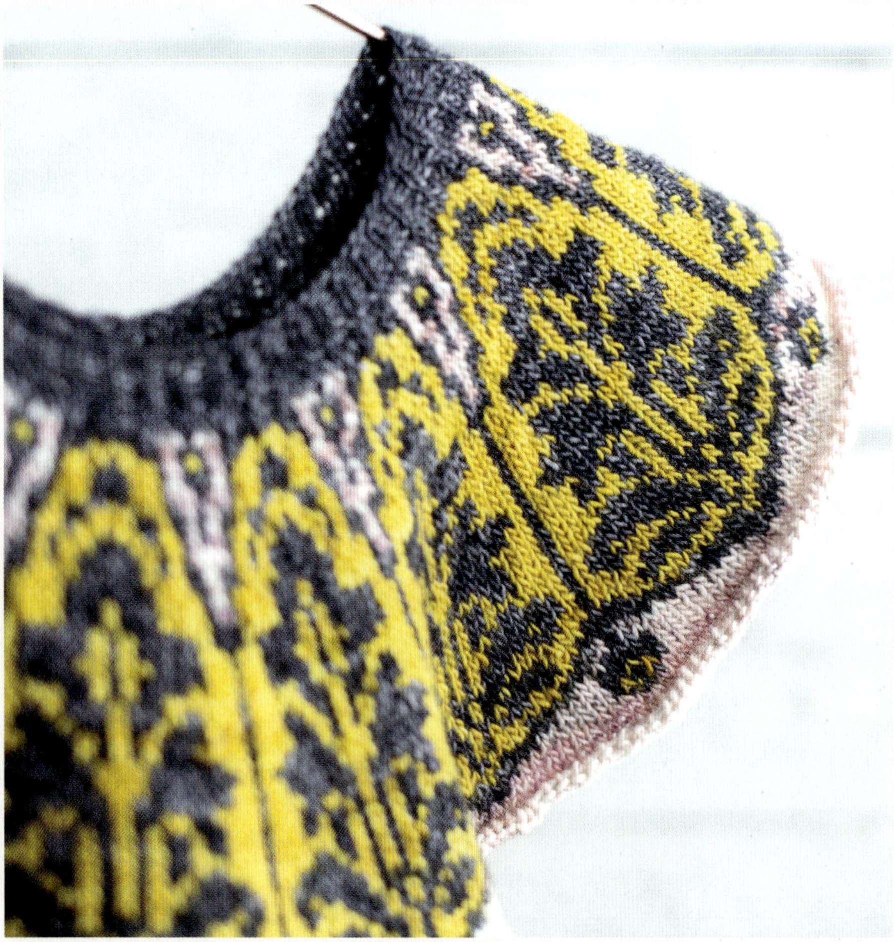

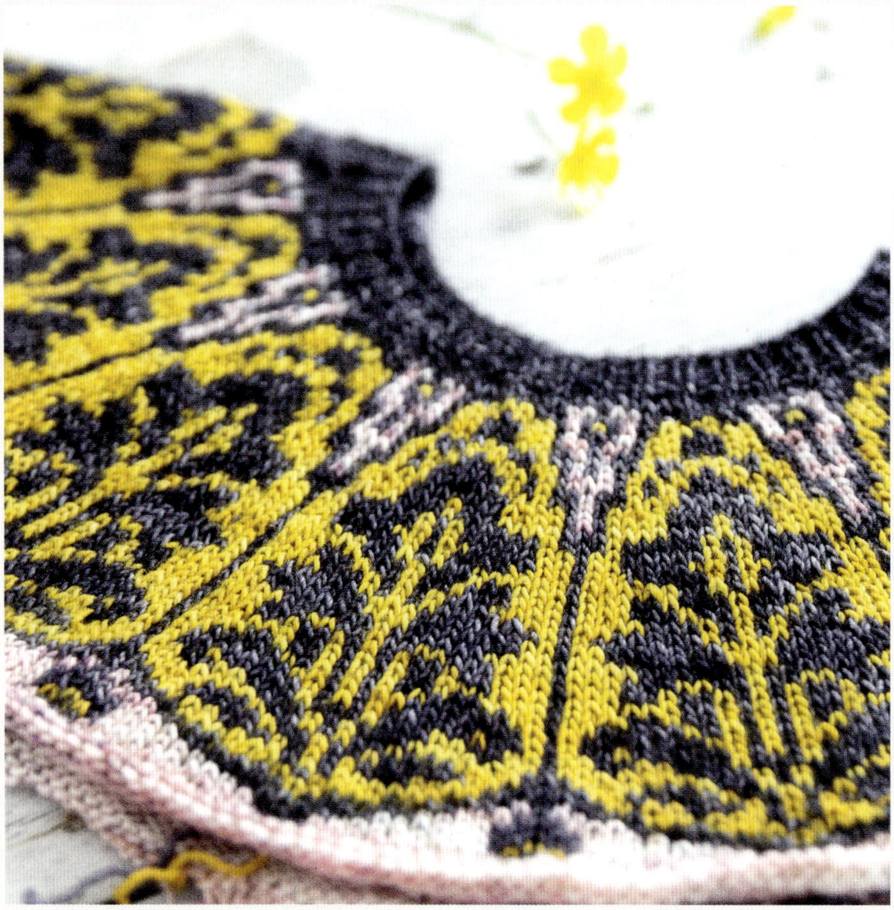

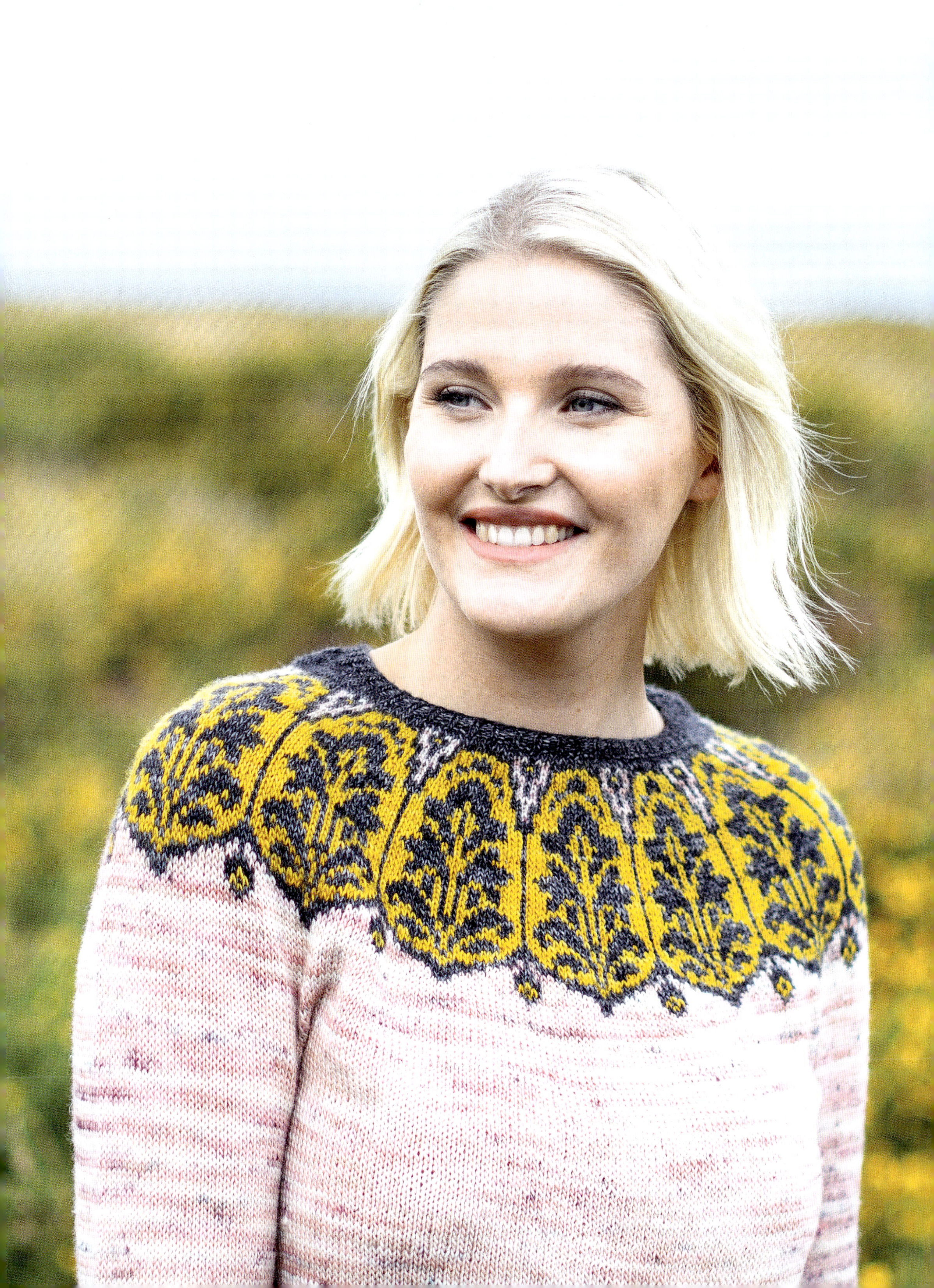

FINLEY

Zum Modell Finley haben mich wie so oft die Blumen inspiriert, die ich selbst in meinem Garten ziehe.

Sie können für dieses Design zwei stark unterschiedliche Farben auswählen, wenn Sie einen deutlichen Kontrast erzielen möchten, oder aber zwei eher harmonierende Farben, wenn die Wirkung sanfter sein soll. Ein interessanter Effekt entsteht auch, wenn man ein Garn mit Farbverlauf für das Muster verwendet. Achten Sie jedoch darauf, dass die Grundfarbe (Fb A) sich von allen Tönen des Farbverlaufs für das Muster unterscheidet.

Spielen Sie mit den unterschiedlichen Möglichkeiten und stricken Sie ein Probestück mit den beiden Farben, um zu sehen, wie die beiden Töne miteinander interagieren.

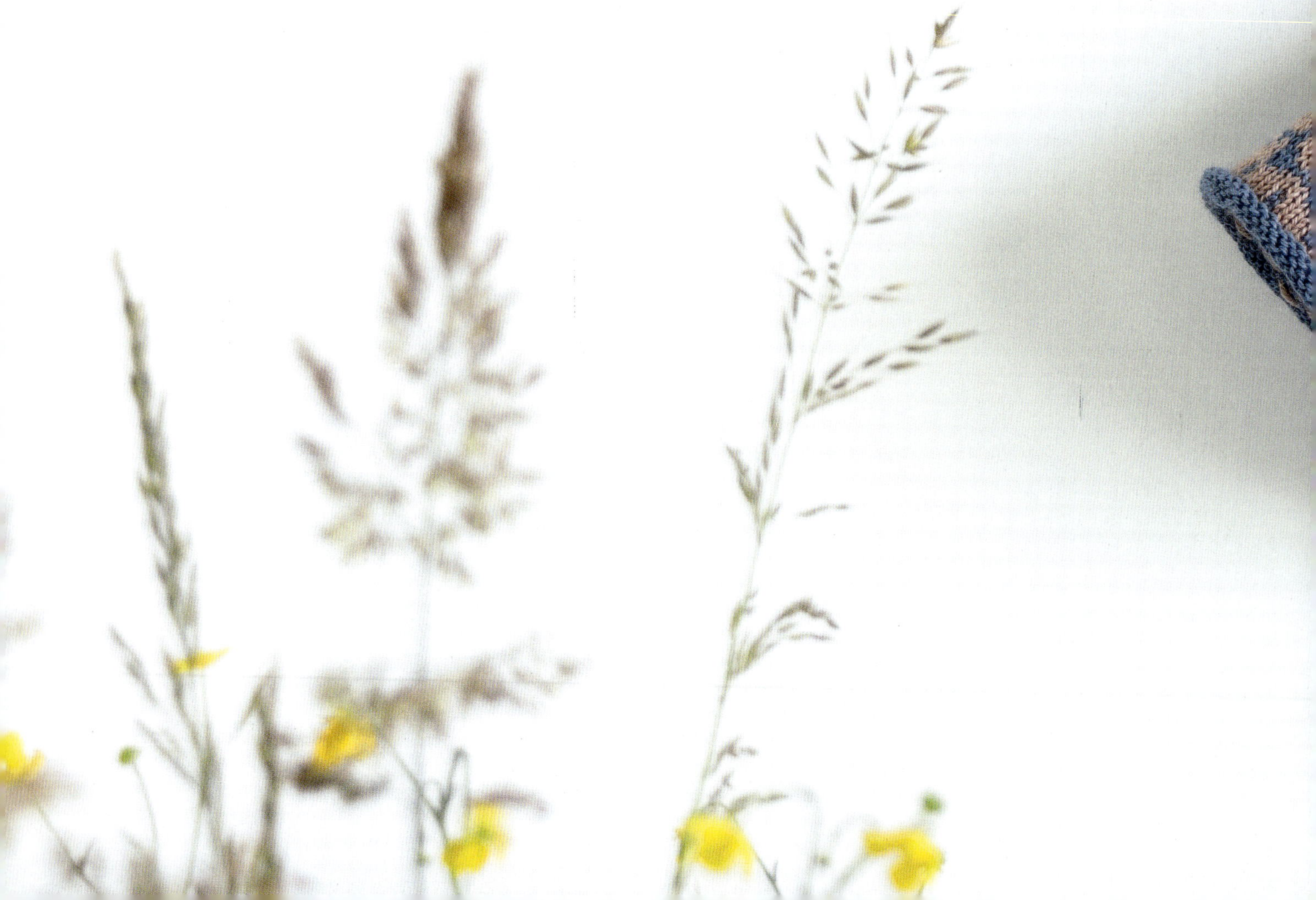

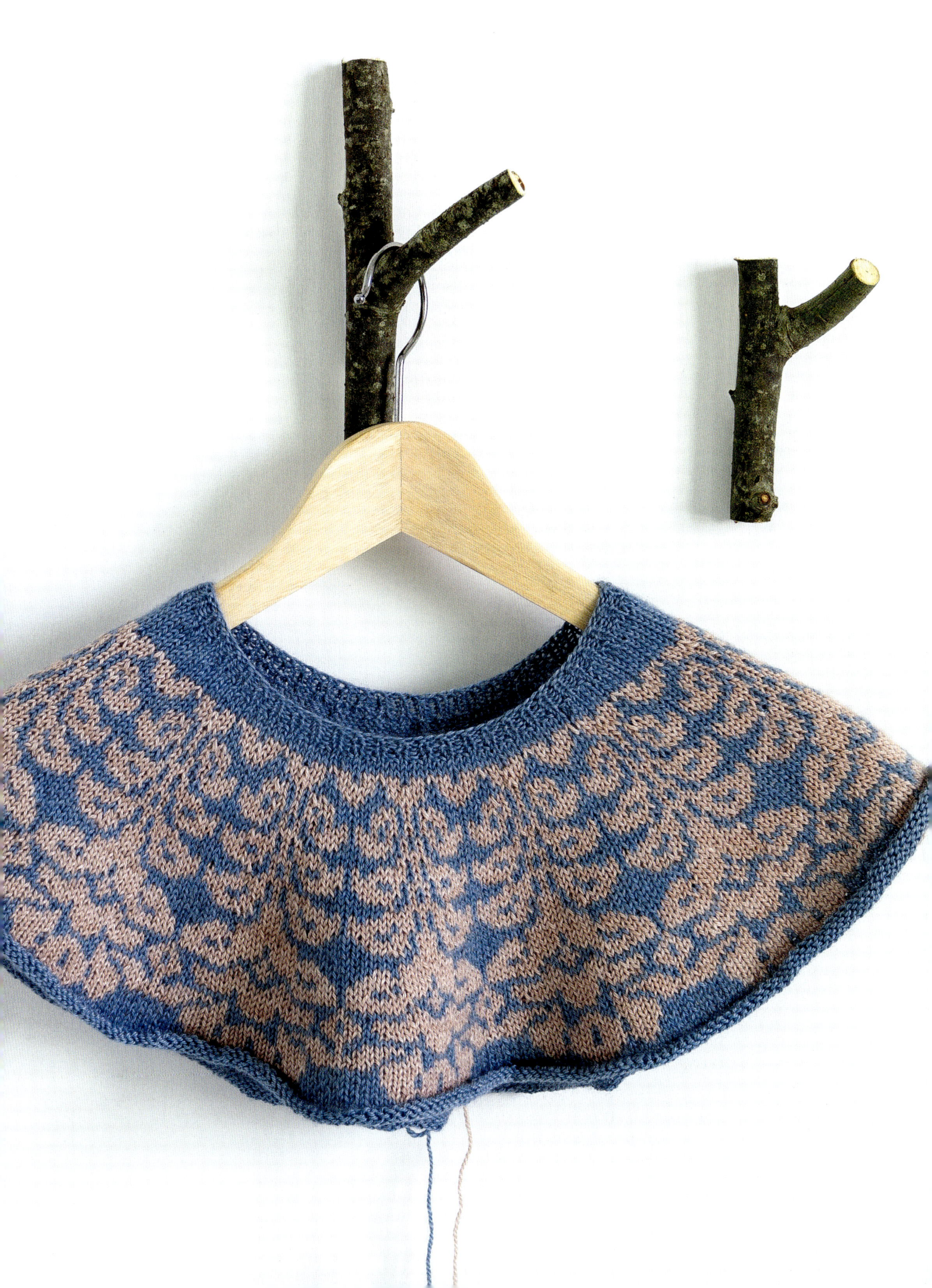

GARNVERBRAUCH (LAUFLÄNGE)

Garn: Camellia Fiber Co. CFC Sylvan Fingering (70 % Alpaka, 20 % Seide, 10 % Kaschmir; LL 400 m/100 g)

GRÖSSE	1	2	3	4	5	6	7	8	9	10
FB A: CHICORY	1045	1132	1219	1307	1394	1481	1567	1655	1742	1829 m
FB B: PINK AMETHYST	82	109	126	144	161	178	196	213	230	248 m

HINWEISE

Pullover aus Garn in Sockenwollstärke sehen auch mit dreiviertellangen Ärmeln fantastisch aus. Stricken Sie die Ärmel 5 cm kürzer als die gewünschte Gesamtlänge und arbeiten Sie dann das Bündchen. Die letzte Abnahme vor dem Bündchen lassen Sie weg, aber achten Sie darauf, dass die Maschenzahl für das Bündchen im Rippenmuster 2/2 durch 4 teilbar ist. Gegebenenfalls passen Sie die Maschenzahl an, indem Sie gleichmäßig verteilt über die Runde so oft wie nötig 2 Maschen rechts zusammenstricken.

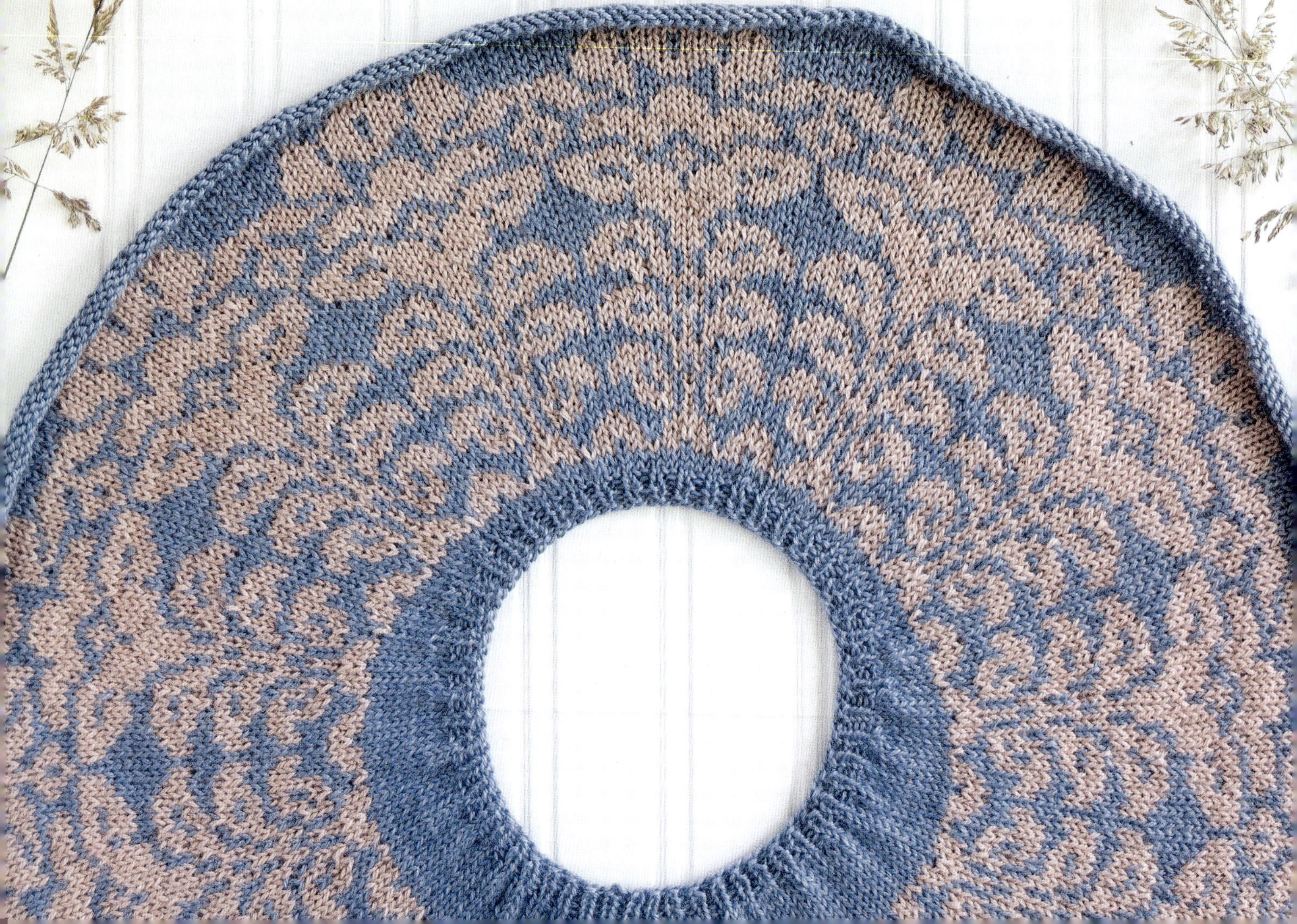

STRICKSCHRIFT FÜR DEN PULLOVER FINLEY

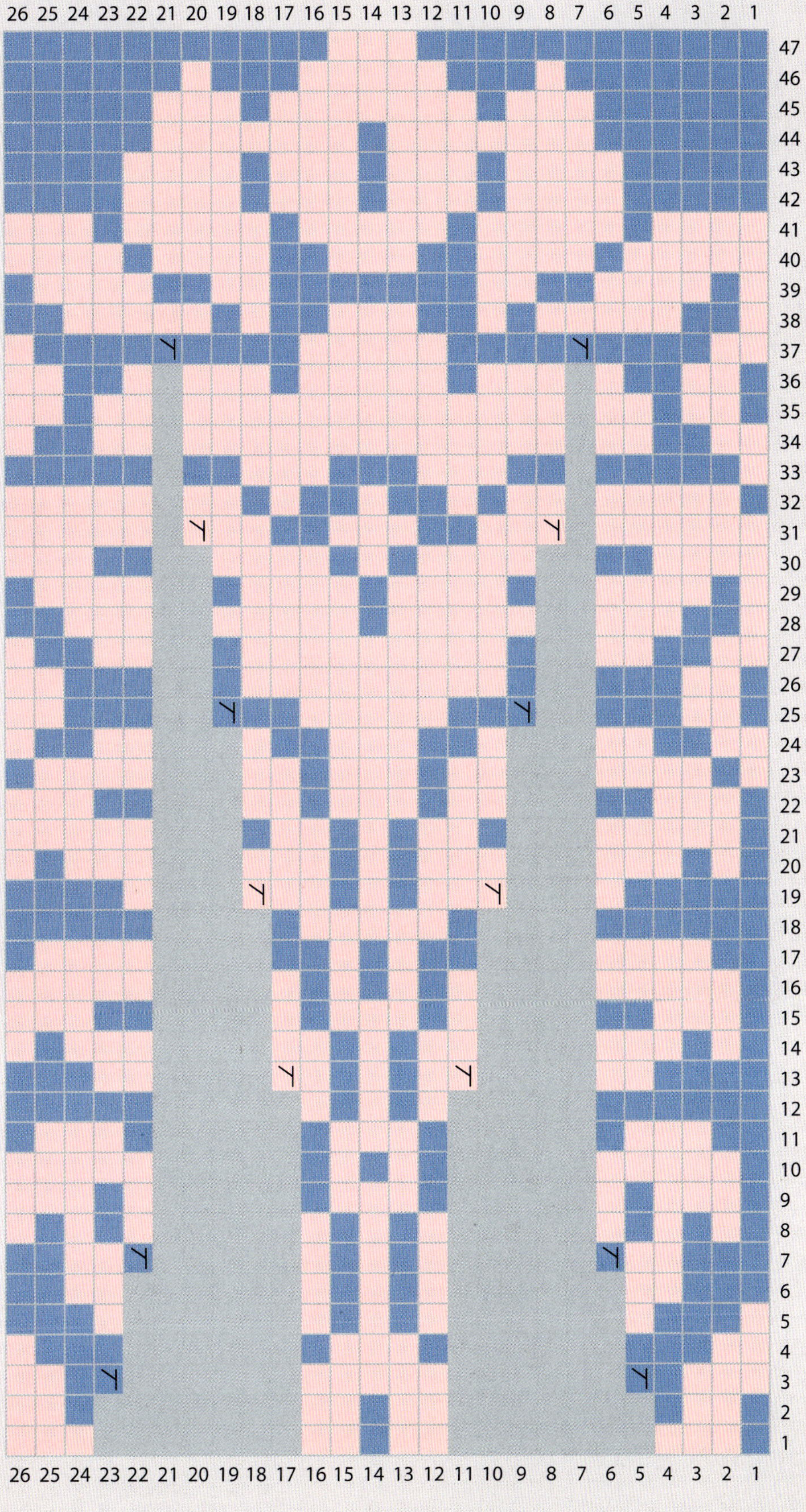

LEGENDE

- Fb A
- Fb B
- 1 M rechts
- 1 ML zun
- keine M

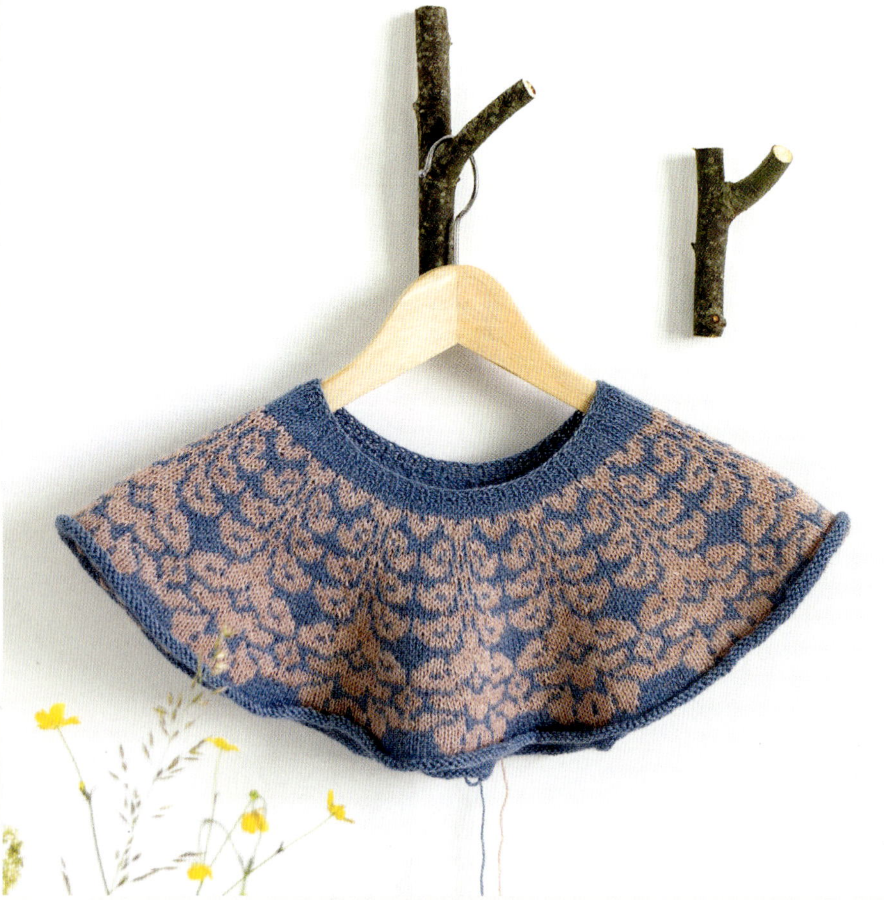
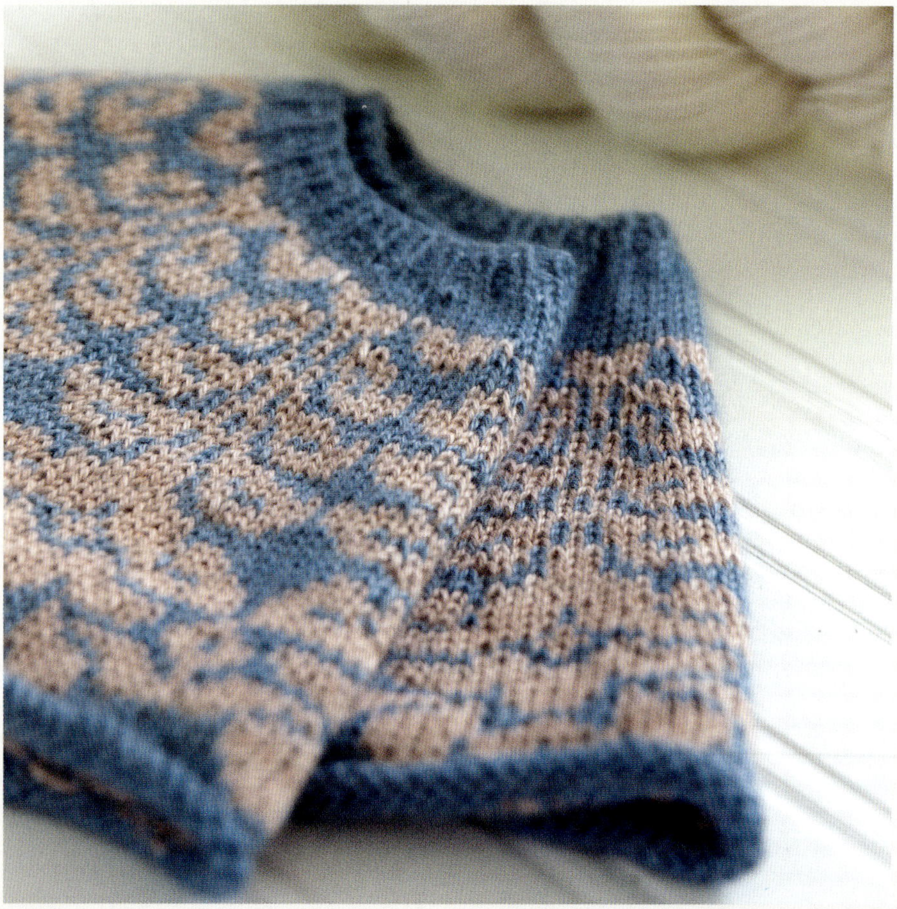
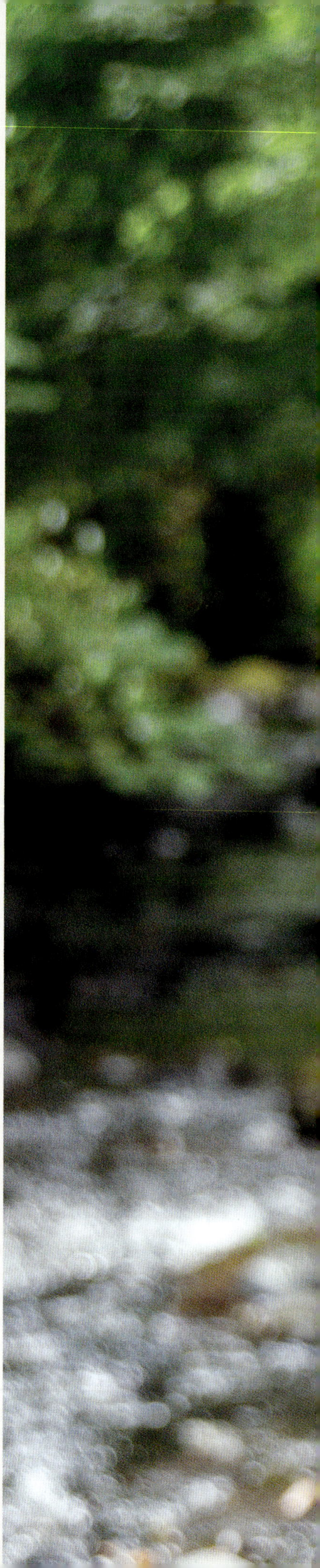

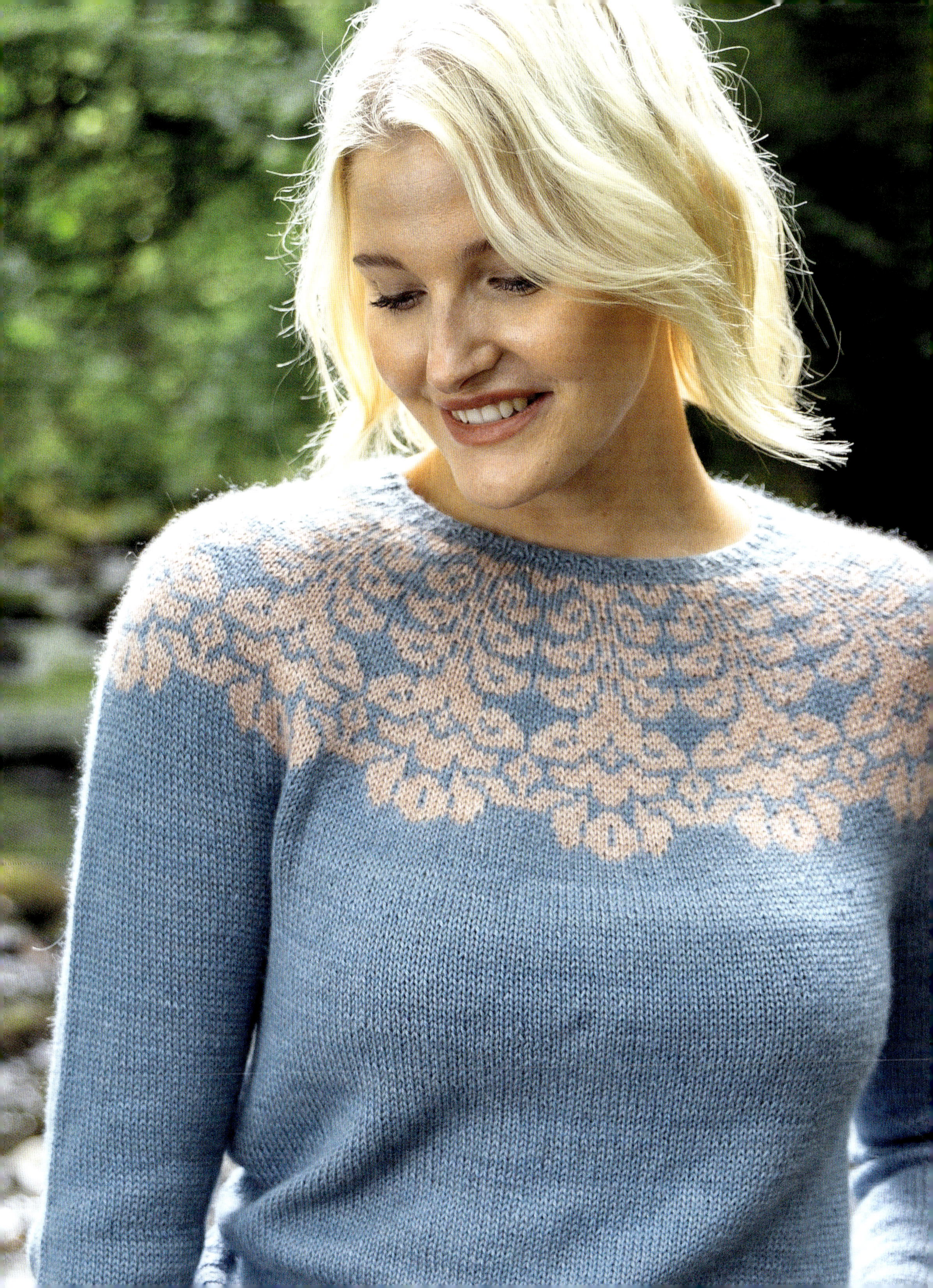

Adeline

Der Pullover Adeline wurde aus einem Lacegarn mit doppeltem Faden gestrickt. Ich habe es genossen, mit dem superweichen Baby-Yak-Garn zu stricken, und verwende dieses Garn oft in meinen Designs. Sie können den Pullover auch einfädig aus einem drei-, vier- oder fünffädigen Garn stricken, wenn Sie möchten. Arbeiten Sie aber unbedingt ein Probestück und achten Sie auf die korrekte Maschenprobe.

Aus einem weichen Garn mit leichtem Flausch entsteht ein romantisches Teil. Wenn Sie ein klarer definiertes Maschenbild bevorzugen, wählen Sie ein stärker gezwirntes Garn.

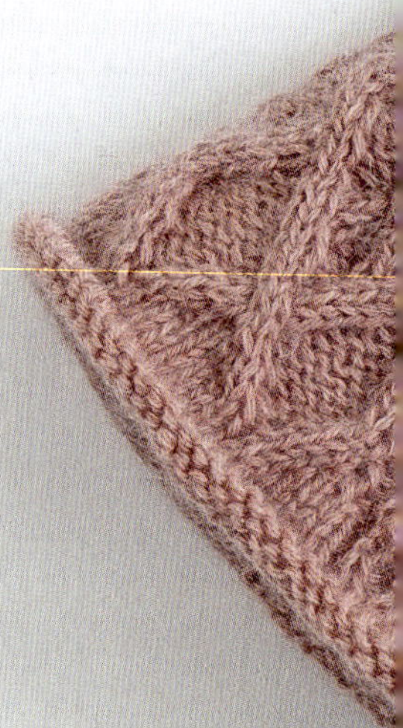

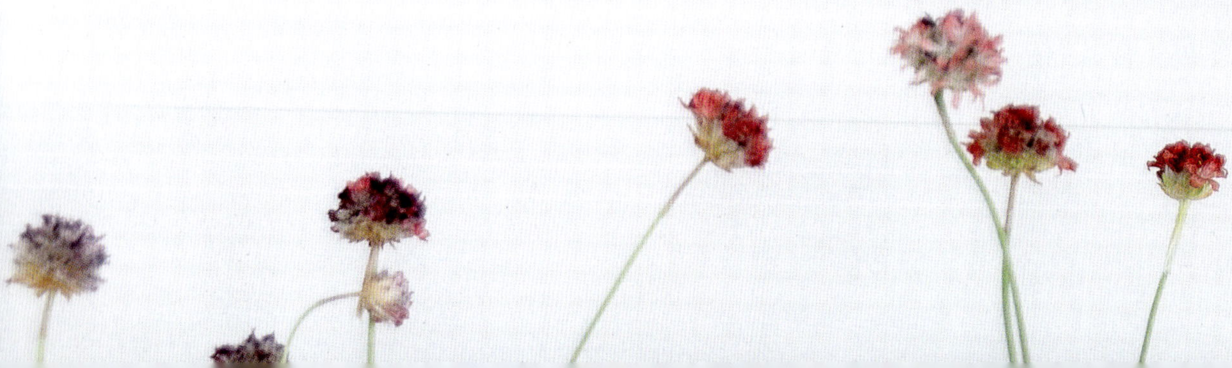

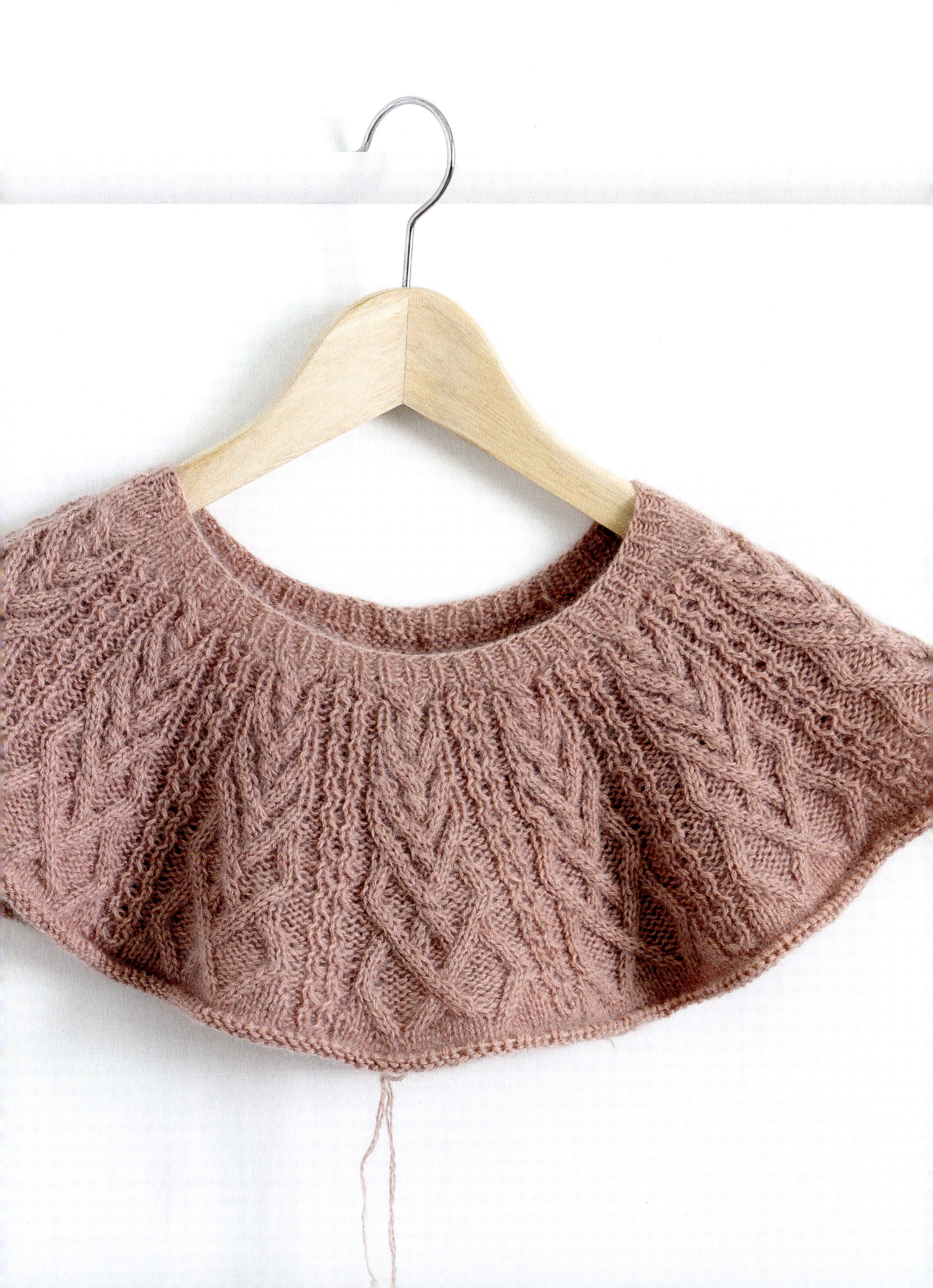

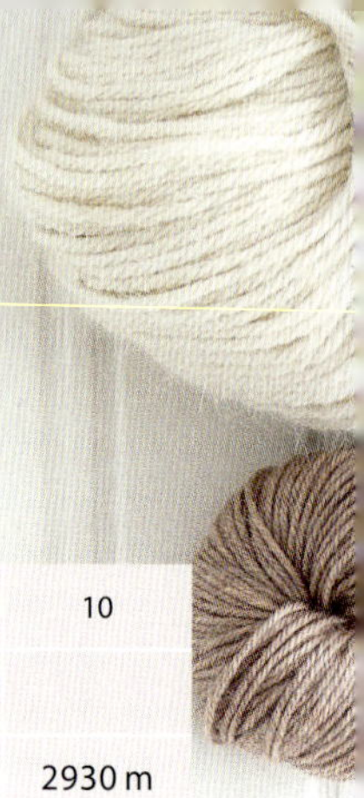

GARNVERBRAUCH (LAUFLÄNGE)

Garn: mYak Baby Yak Lace (100 % Baby-Yak; LL 339 m/50 g)

GRÖSSE	1	2	3	4	5	6	7	8	9	10
FB A: DUSTY PINK	1731	1865	1997	2131	2264	2397	2530	2663	2797	2930 m

HINWEISE

Verstricken Sie das Garn für diesen Pullover mit doppeltem Faden und achten Sie beim Muster der Passe darauf, möglichst einheitlich zu stricken, damit ein schönes, gleichmäßiges Ergebnis entsteht. Arbeiten Sie die Zunahmen auf die angegebene Weise – nach links oder rechts geneigt – und mit rechten oder linken Maschen gemäß Strickschrift, um das Muster beizubehalten.

Die Verzopfungen werden über zwei, drei oder vier Maschen gearbeitet, wobei rechte und linke Maschen vorkommen. Befolgen Sie die Anweisungen für jede Verzopfung in der Strickschrift daher akribisch. Erfahrene Strickerinnen und Stricker können versuchen, ohne Zopfnadel auszukommen, sollten dann aber auch das Probestück auf diese Weise arbeiten und die gewählte Verzopfungstechnik für das gesamte Projekt beibehalten.

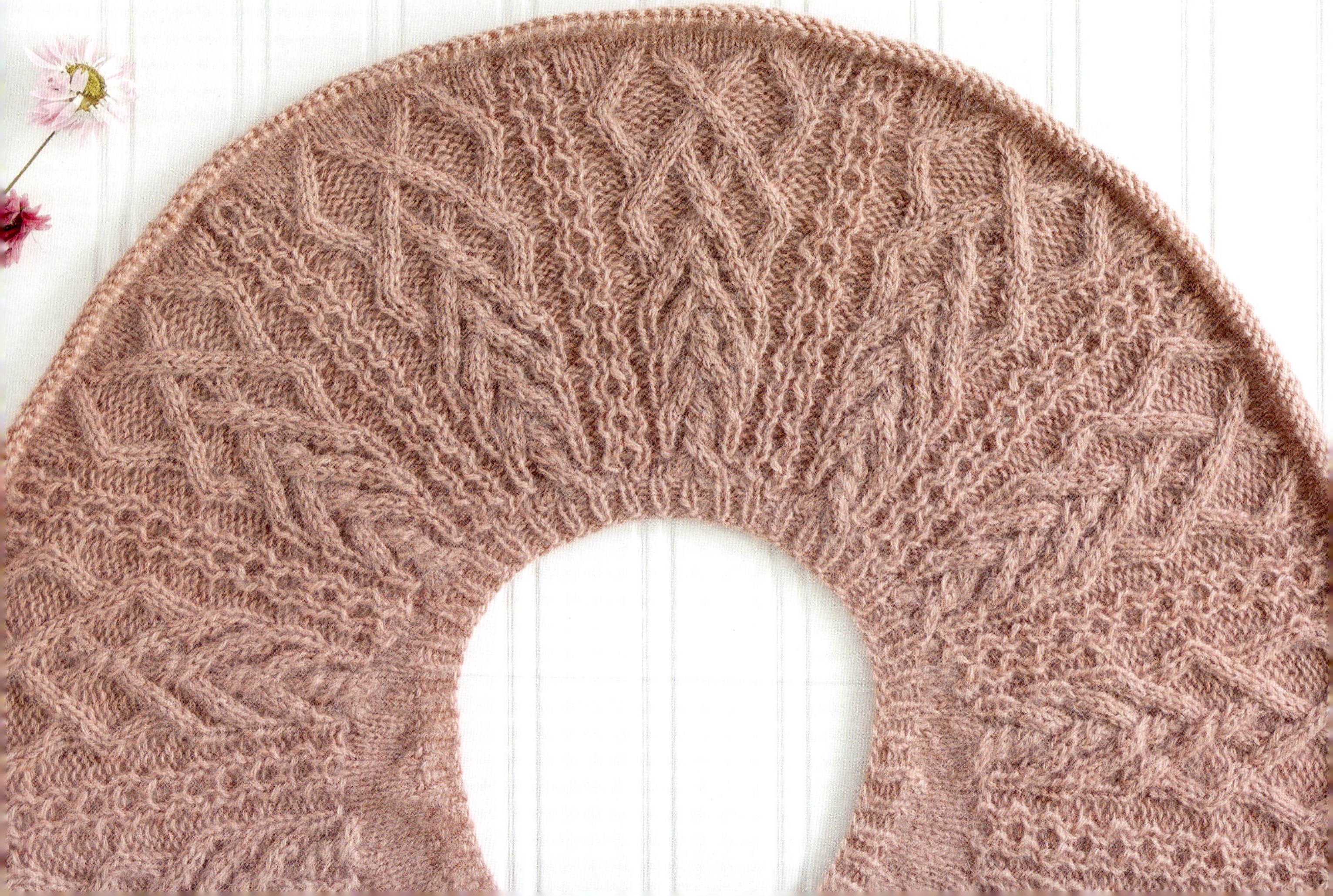

STRICKSCHRIFT FÜR DEN PULLOVER ADELINE

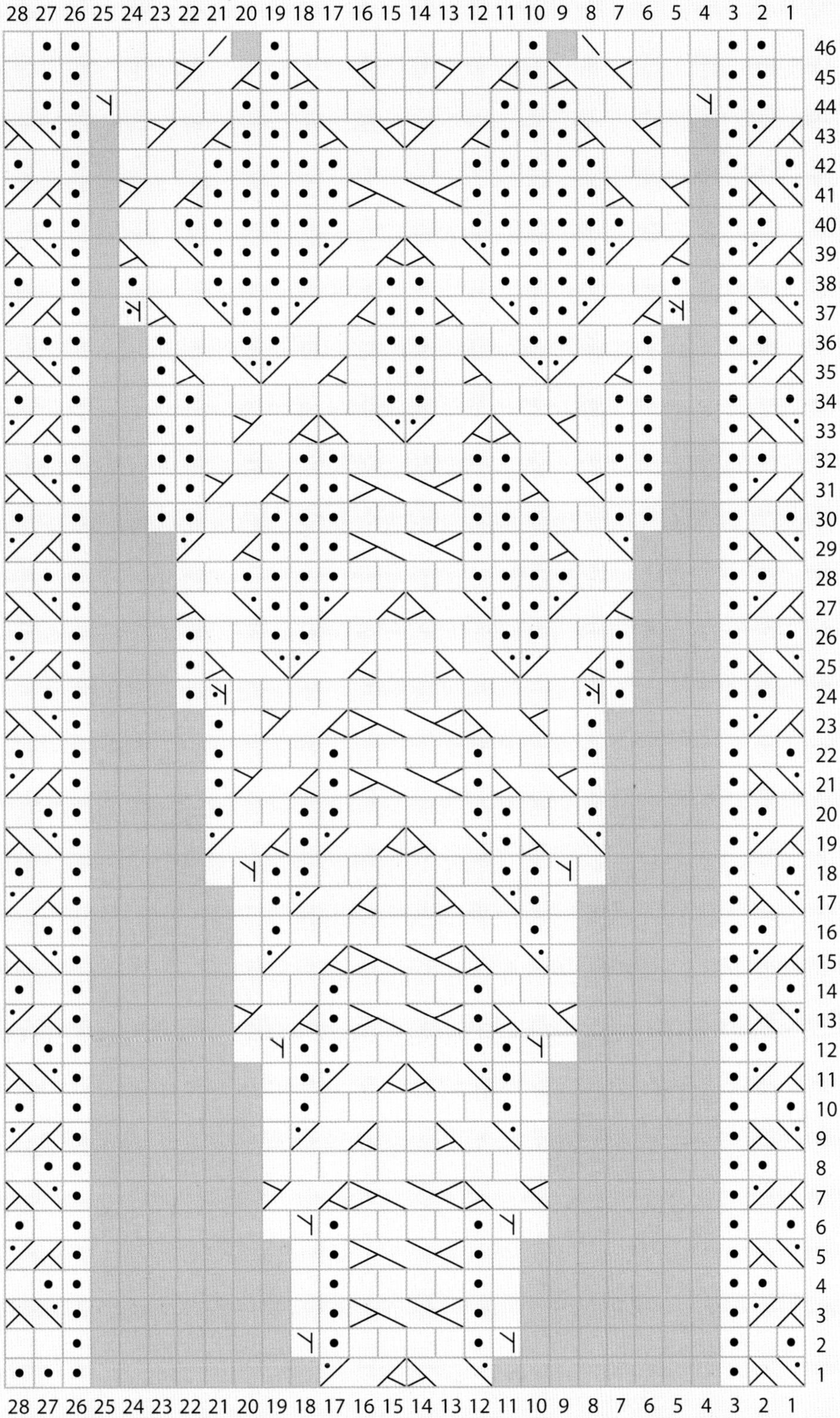

LEGENDE

- 1 M rechts
- 1 M links
- keine M
- 1 ML zun
- 1 ML links zun
- 2 M rechts zusstr
- 2 M rechts abgeh zusstr
- 1/1 M li/re lvkr
- 1/1 M re/li rvkr
- 2/1 M lvkr
- 2/1 M rvkr
- 2/1 M li/re lvkr
- 2/1 M re/li rvkr
- 2/2 M lvkr

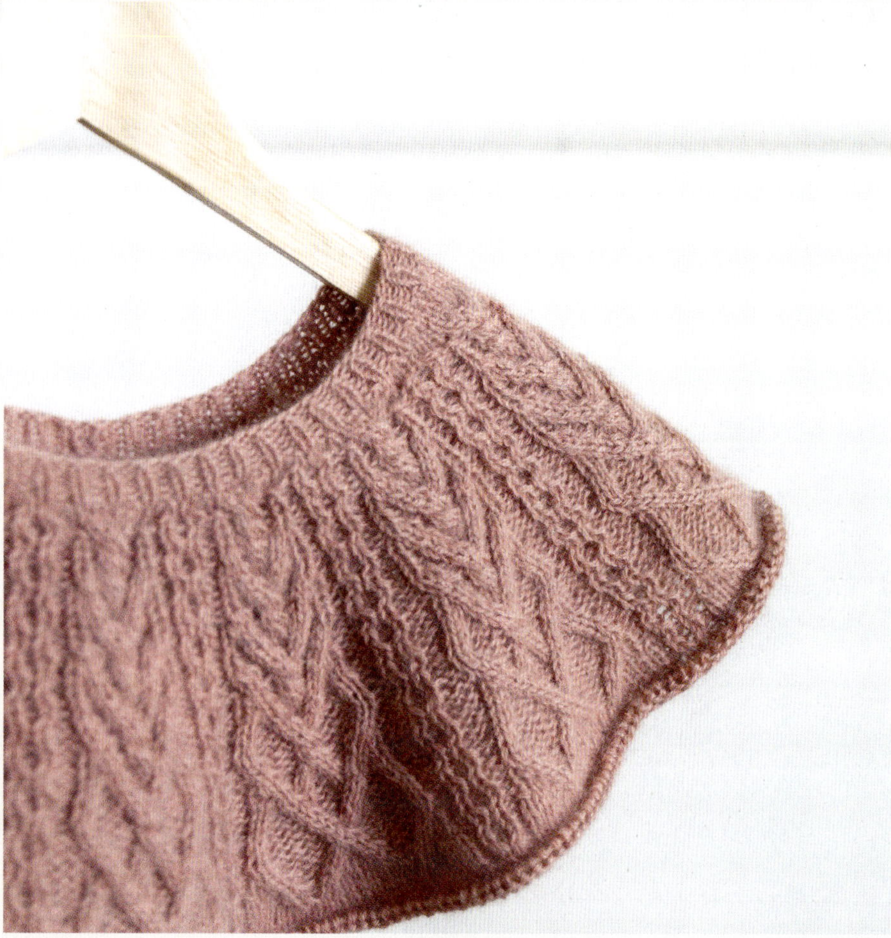
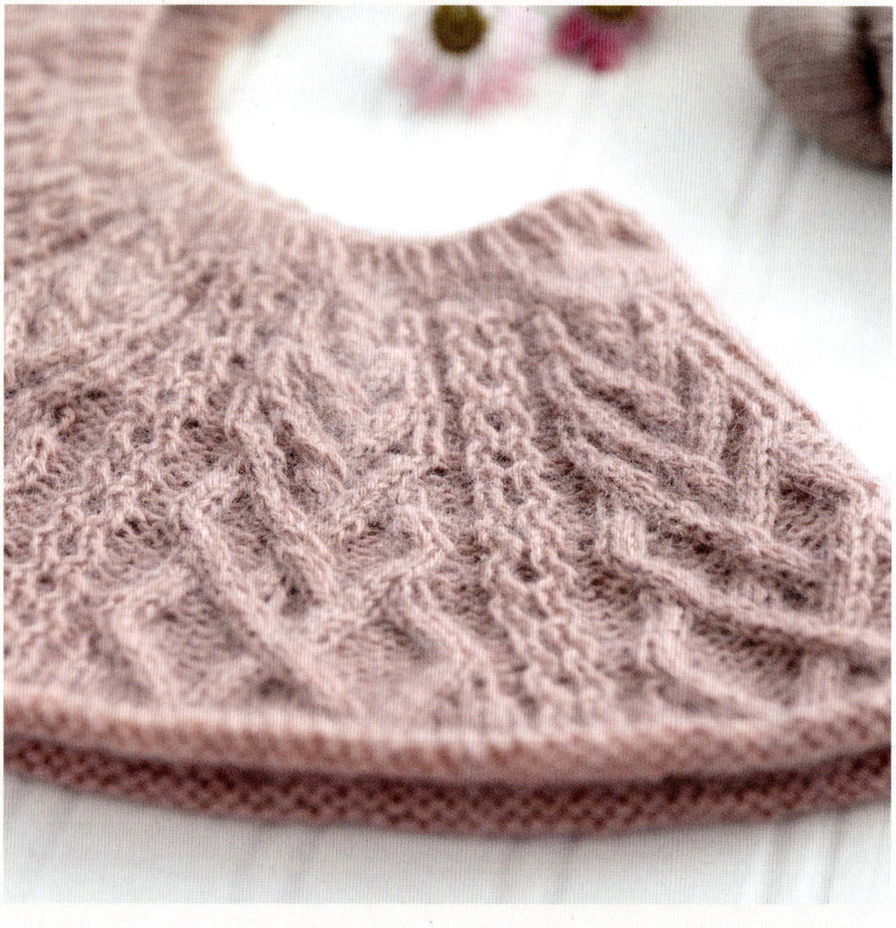

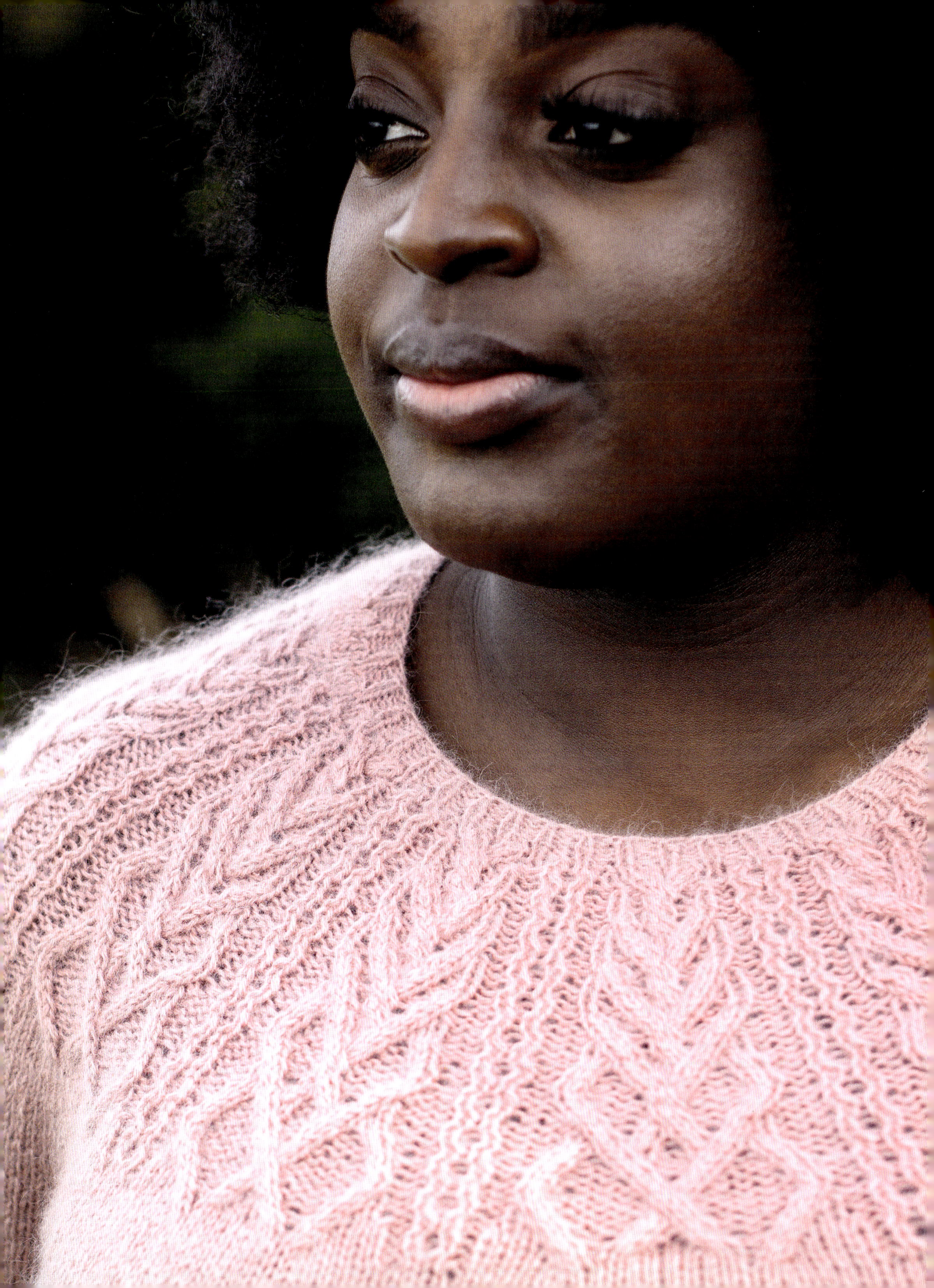

Anleitung für einen Pullover aus dünnem Garn

Pullover aus Garn in Sockenwollstärke sind Lieblingsstücke fürs ganze Jahr. Sie können an kühlen Sommerabenden ebenso getragen werden wie unter Jacke oder Mantel in den kälteren Monaten. Das dünnere Garn ermöglicht raffinierte Musterdetails, und die Ergebnisse sind einfach hinreißend, wenngleich das Stricken eines Pullovers ein wenig mehr Zeit erfordert.

Für die vier Modelle in diesem Kapitel können Sie vier- oder fünffädige Garne mit einer Lauflänge von etwa 400 m je 100-g-Knäuel verwenden, je einen Faden eines dreifädigen Garns und eines Lacegarns zusammen verstricken oder ein Lacegarn doppelfädig verarbeiten (z. B. Pullover Adeline). Wenn Sie die korrekte Maschenprobe erzielen und mit Griff, Fall und Maschenbild des Gestricks zufrieden sind, können Sie unbesorgt losstricken.

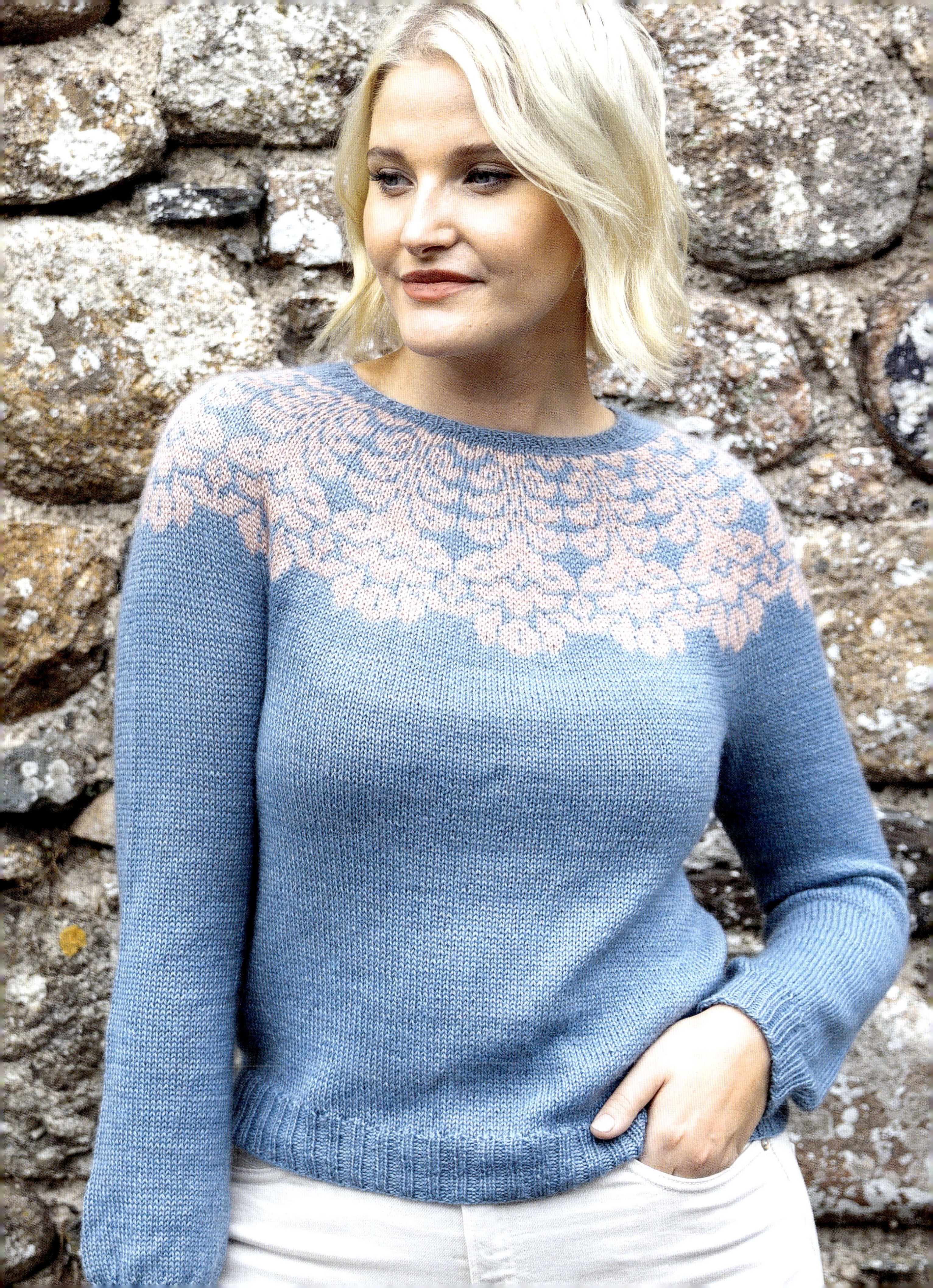

ANLEITUNG

Mit den dünneren Nd und Fb A für die Modelle Janey, Adeline und Finley bzw. Fb B für das Modell Mila (96, 104, 112) 112, 116, 120 (124, 128, 132) 132 M im Kreuzanschlag oder in Ihrer bevorzugten Technik locker anschl. 1 MM für den Rd-Beginn in der Mitte des hinteren Halsausschnitts platzieren und die Arbeit zur Rd schließen.

1. Runde: * 1 M rechts, 1 M links *; ab * stets wdh bis Rd-Ende.

Die 1. Rd noch 4 x wdh.

Zur Nd-Stärke für den Hauptteil wechseln.

1. Zunahmerunde: * 2 M rechts, 1 ML zun *; von * bis * stets wdh bis Rd-Ende.

(144, 156, 168) 168, 174, 180 (186, 192, 198) 198 M

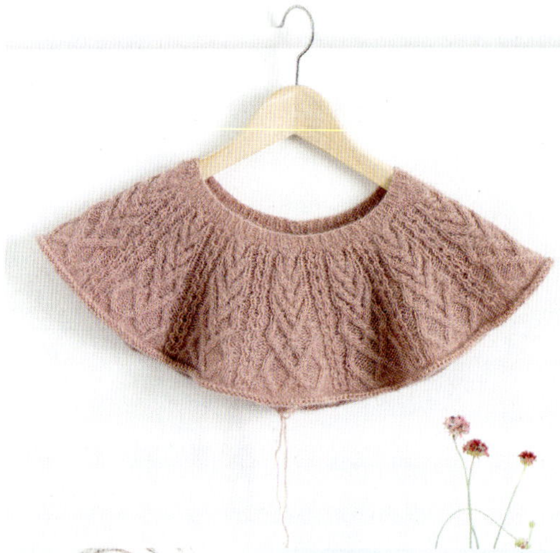

Verkürzte Reihen für den Halsausschnitt

Ich empfehle, die verkürzten R mit Doppel-M zu arb („German short rows"), aber selbstverständlich können Sie die verkürzten R in Ihrer Lieblingstechnik str, wenn in der Anleitung „wenden" steht, also z. B. die M an der Wendestelle umwickeln und in späteren R bzw. Rd mit dem Wickelfaden zusstr.

1. verkürzte Reihe (Hinr): (36, 40, 44) 44, 46, 48 (50, 52, 54) 56 M rechts; wenden.

2. verkürzte Reihe (Rückr): Linke M str bis Rd-Ende, MM abh, (36, 40, 44) 44, 46, 48 (50, 52, 54) 56 M links; wenden.

3. verkürzte Reihe (Hinr): Rechte M str bis 4 M über die letzte Wendestelle hinaus; wenden.

4. verkürzte Reihe (Rückr): Linke M str bis 4 M über die letzte Wendestelle hinaus; wenden.

Die 3. und 4. verkürzte R noch 2 x wdh. Rechte M str bis Rd-Ende.

1 Rd rechte M str, dabei die Doppel-M an den Wendestellen der verkürzten R als 1 M abstr (bzw. die Wickelfäden mit der umwickelten M zusstr).

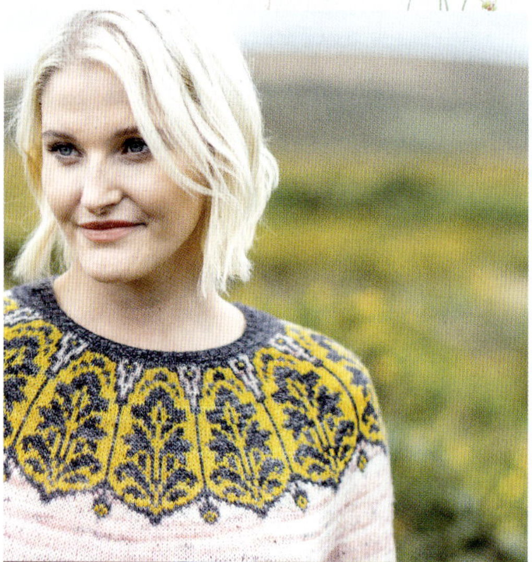

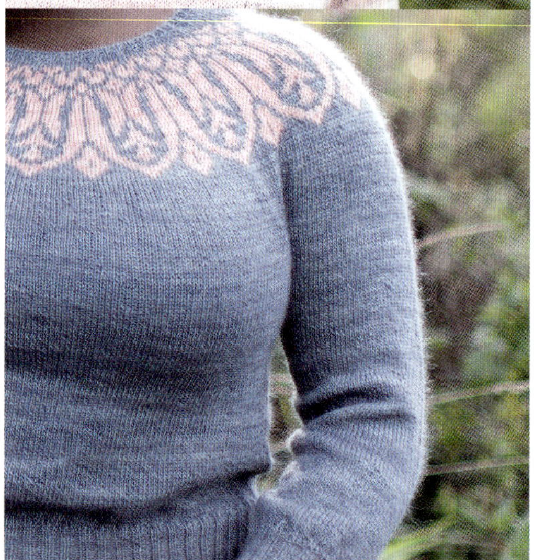

2. Zunahmerunde (nur in Größe 4–10)

Größe 4: * 14 M rechts, 1 ML zun *; von * bis * stets wdh bis Rd-Ende.

Größe 5: * 9 M rechts, 1 ML zun, 10 M rechts, 1 ML zun, 10 M rechts, 1 ML zun *; von * bis * stets wdh bis Rd-Ende.

Größe 6: * 7 M rechts, 1 ML zun, 8 M rechts, 1 ML zun *; von * bis * stets wdh bis Rd-Ende.

Größe 7: * 7 M rechts, 1 ML zun, 4 x [6 M rechts, 1 ML zun] *; von * bis * stets wdh bis Rd-Ende.

Größe 8: * 6 M rechts, 1 ML zun, 2 x [5 M rechts, 1 ML zun] *; von * bis * stets wdh bis Rd-Ende.

Größe 9: * 3 x [5 M rechts, 1 ML zun], 4 M rechts, 1 ML zun *; von * bis * stets wdh bis zu den letzten 8 M, 2 x [4 M rechts, 1 ML zun].

Größe 10: * 2 x [3 M rechts, 1 ML zun, 4 M rechts, 1 ML zun], 2 x [4 M rechts, 1 ML zun] *; von * bis * stets wdh bis Rd-Ende.

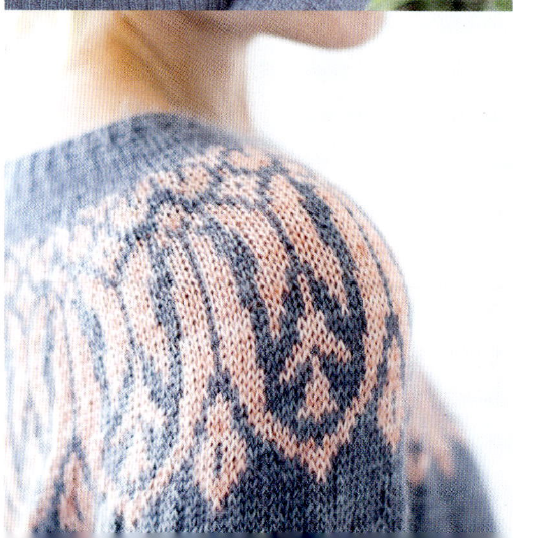

Alle Größen

(144, 156, 168) 180, 192, 204 (216, 228, 240) 252 M

Die Passe nach der Strickschrift für das gewünschte Design str.

(312, 338, 364) 390, 416, 442 (468, 494, 520) 546 M

Glatt re in Fb A weiterstr bis zu einer Höhe von (20,5, 21,5, 23) 24, 25,5, 26 (26,5, 27,5, 28) 28,5 cm, von der vorderen Anschlagkante aus gemessen. Jetzt können Sie Ihre Passe anprobieren, um sicherzugehen, dass sie zu Ihrer Figur und zu Ihrem persönlichen Stil passt.

Wenn nötig, können Sie einige weitere Rd glatt rechts str, bevor Sie die Arbeit in Rumpf und Ärmel aufteilen. Bedenken Sie jedoch, dass dann mehr Garn benötigt wird.

Aufteilung in Rumpf und Ärmel

Den MM am Rd-Beginn entfernen.

(44, 49, 53) 58, 63, 68 (72, 76, 80) 84 M rechts str.

Die nächsten (68, 71, 76) 79, 82, 85 (90, 95, 100) 105 M für den rechten Ärmel auf einem Hilfsfaden stilllegen.

Durch Aufschlingen (8, 10, 14) 16, 18, 20 (24, 28, 32) 36 M neu anschl.

Die nächsten (88, 98, 106) 116, 126, 136 (144, 152, 160) 168 M rechts str.

Die nächsten (68, 71, 76) 79, 82, 85 (90, 95, 100) 105 M für den linken Ärmel auf einem Hilfsfaden stilllegen.

Durch Aufschlingen (8, 10, 14) 16, 18, 20 (24, 28, 32) 36 M neu anschl, dabei in der Mitte dieser M 1 MM für den neuen Rd-Beginn platzieren.

(192, 216, 240) 264, 288, 312 (336, 360, 384) 408 M

Glatt re in Rd weiterstr bis zu einer Rumpfhöhe von 28 cm ab M-Anschlag unter den Achseln oder bis der Rumpf 5 cm kürzer ist als die gewünschte Gesamtlänge.

Saumbund

Zu den dünneren Nd wechseln.

1. Runde: * 2 M rechts, 2 M links *; von * bis * stets wdh bis Rd-Ende.

Die 1. Rd bis zu einer Bundhöhe von 5 cm stets wdh.

Alle M locker mustergemäß abk.

Ärmel

Beide Ärmel gleich arb.

Die stillgelegten (68, 71, 76) 79, 82, 85 (90, 95, 100) 105 M für einen Ärmel auf die dickeren Nd nehmen. Am Ende dieser M unter der Achsel beginnend in Fb A (8, 10, 14) 16, 18, 20 (24, 28, 32) 36 M plus jeweils 1 zusätzliche M am Übergang zu den Ärmel-M aus der Anschlagkante unter der Achsel re herausstr. In der Mitte dieser neuen M unter der Achsel 1 MM für den Rd-Beginn platzieren.

(78, 83, 92) 97, 102, 107 (116, 125, 134) 143 M

1. Runde: Rechte M str bis zur letzten Ärmel-M (vor den neu aufgenommenen M), 2 M rechts abgeh zusstr, rechte M str bis Rd-Ende.

2. Runde: Rechte M str bis zur zuletzt aufgenommenen M (vor den Ärmel-M), 2 M rechts zusstr, rechte M str bis Rd-Ende.

(76, 81, 90) 95, 100, 105 (114, 123, 132) 141 M

Abnahmen für die Ärmelschrägen

Schritt 1: (6, 6, 6) 5, 4, 4 (4, 3, 3) 3 Rd rechte M str.

Schritt 2: 3 M rechts, 2 M rechts zusstr, rechte M str bis zu den letzten 5 M, 2 M rechts abgeh zusstr, 3 M rechts.

Schritt 1 und 2 noch (9, 7, 9) 10, 9, 11 (13, 18, 20) 22 x wdh.

(56, 65, 70) 73, 80, 81 (86, 85, 90) 95 M

Dann glatt rechts in Rd weiterstr bis zu einer Ärmellänge von 38 cm (von den neu aufgenommenen M unter der Achsel aus gemessen) oder bis der Ärmel 5 cm kürzer ist als die gewünschte Gesamtlänge.

Abnahmerunde

Größe 1: * 5 M rechts, 2 M rechts zusstr *; von * bis * stets wdh bis Rd-Ende.

Größe 2,3,5,8,9,10: * 3 M rechts, 2 M rechts zusstr *; von * bis * stets wdh bis Rd-Ende.

Größe 4: 5 M rechts, 2 M rechts zusstr, * 4 M rechts, 2 M rechts zusstr *; von * bis * stets wdh bis Rd-Ende.

Größe 6,7: 4 M rechts, 2 M rechts zusstr, * 3 M rechts, 2 M rechts zusstr *; von * bis * stets wdh bis Rd-Ende.

(48, 52, 56) 61, 64, 65 (69, 68, 72) 76 M

1 Rd rechte M str.

Bündchen

Zu den dünneren Nd wechseln.

Größe 1,2,3,5,8,9,10: * 2 M rechts, 2 M links *; von * bis * stets wdh bis Rd-Ende.

Größe 4,6,7: 2 M rechts zusstr, 1 M rechts, 2 M links, * 2 M rechts, 2 M links *; von * bis * stets wdh bis Rd-Ende.

(–, –, –) 60, –, 64 (68, –, –) – M

Im Rippenmuster 2/2 weiterstr bis zu einer Bündchenhöhe von 5 cm.

Alle M locker mustergemäß abk.

Den 2. Ärmel genauso str.

Fertigstellung

Wenn Sie Ihren Pullover fertiggestrickt haben, sind noch einige Abschlussarbeiten.

Als Erstes müssen Sie alle Fadenenden vernähen, die am Beginn und am Ende der einzelnen Abschnitte Ihres Pullovers hängen geblieben sind. Verwenden Sie eine Wollnadel,, um die Fadenenden locker auf der linken Seite der Arbeit zu vernähen; dann schneiden Sie den restlichen Faden vorsichtig ab.

Anschließend legen Sie Ihren fertigen Pullover für 15–20 Minuten in reichlich zimmerwarmes Wasser mit einem Spritzer Wollwaschmittel, damit er sich gründlich vollsaugen kann. Dann heben Sie ihn vorsichtig aus dem Wasser und drücken ihn aus. Wenn Sie ein Garn aus Wolle oder anderen tierischen Fasern verstrickt haben, müssen Sie dabei besonders vorsichtig vorgehen und das Gestrick ohne Reibung oder Bewegung ausdrücken, damit es nicht verfilzt. Ich lege den Pullover oft zwischen zwei Handtücher, rolle das ganze Paket auf und trete auf den aufgerollten Handtüchern herum. Nun breiten Sie den Pullover aus, ziehen ihn in Form und lassen ihn trocknen. Er trocknet genau in der Form, in der Sie ihn ausgelegt haben, deshalb sollten Sie ihn nach den Maßen für Ihre Größe ausformen.

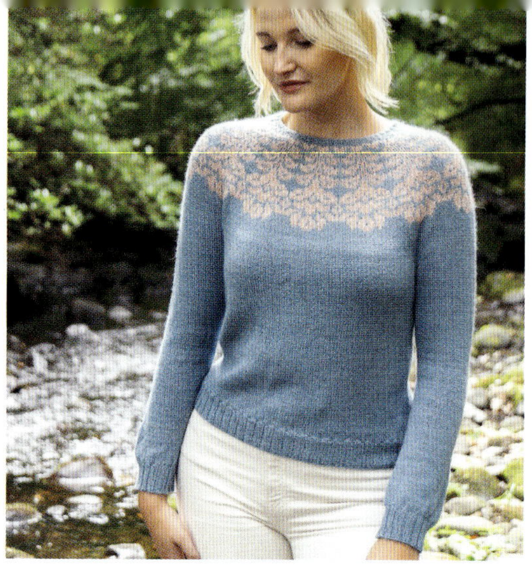

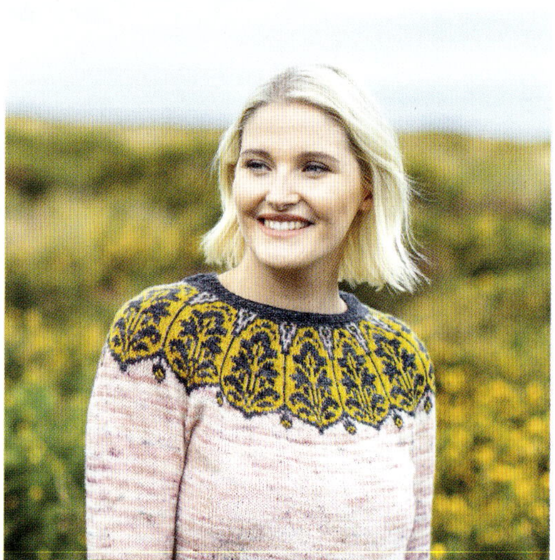

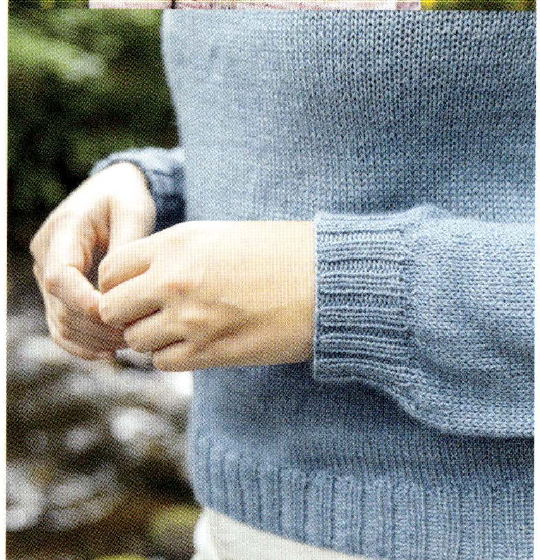

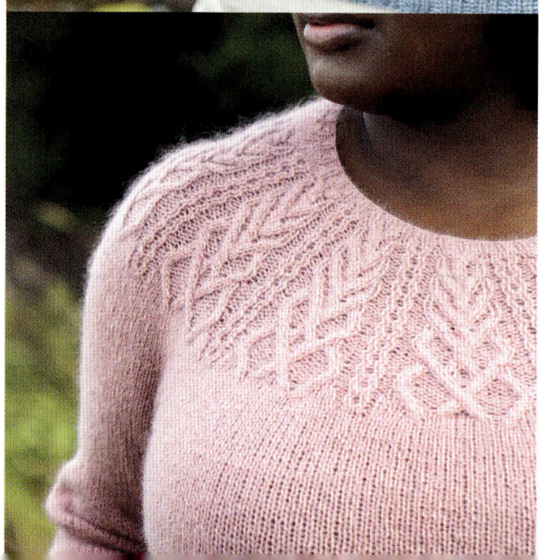

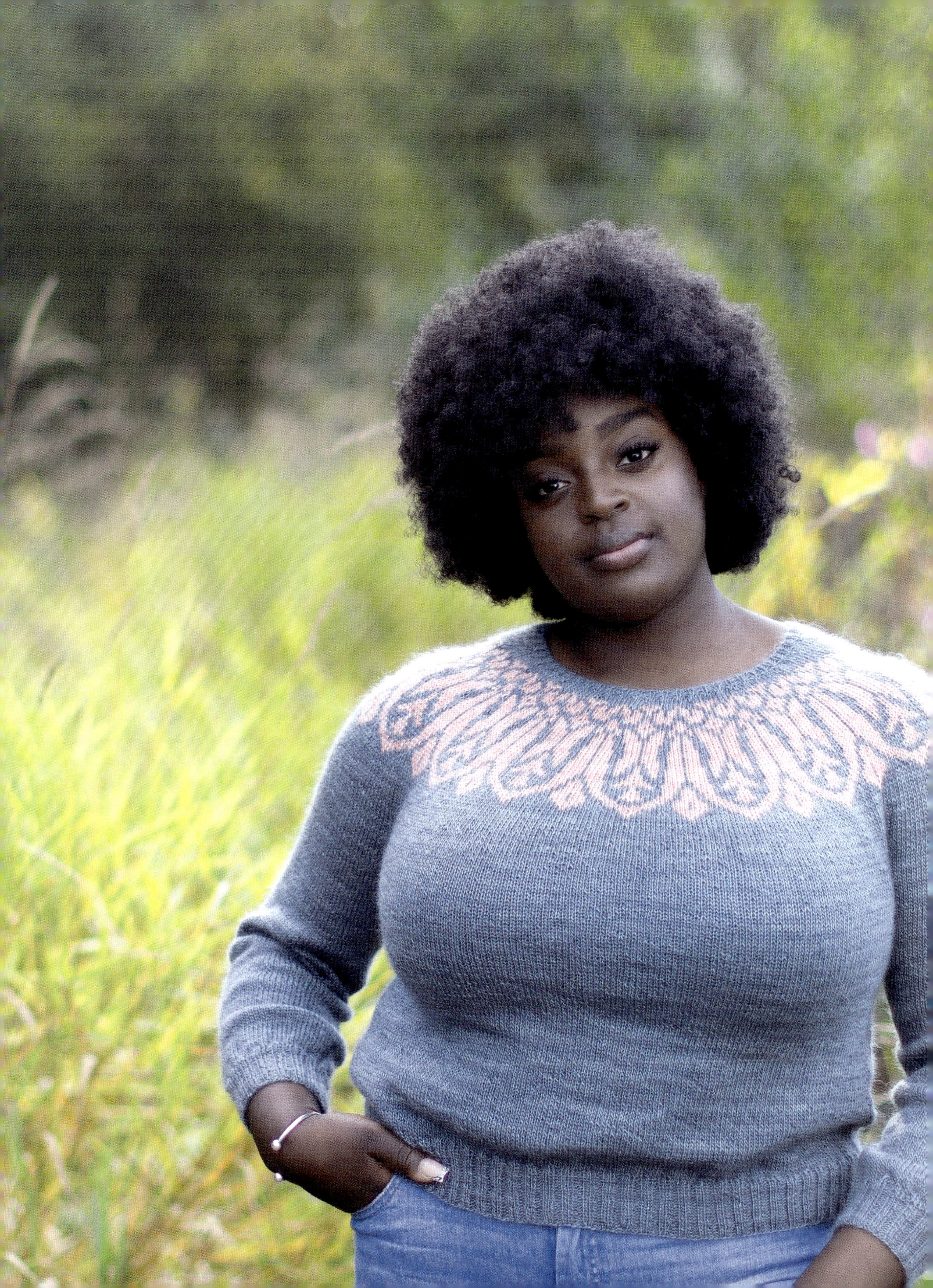

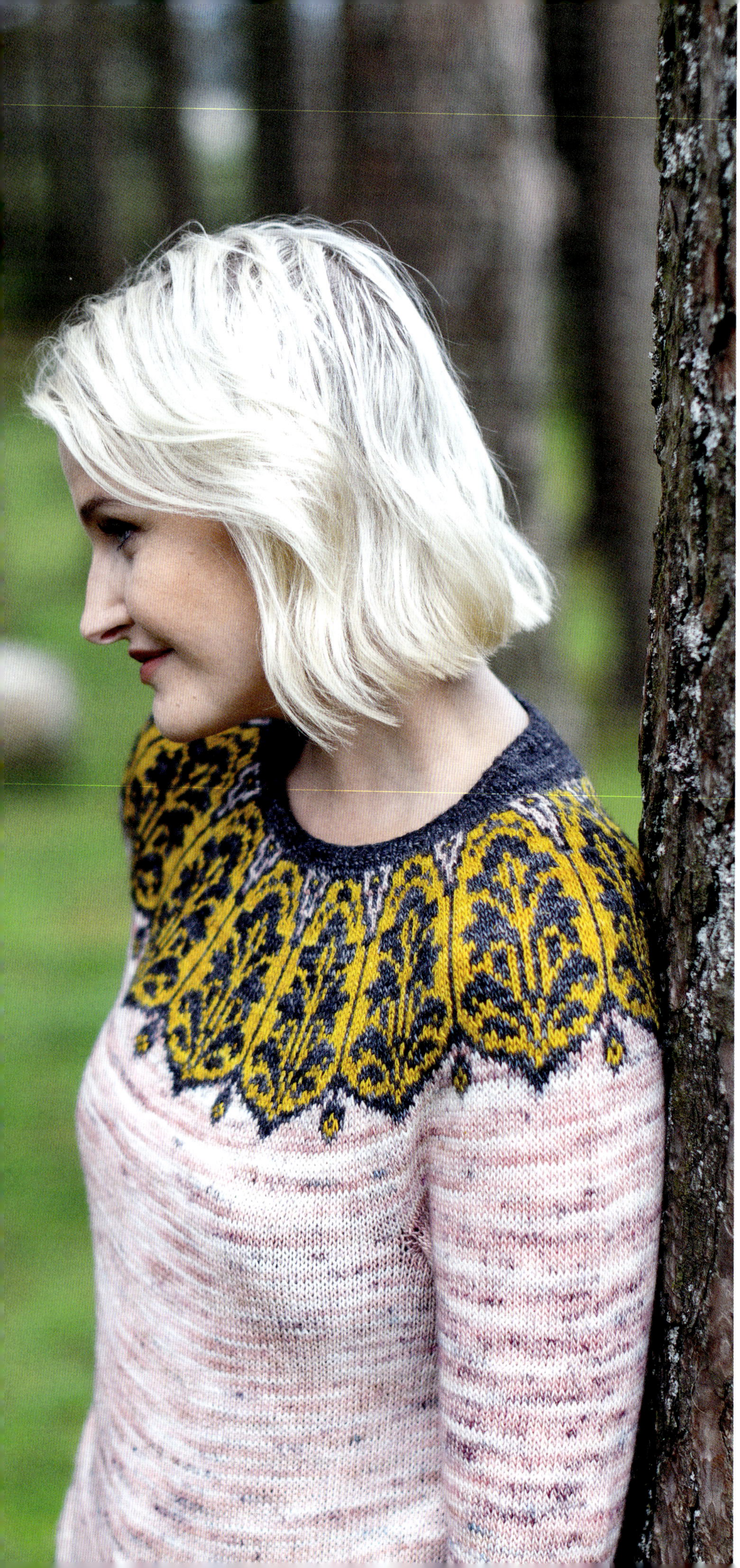

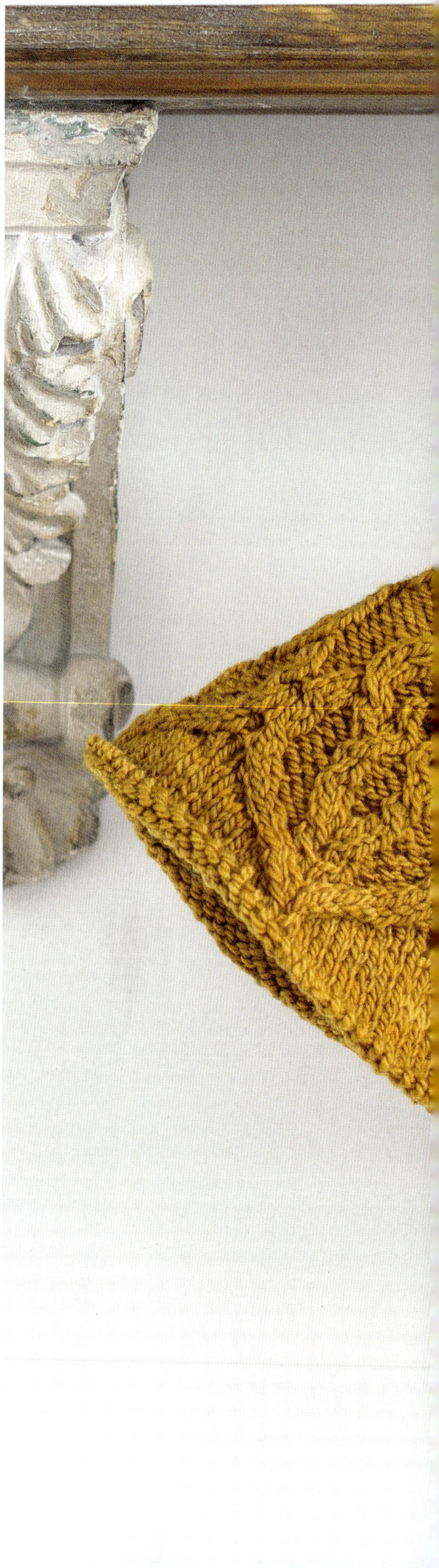

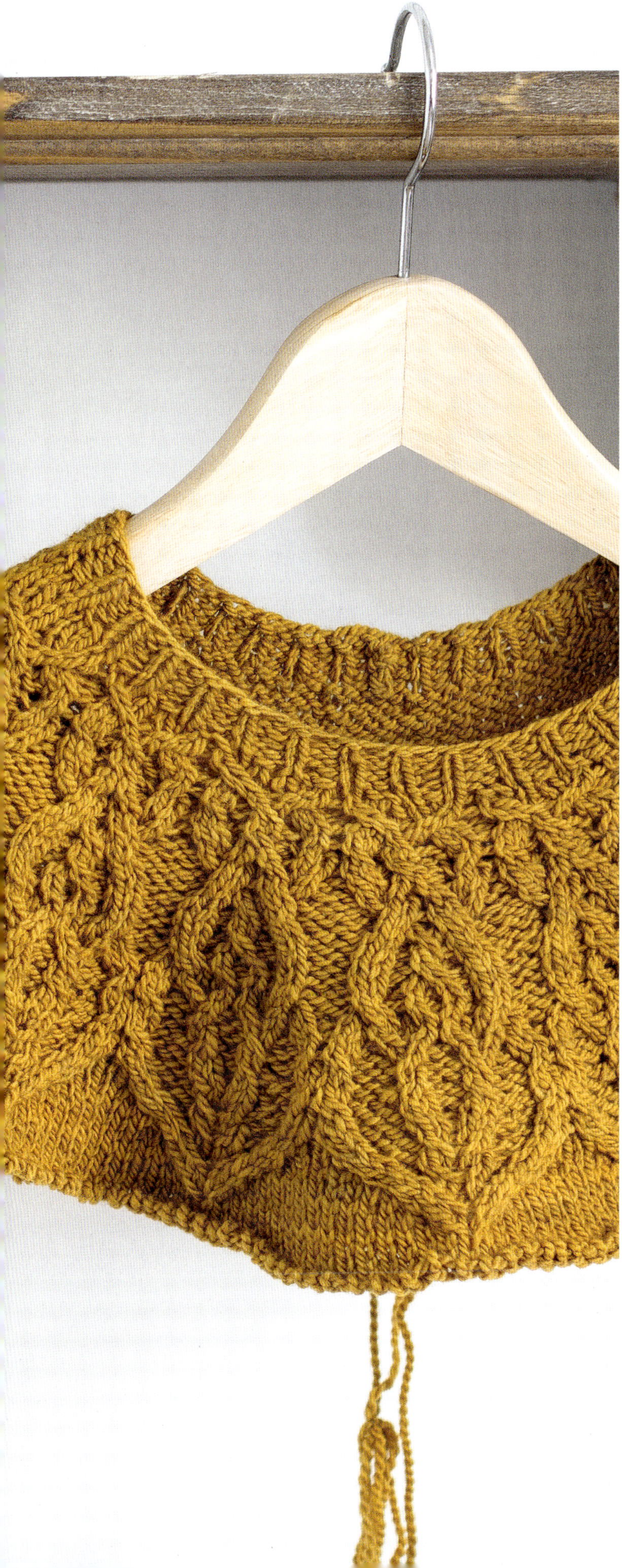

TECHNIKEN

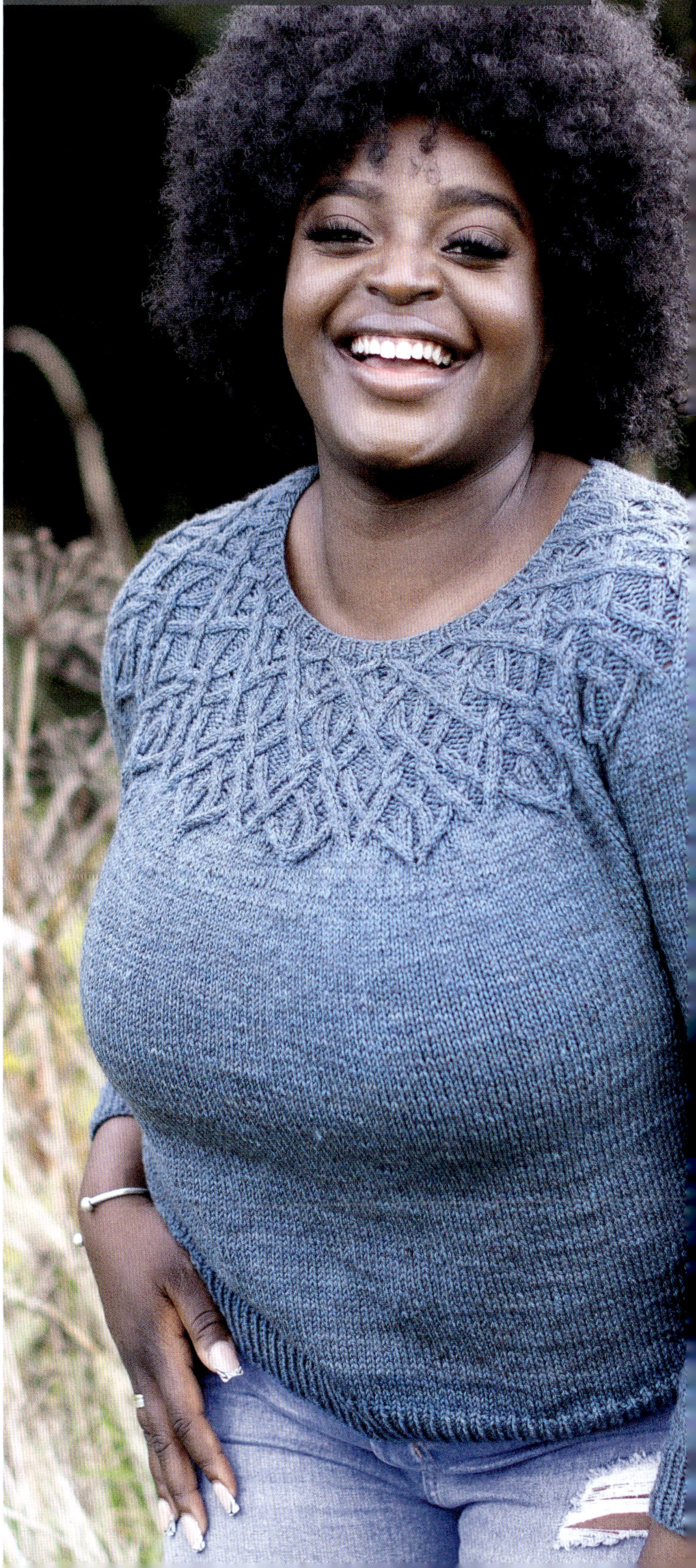

MASCHEN VERZOPFEN

Für eine Verzopfung hebt man eine bestimmte Zahl von Maschen auf eine Zopfnadel ab und platziert sie vor oder hinter der Arbeit. Die Zahl in der Abkürzung gibt an, wie viele Maschen auf die Zopfnadel abgehoben und wie viele anschließend gestrickt werden müssen. Die Angabe „lvkr" oder „rvkr" besagt, in welche Richtung sich der Zopf dreht, und wenn „li/re" oder „re/li" in der Abkürzung auftaucht, heißt das, dass innerhalb der Verzopfung rechte und linke Maschen gestrickt werden müssen.

Die Grafiken unten zeigen Verzopfungen über vier Maschen (zwei Maschen auf der Zopfnadel und zwei, die von der linken Nadel abgestrickt werden).

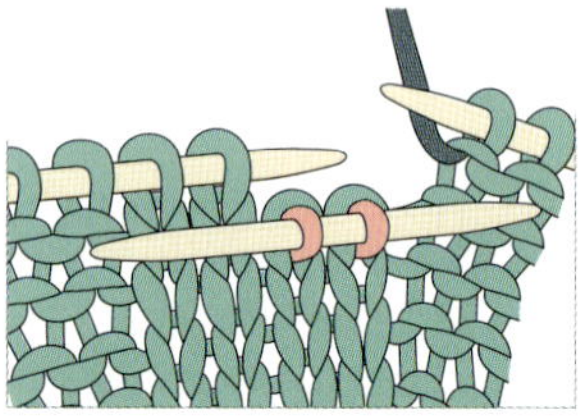

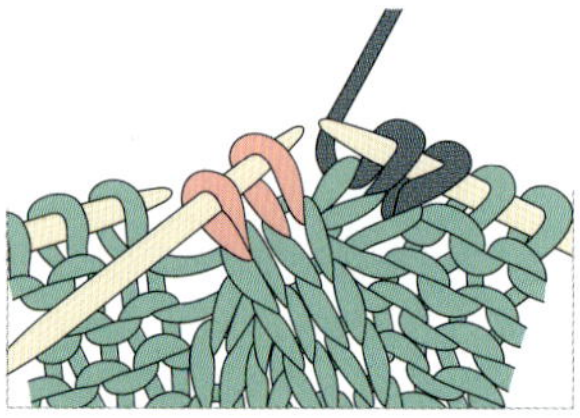

2/2 M lvkr (2/2 Maschen nach links verkreuzen): Die nächsten zwei Maschen von der linken Nadel auf die Zopfnadel abheben und vor die Arbeit legen. Die nächsten zwei Maschen der linken Nadel rechts stricken und dann die beiden Maschen der Zopfnadel rechts stricken, sodass sich eine Verzopfung nach links ergibt.

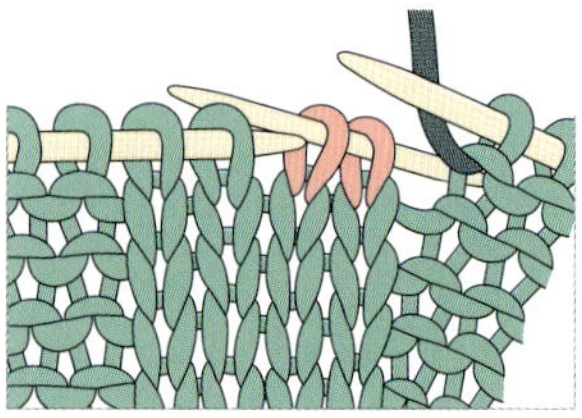

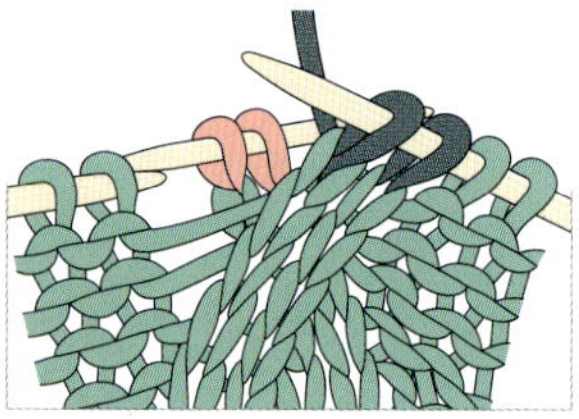

2/2 M rvkr (2/2 Maschen nach rechts verkreuzen): Die nächsten zwei Maschen von der linken Nadel auf die Zopfnadel abheben und hinter die Arbeit legen. Die nächsten zwei Maschen der linken Nadel rechts stricken und dann die beiden Maschen der Zopfnadel rechts stricken, sodass sich eine Verzopfung nach rechts ergibt.

ABKÜRZUNGEN UND ANLEITUNGEN FÜR DIE ZÖPFE

1/1 M lvkr: Eine Masche auf einer Zopfnadel vor die Arbeit legen; die nächste Masche rechts stricken, dann die Masche der Zopfnadel rechts stricken.

1/1 M rvkr: Eine Masche auf einer Zopfnadel hinter die Arbeit legen; die nächste Masche rechts stricken, dann die Masche der Zopfnadel rechts stricken.

1/1 M li/re lvkr: Eine Masche auf einer Zopfnadel vor die Arbeit legen; die nächste Masche links stricken, dann die Masche der Zopfnadel rechts stricken.

1/1 M re/li rvkr: Eine Masche auf einer Zopfnadel hinter die Arbeit legen; die nächste Masche rechts stricken, dann die Masche der Zopfnadel links stricken.

2/1 M lvkr: Zwei Maschen auf einer Zopfnadel vor die Arbeit legen; die nächste Masche rechts stricken, dann die zwei Maschen der Zopfnadel rechts stricken.

2/1 M rvkr: Eine Masche auf einer Zopfnadel hinter die Arbeit legen; die nächsten zwei Maschen rechts stricken, dann die Masche der Zopfnadel rechts stricken.

2/1 M li/re lvkr: Zwei Maschen auf einer Zopfnadel vor die Arbeit legen; die nächste Masche links stricken, dann die zwei Maschen der Zopfnadel rechts stricken.

2/1 M re/li rvkr: Eine Masche auf einer Zopfnadel hinter die Arbeit legen; die nächsten zwei Maschen rechts stricken, dann die Masche der Zopfnadel links stricken.

2/2 M lvkr: Zwei Maschen auf einer Zopfnadel vor die Arbeit legen; die nächsten zwei Maschen rechts stricken, dann die zwei Maschen der Zopfnadel rechts stricken.

2/2 M rvkr: Zwei Maschen auf einer Zopfnadel hinter die Arbeit legen; die nächsten zwei Maschen rechts stricken, dann die zwei Maschen der Zopfnadel rechts stricken.

2/2 M li/re lvkr: Zwei Maschen auf einer Zopfnadel vor die Arbeit legen; die nächsten zwei Maschen links stricken, dann die zwei Maschen der Zopfnadel rechts stricken.

2/2 M re/ll rvkr: Zwei Maschen auf einer Zopfnadel hinter die Arbeit legen; die nächsten zwei Maschen rechts stricken, dann die zwei Maschen der Zopfnadel links stricken.

ABKÜRZUNGEN

In diesem Buch werden folgende Abkürzungen verwendet:

abgeh abgehoben

abh abheben

abk abketten

abn abnehmen

Abn Abnahme(n)

anschl anschlagen

arb arbeiten

Fb Farbe(n)

glatt re In Runden alle Maschen rechts stricken; in den verkürzten Reihen in Hinreihen rechte, in Rückreihen linke Maschen stricken.

li links/linke

LL Lauflänge

lvkr nach links verkreuzen

M Masche(n)

ML Masche mit Linksneigung (bei Zu- bzw. Abnahmen)

MM Maschenmakierer

MR Masche mit Rechtsneigung (bei Zu- bzw. Abnahmen)

Nd Nadel(n)

R Reihe(n)

Rd Runde(n)

re rechts/rechte

rvkr nach rechts verkreuzen

str stricken

verschr verschränkt

wdh wiederholen

weiterstr weiterstricken

zun zunehmen

Zun Zunahme(n)

zusstr zusammenstricken

** Die Angaben zwischen den Sternchen so oft wie angegeben wiederholen.

[ ] Wiederholung innerhalb eines Rapports; die Angaben zwischen den eckigen Klammern so oft wie angegeben wiederholen.

GRUNDLEGENDE STRICKTECHNIKEN

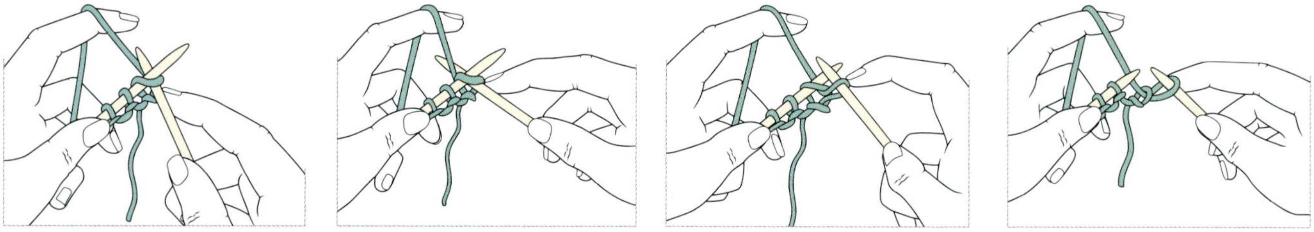

RECHTE MASCHE (KONTINENTALE STRICKTECHNIK)

Den Faden hinter der linken Nadel halten. Die rechte Nadel von links nach rechts in die nächste Masche auf der linken Nadel einstechen. Die Nadel nach unten bewegen, dabei den Arbeitsfaden erfassen und durch die Masche ziehen, die abgestrickt werden soll. Die alte Masche von der linken Nadel gleiten lassen.

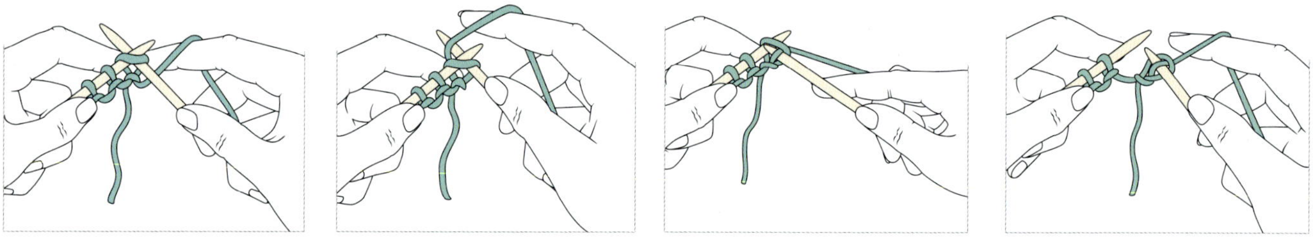

RECHTE MASCHE (ENGLISCHE STRICKTECHNIK)

Den Faden hinter der Arbeit halten. Die rechte Nadel von links nach rechts (= zum Rechtsstricken) in die nächste Masche auf der linken Nadel einstechen. Den Faden entgegen dem Uhrzeigersinn um die rechte Nadelspitze legen und durch die Masche ziehen, die abgestrickt werden soll. Die alte Masche von der linken Nadel gleiten lassen.

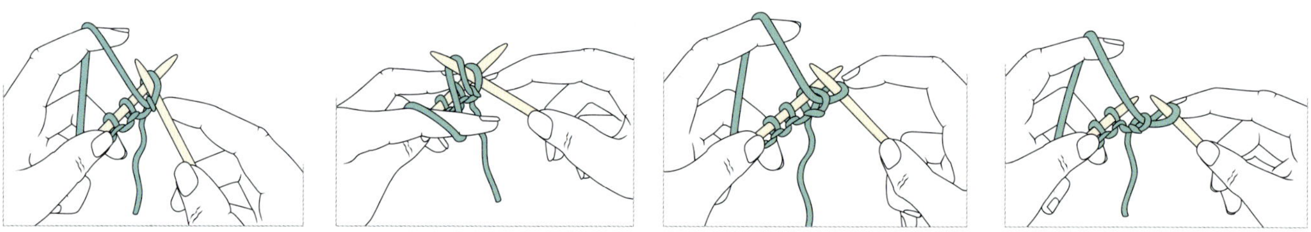

LINKE MASCHE (KONTINENTALE STRICKTECHNIK)

Den Faden vor der linken Nadel halten. Die rechte Nadel von rechts nach links in die nächste Masche auf der linken Nadel einstechen. Den Faden von vorne über die rechte Masche legen, mit der rechten Nadel erfassen und durch die Masche ziehen, die abgestrickt werden soll. Die alte Masche von der linken Nadel gleiten lassen.

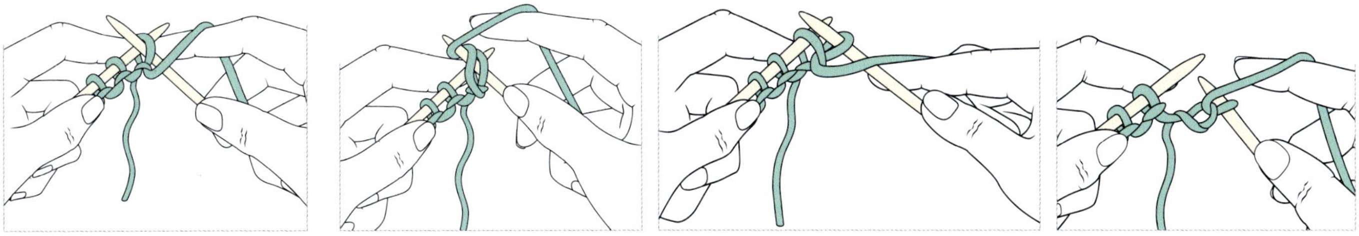

LINKE MASCHE (ENGLISCHE STRICKTECHNIK)

Den Faden vor der Arbeit halten. Die rechte Nadel von rechts nach links (= zum Linksstricken) in die nächste Masche auf der linken Nadel einstechen. Den Arbeitsfaden entgegen dem Uhrzeigersinn um die rechte Nadelspitze legen und durch die Masche ziehen, die abgestrickt werden soll. Die alte Masche von der linken Nadel gleiten lassen.

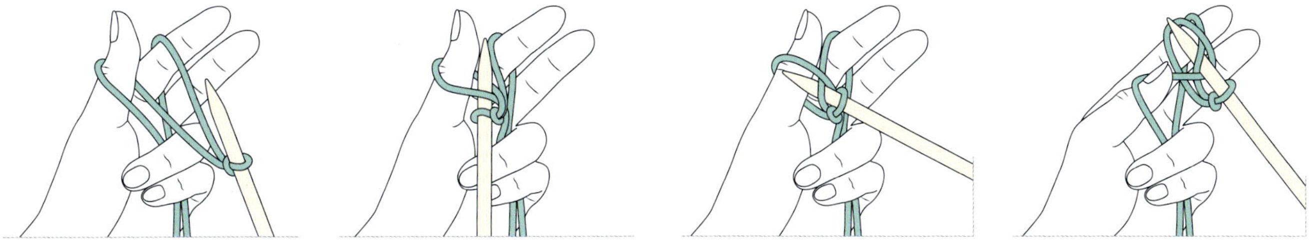

KREUZANSCHLAG

Eine Anfangsschlinge (einen Laufknoten) auf eine Stricknadel legen, dabei ein sehr langes Fadenende (ca. 3 m lang) hängen lassen. Die Stricknadel mit der Anfangsschlinge in der rechten Hand halten. Daumen und Zeigefinger der linken Hand im Zwischenraum zwischen den beiden Fäden platzieren, wobei das Fadenende näher am Daumen liegt. Nun die Hand anheben, sodass die Fäden sich um Zeigefinger und Daumen legen; die Fäden mit der Nadel in der rechten Hand straffen. * Die Nadel von unten in die Daumenschlinge und von oben in die Zeigefingerschlinge einstechen und den Zeigefingerfaden durch die Daumenschlinge ziehen. Den Faden vom Daumen gleiten lassen und die neu angeschlagene Masche auf der Stricknadel leicht festziehen. Nun den Daumen wieder zwischen die beiden Fäden schieben und in seine ursprüngliche Position bringen. Ab * fortlaufend wiederholen, bis die gewünschte Zahl an Maschen angeschlagen ist.

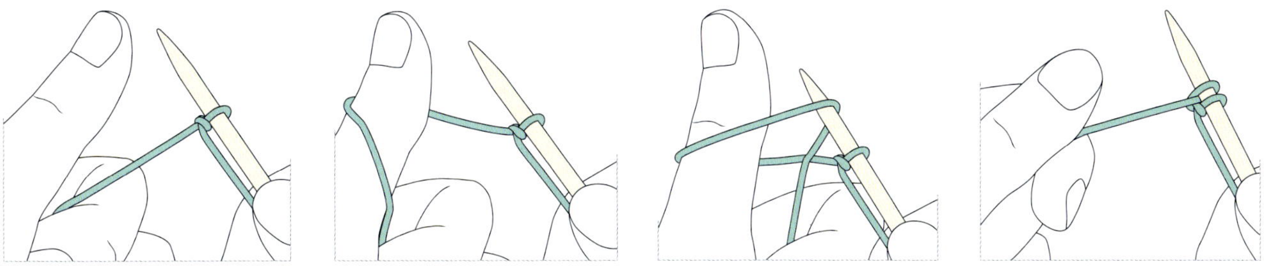

MASCHEN DURCH AUFSCHLINGEN ANSCHLAGEN

Den linken Daumen so dicht wie möglich an der letzten Masche über den Faden legen, vom Körper weg, über und unter den Faden führen, sodass sich eine Schlinge rund um den Daumen bildet. Die rechte Nadel von unten nach oben in die Daumenschlinge einstechen. Diese neue Masche festziehen, sodass sie sich direkt neben die zuletzt gestrickte Masche legt. Auf diese Weise jede weitere erforderliche Masche aufschlingen.

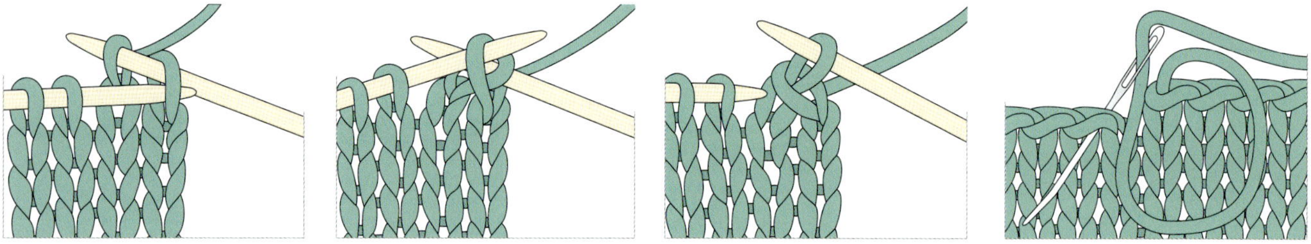

MASCHEN ABKETTEN

Zwei Maschen mustergemäß stricken. Die linke Nadel in die als erste gestrickte Masche einstechen und diese Masche über die zweite Masche und von der Nadel ziehen. Es bleibt eine Masche auf der rechten Nadel zurück. * Eine Masche mustergemäß stricken, die erste Masche über die soeben gestrickte Masche und von der Nadel ziehen. Ab * fortlaufend wiederholen, bis nur noch eine Masche auf der rechten Nadel übrig bleibt. Den Faden abschneiden, das Fadenende durch die letzte Masche führen und fest anziehen. Dann das Fadenende mithilfe einer Wollnadel durch die erste abgekettete Masche der Runde führen und vernähen.

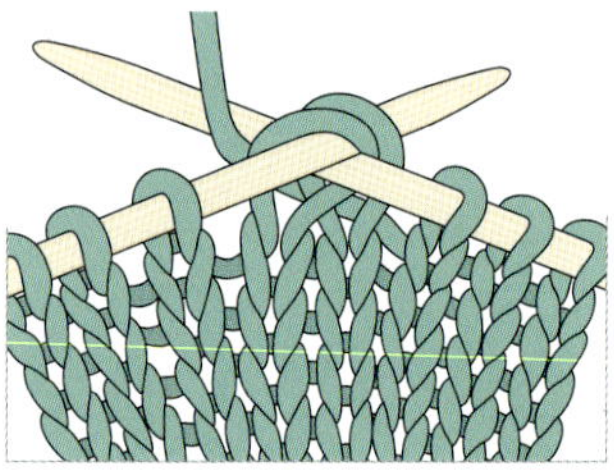

2 M rechts zusstr (zwei Maschen rechts zusammenstricken)

Die rechte Nadel wie zum Rechtsstricken erst in die zweite, dann in die erste Masche auf der linken Nadel einstechen und beide Maschen rechts zusammenstricken.

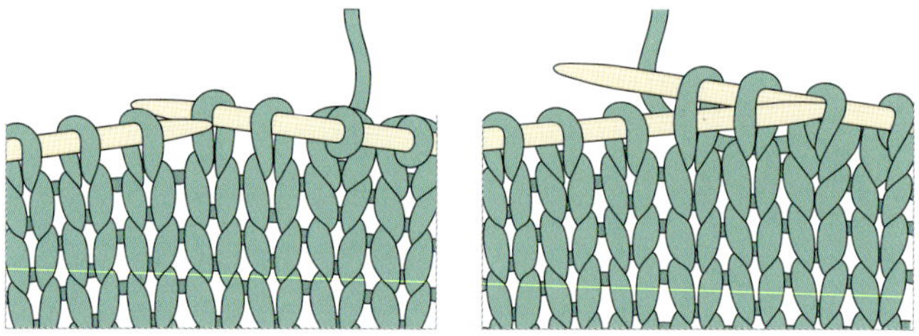

2 M rechts abgeh zusstr (zwei Maschen rechts abgehoben zusammenstricken)

Mit der rechten Nadel erst die erste Masche wie zum Rechtsstricken von der linken Nadel abheben, dann die zweite Masche genauso abheben. Beide Maschen zugleich in dieser Orientierung zurück auf die linke Nadel heben und rechts verschränkt zusammenstricken.

1 ML zun (eine Masche mit Linksneigung zunehmen)

Mit der linken Nadel den Querfaden zwischen der zuletzt gestrickten und der nächsten Masche von vorne nach hinten aufnehmen. Die rechte Nadel unter dem hinteren Maschenglied dieser neuen Schlinge einstechen und die Schlinge rechts verschränkt abstricken.

1 ML links zun (eine Masche links mit Linksneigung zunehmen)

Mit der linken Nadel den Querfaden zwischen der zuletzt gestrickten und der nächsten Masche von vorne nach hinten aufnehmen. Den Faden vor die Nadel legen, die rechte Nadel von hinten nach vorne unter dem hinteren Maschenglied der neuen Schlinge einstechen und die Schlinge links abstricken.

Eine Masche mit Linksneigung zunehmen

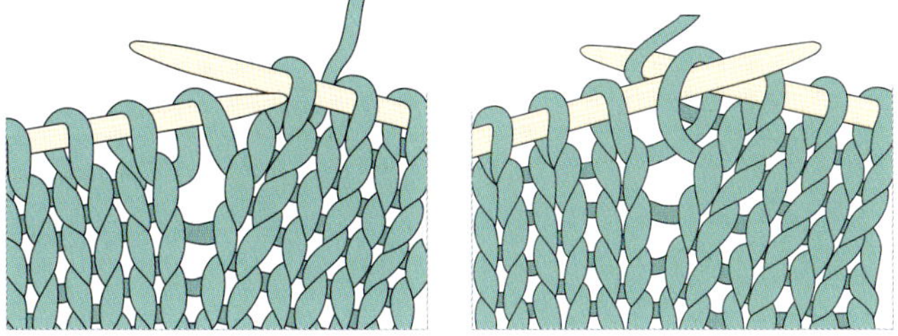

1 MR zun (eine Masche mit Rechtsneigung zunehmen)

Mit der linken Nadel den Querfaden zwischen der zuletzt gestrickten und der nächsten Masche von hinten nach vorne aufnehmen. Die rechte Nadel wie zum Rechtsstricken von links nach rechts unter dem vorderen Maschenglied dieser neuen Schlinge einstechen und die Schlinge rechts abstricken.

1 MR links zun (eine Masche links mit Rechtsneigung zunehmen)

Mit der linken Nadel den Querfaden zwischen der zuletzt gestrickten und der nächsten Masche von hinten nach vorne aufnehmen. Den Faden vor die Nadel liegen, die rechte Nadel von hinten nach vorne in die Schlinge einstechen und die Schlinge links abstricken.

Eine Masche mit Rechtsneigung zunehmen

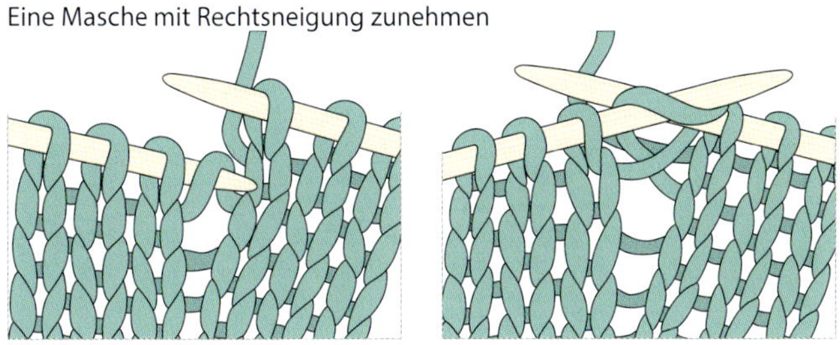

ANDERE TECHNIKEN

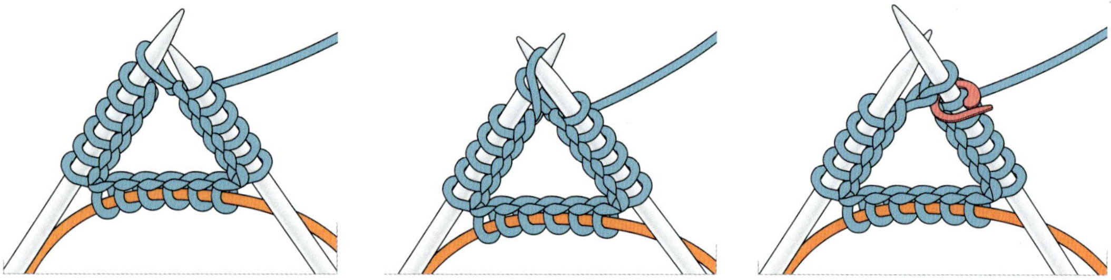

DIE ARBEIT ZUR RUNDE SCHLIESSEN

Ich empfehle folgende Methode, die Arbeit zur Runde zu schließen, weil sie am wenigsten auffällt: Die angegebene Maschenzahl und eine Masche zusätzlich anschlagen. Die beiden Spitzen der Rundstricknadel zusammenführen und dabei darauf achten, dass die Maschen auf der Nadel nicht verdreht sind. Die zusätzlich angeschlagene Masche von der rechten auf die linke Nadel heben. Die erste Masche auf der linken Nadel über diese zusätzliche Masche ziehen. Den Maschenmarkierer für den Rundenbeginn auf die rechte Nadel hängen und die zusätzlich angeschlagene Masche zurück auf die rechte Nadel heben. Diese Masche wirkt nun wie eine rechts gestrickte Masche und gilt als erste Masche der ersten Runde.

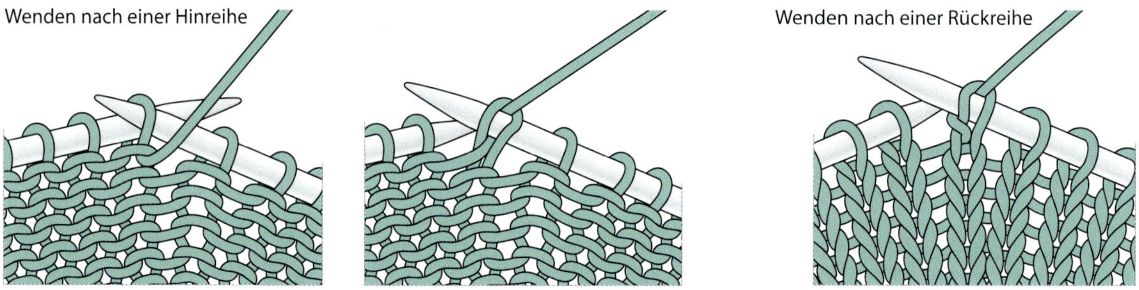

VERKÜRZTE REIHEN MIT DOPPELMASCHEN („GERMAN SHORT ROWS")

Wenden nach einer Hinreihe: Nach Anleitung bis zur angegebenen Stelle stricken. Die Arbeit wenden, sodass Sie die linke Seite vor sich haben. Der Faden liegt vor der Arbeit. Die erste Masche auf der linken Nadel wie zum Linksstricken abheben und den Faden über die rechte Nadel hinweg fest nach hinten ziehen, sodass die beiden Maschenschenkel der Masche aus der Vorreihe als Doppelmasche über der Nadel erscheinen. Damit ist die Wende vollendet. Weiterstricken, wie in der Anleitung beschrieben.

Wenden nach einer Rückreihe: Nach Anleitung bis zur angegebenen Stelle stricken. Die Arbeit wenden, sodass Sie die rechte Seite vor sich haben. Die erste Masche auf der linken Nadel wie zum Linksstricken abheben und den Faden vor die Arbeit holen. Dann den Faden über die rechte Nadel hinweg fest nach hinten und unten ziehen: Dabei werden die beiden Maschenschenkel der Masche aus der Vorreihe über die Nadel gezogen und bilden die Doppelmasche. Damit ist die Wende abgeschlossen. Gemäß Anleitung weiterstricken.

Wenn Sie in einer der folgenden Reihen oder Runden auf Doppelmaschen aus den verkürzten Reihen stoßen, stricken Sie beide Maschenglieder der Doppelmasche als eine einzige Masche ab. Durch das Wenden mit Doppelmaschen wird verhindert, dass an den Wendestellen Löchlein entstehen.

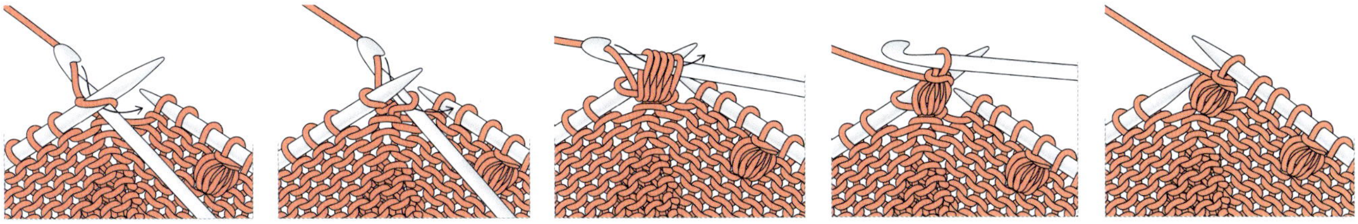

NOPPE AUS HALBEN STÄBCHEN

Eine Häkelnadel wie zum Rechtsstricken von links nach rechts in die angegebene Masche einstechen und den Arbeitsfaden als Schlinge nach vorne durchziehen. Die Masche dabei auf der linken Nadel lassen. Einen Umschlag arbeiten. Eine weitere Schlinge wie zuvor durch die Masche holen. Wieder einen Umschlag, gefolgt von einer weiteren Schlinge, arbeiten, dabei die Masche weiter auf der linken Nadel lassen (= 5 Schlingen auf der Häkelnadel). Den Arbeitsfaden mit der Häkelnadel holen und durch alle fünf Schlingen ziehen (= 1 Schlinge auf der Häkelnadel). Den Faden noch einmal holen und durch die Schlinge auf der Häkelnadel ziehen. Die Häkelnadel wie zum Rechtsstricken in die ursprüngliche Masche auf der linken Nadel einstechen und eine weitere Schlinge durchholen, dabei die Masche von der linken Nadel gleiten lassen (= 2 Schlingen auf der Häkelnadel). Den Faden noch einmal holen und durch diese beiden Schlingen ziehen (= 1 Schlinge auf der Häkelnadel). Die verbleibende Masche von der Häkelnadel auf die rechte Stricknadel übertragen und die nächste Masche gemäß Anleitung stricken.

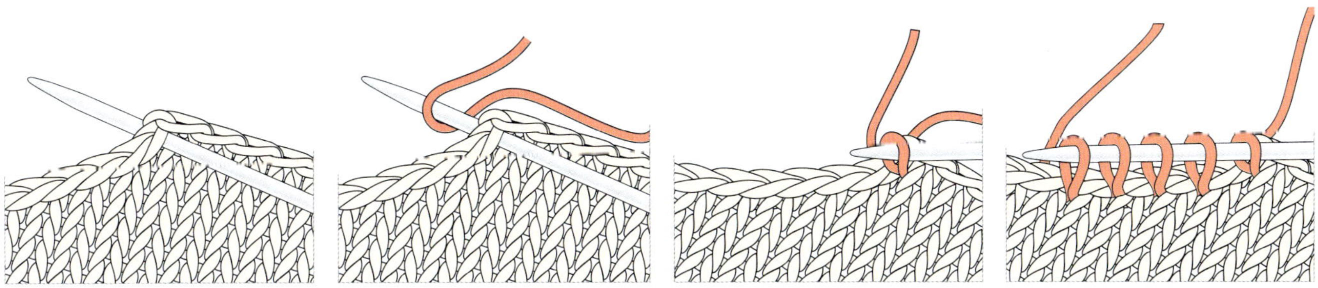

MASCHEN AUFNEHMEN

Die Stricknadel von vorne nach hinten in die Masche oder in den Zwischenraum zwischen den Maschen einstechen. Den Faden wie beim Rechtsstricken um die Nadel legen und als Schlinge zur Vorderseite der Arbeit durchziehen: Eine neue Masche ist entstanden. Auf diese Weise gleichmäßig verteilt neue Maschen aus der Kante aufnehmen, bis die in der Anleitung angegebene Zahl erreicht ist.

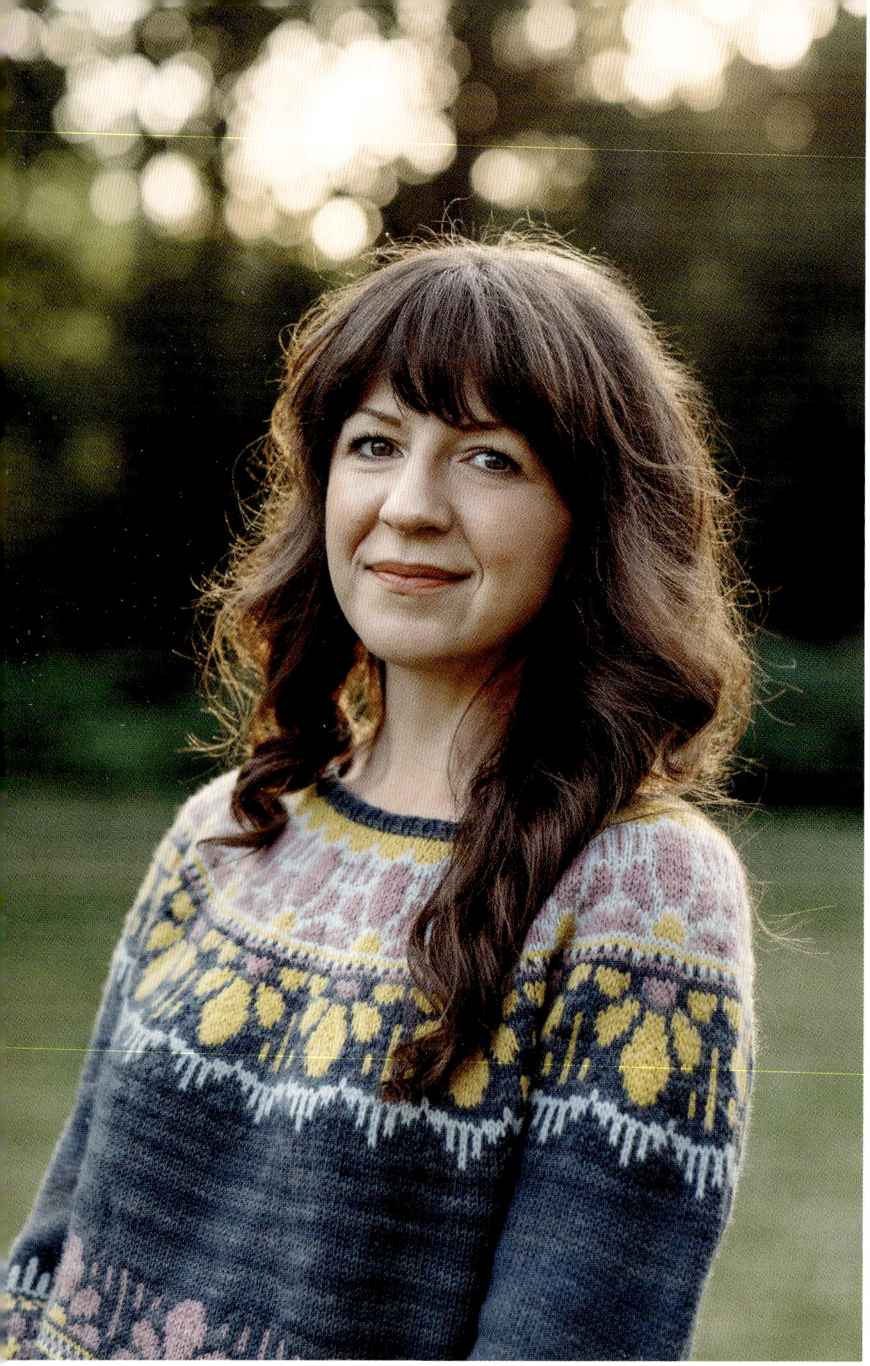

FOTOCREDIT: Kristen Rice Photography

DIE AUTORIN

Olga Putano ist eine ukrainische Strickdesignerin, die jetzt mit ihrem Ehemann und ihren vier Kindern auf einer Farm im Nordosten der USA lebt.

Sie entwirft ständig Pullover mit farbigen Einstrickmustern, liebt es aber auch, andere und unbekannte Stricktechniken zu lernen und anzuwenden. Ihre Modelle sollen Strickerinnen und Stricker ermutigen, ihre Garderobe durch schöne, handgearbeitete Stücke zu ergänzen.

Neben dem Stricken verbringt Olga Putano gern Zeit im Freien mit ihrer Familie. Sie näht, gärtnert und baut ihren nachhaltig angelegten Familienbetrieb aus.

Ravelry: OlgaPutanoDesigns
Instagram: @olgaputanodesigns
Website: olgaputanodesigns.com

DANK DER AUTORIN

Als ich 2018 mit dem Entwerfen von Strickmodellen begann, träumte ich davon, eines Tages ein Buch zu schreiben – ein wahrlich ehrgeiziger Traum für mich als Neuling in einer Welt talentierter Designerinnen und Designer. Ich werde mich immer an Sarah von David and Charles erinnern und ihr dankbar sein, dass sie sich mit der Idee für dieses Buch an mich gewandt hat. Pullover mit Rundpasse sind etwas, das ich immer wieder entwerfe und das mir Spaß macht, sodass es sich ganz natürlich (und gleichzeitig aufregend) anfühlte, diesem Projekt zuzustimmen. Vielen Dank an alle Mitarbeiter von David and Charles, die mit mir an diesem Buch gearbeitet haben. Ihre Freundlichkeit und ihre Geduld waren in jedem Gespräch spürbar.

Ich widme dieses Buch Gott, der mir die Fähigkeiten geschenkt und mir ermöglicht hat, diesen Traum zu verwirklichen, und meiner Mutter, die mir das Stricken beigebracht hat. Ein besonderes Dankeschön gilt meinem Mann, der mich in der Begeisterung für dieses große Projekt, aber auch in den damit verbundenen Herausforderungen während der Arbeit so sehr unterstützt hat. Dank schulde ich auch meiner Schwester Nadya, die immer wieder selbstlos unsere vier Kinder zu spannenden Abenteuern mitnahm und mir jedes Mal mehrere Stunden Ruhe schenkte, in denen ich an diesem Buch arbeiten konnte. Danke auch an meine Familie und einige Freunde, die mich gefragt und mir liebevoll zugehört haben, als ich all die Emotionen durchlebte, die mit der harten Arbeit an der Verwirklichung dieses Traums einhergehen.

REGISTER

Bibliografische Information der Deutschen Nationalbibliothek
Die Deutsche Nationalbibliothek verzeichnet diese Publikation in der Deutschen Nationalbibliografie. Detaillierte bibliografische Daten sind im Internet über https://dnb.d-nb.de abrufbar.

Für Fragen und Anregungen
info@m-vg.de

2. Auflage 2025

Türkenstraße 89
80799 München
Tel.: 089 651285-0

MIX
Papier | Fördert gute Waldnutzung
FSC® C020056

Übersetzung: Helene Weinold, Violau
Umschlaggestaltung: Manuela Amode
Umschlagabbildung und Fotos: Jason Jenkins
Layout: Sarah Rowntree
Illustrationen: Kuo Kang Chen
Satz: Lara Nelles (schere.style.papier), München
Printed in China

Wir produzieren nachhaltig
www.m-vg.de

ISBN Print 978-3-7474-0562-8

Weitere Informationen zum Verlag finden Sie unter

www.mvg-verlag.de

Beachten Sie auch unsere weiteren Verlage unter www.m-vg.de